Hawaii

Zeit für das Beste!

HIGHLIGHTS | GEHEIMTIPPS | WOHLFÜHLADRESSEN

»Alles, was sich durch Eruptionen aus den

Tiefen des Pazifiks selbst erschaffen kann,

ist näherer Betrachtung wert.«

Hunter S. Thompson über Hawaii
in seinem Roman »Der Fluch des Lono«

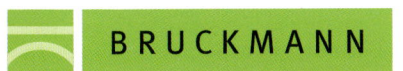

BRUCKMANN

Hawaii

Zeit für das Beste!

Dirk Rheker
Sabine Rheker-Weigt
Christian Heeb

BRUCKMANN

INHALT

Kleiner Leuchtturm am Makapuu Point auf Oahu

Ganz versunken: Musikerin mit Ukulele am Waikiki Beach

HAWAII

MEHR WISSEN

Queen Liliuokalanis blumengeschmückte Statue in Downtown Honolulu

MEHR ERLEBEN

→ VOM GLÜCK, AUF
   HAWAII ZU LEBEN 228

→ HAWAII
   FÜR KINDER UND
   FAMILIEN   278

Blondes Trio am schwarzen Lavastrand
von Big Island

Immer schön der Reihe nach:
Surfbrett-Verleih auf Oahu

Praktischer Kundenservice: geflieste Informationen für den Gast

DAS SOLLTEN SIE SICH NICHT ENTGEHEN LASSEN

Spektakuläres Naturschauspiel:
der Sonnenuntergang im Puna
District auf Big Island

❶ Walen beim Singen zuhören (S. 86)
Jedes Jahr ziehen in den Wintermonaten Tausende von Buckelwalen vom Nordpazifik und aus Alaska in die warmen Gewässer Hawaiis, vor allem vor der Westküste Mauis. Ein imponierendes Schauspiel, wenn eine Mutter mit ihrem Kalb spielt oder ausgewachsene Bullen kraftüberschäumend aus dem Wasser steigen. Mit etwas Glück kann man die Wale sogar singen hören. Der Hafen von Lahaina ist Ausgangspunkt der meisten Walbeobachtungstouren.

❷ Göttinnen bei der Arbeit zuschauen (S. 192)
Im Hawaii Volcanoes National Park auf Big Island erleben Besucher, wie sich die Landschaft vor ihren Augen verändert. Der Kilauea gehört zu den aktivsten Vulkanen der Welt. Und galt den Ureinwohnern Hawaiis als heiliger Ort, weil man hier Zeuge von Erschaffung und Zerstörung wird. Doch Pele, die Vulkangöttin, ist sehr unberechenbar: Der jetzige Ausbruch kann weitere 100 Jahre andauern – oder morgen schon vorbei sein.

❸ Beach Boys beim Surfen bewundern (S. 70)
Alle weltbesten Surfer zieht es früher oder später an die Nordküste von Oahu. In den Wintermonaten kann man den Profis hier bei ihrer halsbrecherischen Leidenschaft zuschauen. Dann finden

die internationalen Wettkämpfe des »Big Wave Surfing« statt. Bester Spot: die Banzai Pipeline in der berühmten Waimea Bay. Die Brecher wachsen hier bis zu neun Meter Höhe an. Wer selbst aktiv werden will: Bodysurfing ist an vielen Stränden Hawaiis ein Riesenspaß!

④ Schlemmen wie die Hawaiianer (S. 86)

Die Vielfalt und Frische der Zutaten sind die größten Vorzüge der Küche Hawaiis. Authentisch hawaiianische Speisen lernt man am besten bei einem *Luau*, dem traditionellen Festessen der Hawaiianer, kennen. Genussreich geht es auch beim »Hawaii Food and Wine Festival« zu, wenn Köstlichkeiten aus lokalem Anbau, erstklassige Meeresfrüchte und hervorragende Weine angeboten werden. Im August auf Big Island, im September auf Maui und Oahu.

Das Nonplusultra für Surfer: die Banzai-Pipeline auf Oahu

⑤ Mit Schildkröten und »Flipper« spielen (S. 60, 110)

Die fantastische Unterwasserwelt erkundet man am besten auf einer Schnorcheltour, etwa vor Kauais malerischer Napali Coast. Oder auf einer Bootstour zum Molokini-Krater vor Maui, wo man mit Meeresschildkröten schwimmt. Wer einen Tauchschein hat, kann in den unzähligen Riffen oder künstlichen Wracks Tropenfischen, Delfinen und Mönchsrobben oder im Winter mit etwas Glück sogar Walen begegnen.

⑥ Traumlandschaften von oben erleben (S. 220)

Wegen der bergigen Landschaft sind viele atemberaubende Orte Hawaiis nur sehr schwer zu erreichen. Hubschrauber-Rundflüge bieten die Möglichkeit, sich auch diese geheimen Winkel der Inseln zu erschließen. Auf Kauai etwa fliegt man über den farbenprächtigen Waimea Canyon, die herrliche Napaliküste, versteckte Wasserfälle und üppigen Regenwald. Auf Big Island kann man vom Heli aus sogar Einblicke in tiefe Krater mit brodelnder Lava nehmen.

⑦ Sich schwindelig fahren (S. 132)

Ein absolutes »Must«: Die »Road to Hana« auf Maui ist eine der schönsten Autostraßen der Welt. Von Kahului geht sie an der kaum bewohnten Küste entlang über 617 Serpentinen und 56 meist einspurig befahrbare Brücken zum kleinen Ort Hana im äußersten Osten der Insel – vorbei an herrlichen Wasserfällen, dichtem Regenwald und schroffen Lavaküsten. Eine atemberaubende Fahrt, die mit unvergesslichen Ausblicken belohnt wird.

🔴8 Bei Königs zu Gast sein (S. 30)

Im Iolani Palast in Downtown Honolulu lebten von 1882 bis 1893 die letzten beiden Monarchen des hawaiianischen Königreichs: King Kalakaua und die Nachfolgerin Queen Liliuokalani. Die reiche Innenausstattung umfasst kunstvolle Möbel sowie königliche Geschenke und Ornamente aus aller Welt. Einfach royal: durch den Thronsaal und das Esszimmer wandeln und sich die großartigen Staatsdinner und prächtigen Bälle vorstellen, die hier stattfanden.

🔴9 Auf dem Eselsrücken die Klippen hinabreiten (S. 246)

Der Ritt auf dem Maultier zur Kalaupapa-Halbinsel ist nur etwas für Schwindelfreie. Es geht am steilen Fels entlang hinunter zum Pazifik. Molokais North Shore Pali im Osten sind mit fast 1200 Metern die höchsten Meeresklippen der Welt. Nach fünf spektakulären Kilometern und 26 Serpentinen erreicht man auf Meereshöhe die historische Stadt Kalaupapa, eine der abgelegensten Siedlungen auf Hawaii.

🔴10 Mit Beautys und Beaus sonnenbaden (S. 52)

Er ist vielleicht nicht der schönste, aber mit Sicherheit einer der berühmtesten Strände der Welt. Am Beach von Waikiki ist es gewöhnlich sehr voll, doch wem Menschenmassen nichts ausmachen, für den ist der hedonistische Rummel der Models, Surfer, Einheimischen und Touristen ein wahres Paradies. »Sehen und gesehen werden« lautet das Motto. Und am Abend ist in den zahlreichen Strandbars und Nachtclubs Party angesagt!

Rendezvous mit Delfinen vor Kauais malerischer Napali Coast

HAWAII –
Inseln der Glückseligkeit?

4000 Kilometer bis zur nordamerikanischen Küste, 6000 Kilometer bis nach Asien: Kein Archipel der Welt ist abgelegener, keiner weiter von seinen Nachbarn entfernt als Hawaii. Doch bei aller Distanz: Die Inseln mitten im Pazifik scheinen vielen bekannt und seltsam vertraut, wobei sich oft Fantasie und Wirklichkeit vermischen. Und Kenner längst wissen: Das eine und einzige Hawaii gibt es ohnehin nicht.

Wie soll sich ein Stückchen Welt nennen, auf dem zwölf aller dreizehn möglichen globalen Klimazonen zu finden sind? In dem es auf fruchtbarem Boden grünt, blüht und gedeiht? Auf dessen höchsten Gipfeln Schnee fällt, während an seinen Küsten die Sonne auf Strände aller Farben scheint? Wo die Wellen Tausende von Kilometern Anlauf nehmen, bevor sie sich an den Nordküsten der Inseln auftürmen und dramatisch brechen? Wo klare Bäche in Kaskaden über Felsen stürzen und in dessen Ozean sich Tiere tummeln, die bunt und selten oder einfach gigantisch groß sind? Über dem eine Luft weht, so klar und sauber, dass man nachts schon mit bloßem Auge mehr Sterne funkeln sieht als anderswo

Eine Surferin nimmt eine Auszeit auf Mauna Kea.

Viele Küstenstreifen locken mit Sandstränden und Palmenhainen.

auf der Welt durch Teleskope. In dem viele freundliche Menschen leben, denen das Lächeln in den Genen zu liegen scheint. Klingt »Paradies« zu abgegriffen? Oder zu kitschig? Nö! :)

Wer seinen Blick auf Touristen-Hotspots wie Waikiki, Princeville oder Kihei beschränkt, wird mit anderen Bezeichnungen besser zurechtkommen. Vielleicht mit »angesagt« oder »luxuriös« oder »strandnah«. Aber sich auf diese Erfahrung zu

begrenzen wäre angesichts des langen Fluges, den die allermeisten Besucher auf sich nehmen müssen, um den Archipel zu erreichen, die reine Vergeudung. Ja, Hawaii macht es seinen Gästen nicht leicht. Hier kommt man nicht mal eben vorbei, hier muss man hinwollen. Das ist nicht preiswert und in keinem Fall »mal eben« zu erledigen. Jeder Reisende sollte daher *manawa*, genügend Zeit, mitbringen, um möglichst viel von der ungeheuren Vielfalt zu erleben. Denn jede

Schaurig-schöner Anblick. glühende Lavaströme

Fleißige Feuerspucker

Mehr als 16 600 Quadratkilometer Landfläche hat die Erde mitten in den Pazifik
gespuckt. Als glühende Lava, als Staub,
als Felsbrocken. Hat seit mehr als fünf
Millionen Jahren Vulkane aufsteigen und
wieder untergehen lassen, hat die einen
stillgelegt und lässt andere, wie den
Kilauea auf Big Island, bis heute zu den
aktivsten Feuerspuckern der Welt zählen.
1000 Grad ist der Gesteinsbrei heiß,
den der Vulkan in gemächlichem Tempo
seine Hänge hinabfließen lässt. Seine
abgestrahlte Wärme würde genügen,
sämtliche Haushalte Hawaiis mit Energie
zu versorgen. Nach neuesten Messungen
von NASA-Satelliten ist der Kilauea der
»heißeste Typ« unter den Feuerbergen.
Ein Superlativ. Genauso wie die geologische Tatsache, dass die Schildvulkane
der Hawaii-Inseln die größten ihrer
Art sind. Und der Mauna Kea mit über
9000 Metern – von seiner Basis am
Meeresgrund gemessen – der größte
Berg unseres Planeten. Und der Mauna
Loa seinem Volumen nach der massivste
Vulkan der Erde. Superlative.

Insel ist eine Welt für sich, die entdeckt
sein will. Mit einem eigenen Charakter,
einer eigenen Topografie und einem eigenen Spitznamen: Hawaii (»Big Island« –
die große Insel), Maui (»The Valley Isle« –
die Insel der Täler), Oahu (»The Gathe-
ring Place« – der Versammlungsplatz),
Kauai (»The Garden Isle« – die Garteninsel), Molokai (»The Friendly Isle« – die
freundliche Insel), Lanai (»The Pineapple
Isle« – die Ananasinsel), Niihau (»The For-
bidden Island« – die verbotene Insel) und
Kahoolawe (»The Target Isle« – die Ziel-
scheibeninsel). Während einige touristisch sehr erschlossen sind wie Oahu mit
seiner quirligen Südküste, werden andere
weit weniger häufig besucht, wie das
ländliche Molokai, oder es heißt sogar
»Betreten verboten«, wie auf Niihau und
Kahoolawe. Sucht man das Gemeinsame,
findet man zwei Aspekte: Jede Insel ist
sehenswert und Vulkanismus ihr Ursprung.

Wer nach Hawaii kommt, kann der
Unterwelt in den Feuerschlund blicken,
kann flüssiges Gestein dabei beobachten, wie es sich in zischend verdampfen-
des Meerwasser ergießt oder Straßen
und Häuser überrollt. Wird Zeuge, wie
Land geschaffen, gestaltet und vernich-
tet wird. Ein kreativer und zugleich zer-
störerischer Prozess, der noch andauert
und dauern wird. Und den es ohne Pele
nicht gäbe. Genauso wenig wie das heutige Hawaii. Denn auch wenn Wissen-

schaftler es anders sehen und von einem Magmaherd sprechen, über den sich langsam die Pazifische Platte schiebt: Für Hawaiianer war es die Feuer- und Vulkangöttin Pele, die Hawaii zu dem machte, was es heute ist. Ihr Vater schickte sie von Tahiti aus ins Exil, weil sie wild und kaum zu bändigen war und sich fortwährend mit ihrer Schwester Namaka, der Göttin des Meeres, zankte. Zickenalarm schon vor Tausenden von Jahren. In einem Kanu verließ Göttin Pele ihre Heimat und landete auf Hawaii. Kaum an Land, ließ sie bald aus zahlreichen Vulkanen Lava brodeln und Asche speien. Bis heute.

Liebe zum Land

Peles Legende gleicht der Geschichte derer, die an sie glaubten. Denn Hawaiis erste menschliche Bewohner kamen ebenfalls per Kanu – genauer gesagt mit Doppelrumpfkanus aus Tahiti und von den Marquesas-Inseln. Fantastische Seefahrer mit einer phänomenalen Navigationstechnik bei weit mehr als nur einer Handbreit Wasser unterm Kiel. Im 3. Jahrhundert n. Chr. erreichten sie Hawaii und brachten nicht nur ihre Familien, Saatgut und Haustiere mit, sondern auch eine hoch entwickelte Kultur, in der die *ohana* (Großfamilie) wichtig war und Werte galten wie

Dramatisches Spiel von Sonne und Wolken über Vulkanlandschaften

laulima (Zusammenhalt), *paahana* (Arbeit) und vor allem *aloha aina* (die Liebe zum Land). Diese Liebe wurde später, Ende des 19. Jahrhunderts, politisch interpretiert, heute sieht man sie eher in einem ökologischen oder spirituellen Rahmen. Die Brücken in die alte Heimat brachen die Neu-Hawaiianer nicht ab. Ein Fehler? So verbreitete sich jedenfalls die Kunde von der herrlichen Inselwelt inmitten des Ozeans. Fruchtbare Böden, angenehmes Klima, keine existenzbedrohenden Tiere? Die Daheimgebliebenen müssen so reagiert haben wie heutige Menschen beim Studium bunter Reiseprospekte: Nichts wie hin! Und sie kamen. Im 12. Jahrhundert landeten Siedler aus Tahiti an, die bald die Großfamilien-Ordnung durch eine strikte Hierarchie ersetzten, mit *alii* (Häuptlingen) an der Spitze, gefolgt von Priestern und erst dann dem gemeinen Volk. Fortan regierte das Prinzip des *Kapu*, das genauestens

Kleine Evastöchter mit Lei-Ketten und Hibiskusblüten

festlegte, was erlaubt war und was nicht. Es gab unerlaubte Handlungen, untersagte Bewegungen und *tabu*, verbotene Orte. Und dem, der dagegen verstieß, drohte die Todesstrafe.

Einbruch im Paradies

In dieser Welt tauchte 1778 der englische Kapitän James Cook auf. Der zunächst für einen Gott gehalten wurde, sich nicht als solcher bewies und ein Jahr später an der Küste von Big Island Einheimischen getötet wurde. Cook und seine Leute hinterließen nicht nur religiös enttäuschte Hawaiianer, sondern auch einige tödliche Krankheiten. Die Einheimischen waren weder vor Grippe, Masern und Tuberkulose gefeit, noch gab es für ihre anmutigen und anschmiegsamen Frauen einen Schutz gegen Syphilis & Co., die von Seeleuten und Walfängern mitgebracht wurden.

Kontraste: helle Blüten auf schwarzer Lava

Der Mauna Kea beeindruckt mit seinem Farbenspiel.

In den folgenden Jahrzehnten sollte die Bevölkerung allein durch importierte Krankheiten von 300 000 auf nur noch 60 000 Bewohner schrumpfen.

Dass trotz dieser immensen Verluste immer mehr Menschen den Archipel besiedelten, lag an den Einwanderern, die nach Hawaii kamen: Missionare aus den Vereinigten Staaten, Cowboys aus Mexiko, Kaufleute aus Europa, Händler aus Asien und Glücksritter von sonst woher. Später kamen Arbeitskräfte aus Portugal, Japan und China hinzu, angeworben von den riesigen Ananas- und Zuckerrohrplantagen der Inselkette. Jede Ethnie hatte neben Träumen und Hoffnungen für ein neues Leben auch ihre Gewohnheiten und Traditionen im Reisegepäck – Hawaii wurde zum genetischen und kulturellen

melting pot der Südsee. Ab 1810 regiert von einem König, denn da gelang es dem charismatischen Adligen Kamehameha, der später »der Große« genannt werden sollte, die Inseln Hawaiis zu einigen. Der künftige Monarch hatte kein Gemetzel und kein Blutvergießen gescheut, entwickelte auf dem Thron jedoch einen weitsichtigen Regierungsstil. Er intensivierte den Handel mit den USA und Europa durch den Export von Sandelholz und Zuckerrohr, vereinheitlichte die Rechtsordnung und errichtete ein staatliches Schulsystem. Und er ist auch heute noch auf den Inseln höchst gegenwärtig. Viele Straßen und Gebäude tragen seinen Namen, und seine berühmte Statue vis-à-vis des Iolanis-Palastes in Honolulu grüßt Untertanen und Touristen hoheitsvoll mit erhobenem Arm.

Neuer Wirtschaftsfaktor Tourismus

Kamehamehas Denkmal tut gut daran, die Gäste seines Reiches freundlich zu empfangen, ist doch der Tourismus mittlerweile Hawaiis wichtigster Wirtschaftszweig. Sieben Millionen Besucher kommen pro Jahr – bei einer Bevölkerung von 1,5 Millionen Hawaiianern eine beachtliche Größe. Ihre Versorgung und Unterbringung, ihr Interesse an Sport, Entertainment und Naturerlebnissen hat das Erscheinungsbild des Archipels in den vergangenen Jahrzehnten maßgeblich geprägt. Der Tourismus hat andere Wirtschaftsbereiche Hawaiis in ihrer Bedeutung weit hinter sich gelassen. Dennoch spielen der Anbau von Ananas und Zuckerrohr noch immer eine Rolle, gefolgt von anderen landwirtschaftlichen Produkten wie Macadamia-Nüsse, Bananen, Tabak, Reis, Kokosnüsse, Blumen und Kaffee. Auch das Militär, Honolulus Hafen und der Verkehrsknotenpunkt Honolulu Airport leisten einen Beitrag zum Bruttoinlandsprodukt. Und nicht zu vergessen: die Filmindustrie. Die Liste der Fernseh- und Kinoproduktionen, die auf Hawaii gedreht wurden, ist lang. Darunter sind Blockbuster wie »Jurassic Park«, »Pearl Harbor« und »The Descendants« oder Dauerserien wie »Hawaii-Five-0« und »Lost«. Als Drehort ist der

Vorsicht Kamera! Familienfoto in Liliuokalani Gardens auf Big Island

Archipel mit seinem angenehmen und zuverlässigen Klima ein Traum für Produzenten und Regisseure. Und ein gar nicht mal so unangenehmer Arbeitsplatz für Schauspieler…

Fremde Begehrlichkeiten

Lange Zeit konnte sich das Königreich Hawaii den Begehrlichkeiten anderer Mächte erwehren. Herrscher kamen und gingen. Verboten den Walfang und erklärten das *Kapu*-System für beendet. Ließen sich von klugen Menschen beraten und von Hasardeuren. Besuchten in Europa königliche Kolleginnen und Kollegen und komponierten wunderschöne Melodien wie Königin Liliuokalanis »Aloha oe«. Doch die gierigen Finger fremder Staaten griffen nach dem bezaubernden und zugleich wirtschaftlich interessanten Südsee-Archipel. Im 19. Jahrhundert gab es russische, französische und britische Ambitionen, die Kontrolle über Hawaii zu erlangen. Sie scheiterten. Die USA hatten noch 1842 die Anerkennung Hawaiis als unabhängiges Königreich unterschrieben. Doch nach und nach setzten sie ihre Schritte auf die Inseln im Pazifik. Wirtschaftlich, als Plantagenbesitzer, Grundherren und Geschäftsleute. Und militärisch, denn 1887 übernahmen die USA den strategisch interessanten Marinestützpunkt Pearl Harbour für Schiffe ihrer Flotte. Als 1893 durch einen Putsch, bei dem US-amerikanische Großgrundbesitzer eine führende und wenig rühmliche Rolle spielten, die Monarchie vom Thron gestürzt wurde, begann am 4. Juli 1894 die Zeit der Republik Hawaii. Fünf Jahre später annektierten die Vereinigten Staaten den Archipel und erklärten ihn am 21. August 1959 schließlich zum 50. Bundesstaat der USA.

Infolge dieser politischen Entwicklungen wurde Hawaii nicht nur politisch, sondern auch kulturell »amerikanisiert«. Der westliche Lebensstil mit seiner gleichermaßen hektischen wie lässigen Attitüde bestimmte fortan den Alltag und zunehmend auch das Erscheinungsbild der urbanen Inselgebiete.

Die Amerikanisierung und ihre Folgen

Eine Infrastruktur, gesichtslose Gewerbegebiete und Wohnsiedlungen entstanden, wie es sie ebenso in den städtischen Speckgürteln im Mittleren Westen oder Kalifornien gibt. Auch Probleme der modernen Welt tauchten auf: Alkohol, Kriminalität, zumeist Eigentumsdelikte, und *pakalolo*, das hawaiianische Marihuana, das zwar offiziell verboten und bekämpft, aber inoffiziell hier und da angebaut wird. Weshalb es so mancher Kleinbauer übrigens nicht sehr schätzt, wenn Wanderer querfeldein durch die Felder streifen… Und dennoch blieb Hawaii hinter den Stadtgrenzen ein blühendes und grünendes Potpourri in allen Schattierungen, eine bizarre Welt aus heißem und erkaltetem Vulkangestein, ein Traum aus feinsandigen und kieseligen Stränden, hohen Klippen, wild bewachsenen Tälern und schneebedeckten Gipfeln. Mit Menschen, die sich

Farbenfroher Imbiss- und Erfrischungsstand in Hanalei auf Kauai

nach einer Art Schockstarre darauf besannen, wo ihre Wurzeln sind.

Rückbesinnung auf alte Werte

In den 1970er-Jahren begann eine Renaissance der alten hawaiianischen Kultur. *Aloha aina*, die Liebe zum Land, umfasst seitdem wieder deutlich mehr längst vergessene Kulturgüter. Engagierte Freunde des Hulas versuchen heute, den uralten religiösen Tanz vom knallbunten Tourismus-Hüftwackel-Kitsch jüngerer Zeit zu befreien. Die wohlklingende hawaiianische Sprache, zunächst verboten und dann ganz an den Rand der Gesellschaft gedrängt, erlebt in Kursen, im Schulunterricht und auch im privaten Leben eine Wiedergeburt. Auch auf dem Gebiet der Heilkunde entsann man sich traditioneller Methoden. So hat die *Lomi Lomi Nui*-Massage in den letzten Jahrzehnten wieder Einzug in die Therapie-Welt nicht nur Hawaiis gehalten, aus der sie die körperfeindlichen Missionare Mitte des 19. Jahrhunderts per Verbot vertrieben. Während das »einzigartige starke Kneten«, so die Übersetzung, von modernen Masseuren der westlichen Welt zumeist als Wellnessbehandlung durchgeführt wird, gilt es ursprünglich als Bestandteil der Naturheilkunde und wurde von *Kahunas*,

Es muss nicht immer Laulau oder Kalua-Schwein sein ... auch ein leichter Salat macht Freude.

net. Das Bemühen, mit sich, den Mitmenschen, der Natur und dem Universum im Einklang zu leben. Es gibt nur eine Kraft, *mana aloha*, die Energie der reinen Liebe. Und nur ein Gesetz: nie verletzen, immer helfen. Das gilt für andere, aber auch für einen selbst. Diese Lebenseinstellung gipfelt im *Hooponopono*, dem hawaiianischen Vergebungsritual. Ganz einfach, doch unendlich kompliziert: Bei einem Konflikt *(kala)* soll ein Vermittler *(haku)* erreichen, dass beide Seiten einander vergeben (*mihi*). Wut und Ärger gelten dann als für immer gelöscht (*oki*). Vielleicht wird mit solch harmoniebetonten Lebensleitlinien das Lächeln der Hawaiianer verständlicher. Der sanfte, entspannte Nachdruck, mit dem die *kahuna lapaau*, die Kräuterheilerin Morrnah Simeona (1913 bis 1992), ihr

den traditionellen Heilern Hawaiis, durchgeführt. Es soll körperliche und seelische Blockaden lösen, die die Energie *(mana)* daran hindern, durch den Körper zu strömen. Bei der mindestens zweistündigen Körperarbeit fließt viel Kukuinuss-Öl, hawaiianische Musik unterstützt die Therapeuten, die mit fließenden Bewegungen Hände, Unterarme und Ellenbogen einsetzen. Früher wurde die *Lomi Lomi Nui-Massage* in Familien zum Beispiel benutzt, Jugendlichen während der Pubertät dabei zu helfen, sanfter durch diese schwierige Lebensphase zu kommen.

Harmonie und Sanftmut

Es ist dieses fürsorgliche Denken, das die hawaiianische Mentalität auszeich-

Die Blüte im Haar: ein natürlicher Körperschmuck

Zwei Freundinnen beim Sonnenuntergang in Kapalua auf Maui

Wissen praktisch und in Vorträgen bis vor die UN-Versammlung weitergab. Die Freizügigkeit eingeborener Frauen, die sich den verdutzten Seeleuten ohne jeden Zwang hingaben. Oder die sanfte Zartheit, die ein Koloss wie der 343 Kilogramm schwere Israel »IZ« Kamakawiwoole (1959–1997) in seine Stimme und seine Musik legen konnte und damit die ganze Welt bezauberte und nebenbei noch engagiert für die Pflege der hawaiianischen Sprache warb.

Lukullische Kompositionen

Die Besinnung auf Altbewährtes findet auch am Herd statt. »Pacific-Rim-Cuisine« heißt das Schlagwort. Eine Küche, die auf den Rezepten und Lebensmitteln der Polynesier, den mitgebrachten Zutaten der Europäer, den Gewürzen, der Kochkunst und dem Kalorienbewusstsein der japanischen und chinesischen Küchen beruht und dem US-amerikanischen Fast-Food seit den 1990er-Jahren die Stirn bietet. Und sich seit 2006 mit der Verwendung australischen Lamms und neuseeländischen Wilds samt europäischer Kochfinesse zur »Hawaiian Fusion Cuisine« weiterentwickelte. In den Küchen der großen Hotels, der Ferienresorts und Restaurants arbeiten Köche aller Nationen – zwischen ihnen hat sich ein regelrechter Wettbewerb um die besten Kreationen entwickelt. Der Gourmet sieht's und schmeckt's mit Freude – und die Küchenchefs sammeln Auszeichnungen und Prämierungen bekannter Gastro-Kritiker.

Und immer wieder die Ananas

Ganz nebenbei: Gehört nicht der Mai Tai, einer der berühmtesten Cocktails der Welt, auch in diese Reihe der lukullischen Kombinationen? 1944 in der Bar eines kalifornischen Restaurants zum ersten Mal gemixt, soll sein Erfinder Victor Bergeron gebeten worden sein, für das rosarote Royal Hawaiian Hotel in Waikiki eine hawaiianische Variante zu kreieren. Er fügte dem Grundrezept aus 6 cl fassgelagertem Jamaika-Rum 1,5 cl Curaçao Red, 0,75 cl Orgeat-Sirup, 0,75 cl Zuckersirup und 2 cl frisch gepresstem Limettensaft plus Eis noch einen Schuss Ananassaft hinzu. Ein köstlicher Welterfolg mit hawaiianischem Touch!

Ach, die Ananas! Wie keine andere Frucht wurde die Südamerikanerin zum Sinnbild Hawaiis. Die delikate und in nördlichen Breiten gar nicht oder nur in Gewächshäusern reifende Frucht galt lange Zeit als Inbegriff von Reichtum und Wohlstand. Noch Englands König Charles II. ließ im 17. Jahrhundert in Öl auf Leinwand festhalten, wie ihm eine Ananas zum Geschenk gemacht wird. Mit dem Anbau und der Ernte im Großformat auf hawaiianischen Plantagen war es dann mit der Exklusivität ein wenig vorbei – auch wenn die exportierten Früchte nicht nur saftiges Fruchtfleisch, sondern auch weiterhin saftige Preise besaßen. Ananas rechneten sich, und Ende des 19. Jahrhunderts war Hawaii das führende Anbaugebiet der Welt,

Aloha, Grußformel und Lebensphilosopie zugleich, hier auf einer Baseball-Kappe

in dem die begehrte Frucht auch industriell verarbeitet, gezuckert, in Dosen konserviert und lange haltbar gemacht Richtung USA und Europa verschickt wurde. Nun konnten viele die exotische Frucht genießen und neue Kreationen ausprobieren. Der deutsche Fernsehkoch Clemens Wilmenrod legte 1955 vor laufenden Kameras eine Scheibe Kochschinken auf eine Scheibe Toastbrot, darauf eine Scheibe Ananas und eine Scheibe Schmelzkäse, ließ das Ganze überbacken, krönte die Scheiben-Konstruktion mit einer Cocktailkirsche und etwas Paprikapulver und nannte es »Toast Hawaii«. In den Küchen des Wirtschaftswunderlandes gab es kein Halten mehr. Die Sehnsucht nach der Ferne, nach Südsee und Exotik heftete sich an die hawaiianische Ananas und gipfelte in »Pizza Hawaii«, »Schnitzel Hawaii«, »Steak Hawaii«. Gerichte, die auf dem Archipel gänzlich unbekannt waren. Und blieben.

Authentisches Festmahl

Gegen Hawaiis authentische Delikatessen wirken die Möchtegern-Hawaii-Gerichte geradezu maniküriert. Wer sie kennenlernen will, sollte an einem *Luau* teilnehmen, einem Festmahl mit Gesang und Hula-Tanz. Dann kommen Spezereien wie *Kalua*-Schwein aus dem Erdofen, oder *Laulau,* eine Mischung aus Rind, Huhn, Schwein oder Fisch mit Spitzen von *Taro,* auf die Tafel. Dazu wird *Poi* gereicht, ein Brei aus gekochten Taro-Knollen. Und *Lomi,* mit Tomaten und Zwiebeln marinierter Lachs aus dem Pazifik. Salate, Yams, Süßkartoffeln und

Brotfrüchte vervollständigen das Buffet. Zum Nachtisch gibt es Obst oder *Haupia,* einen Kokosnusspudding. Als Aperitif wird *Okolehao* gereicht, ein Schnaps aus der Wurzel der *Ti*-Pflanze. Die Gäste tragen wunderschöne farbige Lei-Ketten, die hoffentlich aus echten Blüten und nicht aus Plastik sind.

Nach der Feier geht man an den Strand und wirft seine Blumenkette mit weitem Schwung ins Wasser. Und wenn sie nicht aufs offene Meer hinausgetragen wird, sondern die Wellen sie wieder auf den Sand spülen, so heißt es, wird ihr Besitzer auch immer wieder nach Hawaii zurückkehren. *Aloha – a hui hou aku –* auf Wiedersehen!

Strand- und Badefreuden am Kealia Beach
auf Kauai

Steckbrief Hawaii

Geografie: Hawaii besteht aus acht Hauptinseln. Von Nordwest nach Südost sind dies Niihau (186 km²), Kauai (1427 km²), Oahu (1500 km²), Molokai (675 km²), Lanai (364 km²), Kahoolawe (116 km²), Maui (1888 km²), Hawaii Island (10 500 km²) sowie 130 unbewohnte Inseln, Atolle und Riffe.

Lage: Die Inselgruppe liegt um den 20. Breitengrad Nord im Pazifischen Ozean und gehört geografisch zu Ozeanien und damit zum australischen Kontinent. Sie bildet den südlichsten Punkt der USA, zugleich den nördlichen Punkt des polynesischen Dreiecks mit Neuseeland im Süden und der Osterinsel im Osten.

Fläche: Insgesamt umfasst Hawaii 28 311 km², davon sind 16 625 km² Landfläche.

Einwohner: 1,5 Millionen. 75 Prozent davon leben auf der Insel Oahu, im Großraum Honolulu. Über die Hälfte der Bevölkerung hat asiatische Wurzeln.

Flagge:

Hauptstadt: Honolulu (378 000 Einwohner)

Staatsmotto: *Ua mau ke ea o ka 'aina i ka pono* (»Das Leben des Landes wird durch die Rechtschaffenheit bewahrt.«)

Spitzname: Aloha State

Höchster Punkt: Mauna Kea (Weißer Berg), ein 4205 Meter hoher Vulkan auf Hawaii Island

Größter See: Halulu-See auf der Insel Niihau (3,48 km²)

Längster Fluss: Kaukonahua auf der Insel Oahu (53 km)

Politik und Verwaltung: Hawaii ist in fünf Countys eingeteilt, in einigen werden mehrere Inseln zusammengefasst.

Religion: Die Hälfte der Bevölkerung gehört einer religiösen Gemeinschaft oder Kirche an, davon sind 70 Prozent Christen, acht Prozent Anhänger östlicher Religionen, jeweils 0,5 Prozent Juden oder Muslime. Die anderen zählen sich zu Sekten und Naturreligionen oder zum Atheismus.

Sprache: Englisch und Hawaiianisch (*'olelo Hawai'i*), das zur austronesischen Sprachfamilie gehört, sind die Amtssprachen des Bundesstaates. Außerdem wird noch Hawaii Creole English, auch Hawaii Pidgin English genannt, gesprochen – eine Mischung aus Englisch, Hawaiianisch und verschiedenen europäischen und asiatischen Sprachen.

Zeitzonen: Hawaii liegt in der Zeitzone Hawaii-Aleutian Standard Time (HAST). Der Unterschied zur Mitteleuropäischen Zeit (MEZ) beträgt -11 Stunden. Es gibt keine Umstellung auf Winter- und Sommerzeit.

Zugehörigkeit: Am 21. August 1959 wurde Hawaii der 50. Bundesstaat der USA.

Geschichte im Überblick

Vor 5,6 Millionen Jahren Vulkanische Eruptionen lassen den Hawaii-Archipel entstehen. Inmitten des Pazifiks, 3692 Kilometer vom nächstgelegenen Kontinent Nordamerika entfernt, entwickelt sich ein sensibles Ökosystem mit 2200 Pflanzen- und Tierarten.

500 n. Chr. Die ersten Menschen betreten die Hawaii-Inseln – Polynesier von den Marquesas, die in ihren Doppelrumpfbooten mehr als 3000 Kilometer auf dem Ozean überwinden.

Ab 1100 n. Chr. Die zweite Welle polynesischer Einwanderer erreicht Hawaii und unterwirft die Einwohner. Die Siedler importieren Saatgut, Pflanzen und Haustiere. Es herrscht ein striktes Klassensystem mit Häuptlingen an der Spitze. Das gesellschaftliche Leben unterliegt der *Kapu*-Ordnung, zahlreichen Verboten, deren Missachtung streng bestraft wird.

1542 Während einer spanischen Expedition von Mexiko zu den Philippinen soll der Seefahrer Joao Gaetano die Inseln Hawaiis als erster Europäer entdeckt haben. Damit die Briten nicht von der Entdeckung erfahren, wird sie nicht ins Logbuch eingetragen.

20. Januar 1778 Captain James Cook landet während seiner großen Pazifikreise mit den Schiffen »Resolution« und »Discovery« auf Kauai. Zu Ehren des britischen Earl of Sandwich nennt er den Archipel »Sandwich-Inseln«.

Knapp ein Jahr später wird Cook am Strand der Kealakekua-Bucht auf Big Island bei einem Streit mit Einheimischen getötet.

1795 Der Häuptlingsneffe Kamehameha sichert sich – unterstützt von Ausländern, die ihn mit Waffen versorgen – die Herrschaft über die gesamte Inselgruppe. Er wird König Kamehameha I. der Große.

1809 Hawaii erhält den Status eines »Vereinten Königreichs«. Oberstes Ziel Kamehamehas I. ist der Zusammenhalt der Inseln. Er vereinheitlicht das Rechtssystem und fördert den Handel mit Europa und den USA. Bei seinem Volk ist der »Napoleon des Pazifik« sehr beliebt.

1819 König Kamehameha I. stirbt, noch im Todesjahr beendet sein Sohn Liloliho als König Kamehameha II. auch durch eigene Tabu-Brüche die alte *Kapu*-Ordnung. Zur gleichen Zeit errichtet er das staatliche Schulsystem.
Der Walfang entwickelt sich zu einem wichtigen Wirtschaftsfaktor; daneben spielt der Export von Sandelholz nach China eine wichtige Rolle.

1820 Protestantische Missionare beginnen auf Hawaii Island mit der Christianisierung der Bevölkerung.

1832 König Kamehameha III. verpachtet Landflächen auf Kauai an westliche Geschäftsleute, die Zuckerrohrplantagen anlegen.

1840 Die erste Verfassung tritt in Kraft.

1842 Hawaii wird von den Vereinigten Staaten als unabhängiges Königreich anerkannt.

1845 Der Regierungssitz wird von Lahaina nach Honolulu verlegt.

1848 Große Mahele (Landaufteilung) – der König verteilt riesige Landflächen an die Bevölkerung. Viele Hawaiianer verkaufen ihren Besitz an Weiße, die Zuckerrohr- und Ananasplantagen anlegen.

1852 Auf den Plantagen werden Arbeitskräfte gebraucht; sie wandern in den nächsten Jahrzehnten zu Tausenden aus China, Japan, Portugal und von den Philippinen ein.

1893 US-Kolonisten, die weite Teile der hawaiianischen Wirtschaft beherrschen, beenden mit einem gewaltfreien Staatsstreich die Monarchie und entmachten Queen Liliuokalani (1838–1917), die letzte Königin Hawaiis.

1894 Hawaii wird Republik.

1898 Annexion Hawaiis durch die USA. In der Folgezeit verliert die hawaiianische Kultur, wie die Sprache und der Hula-Tanz, zunehmend an Bedeutung.

1936 Mit dem Flug des Hawaii Clippers von San Francisco nach Honolulu beginnt die kommerzielle Luftfahrt zum hawaiianischen Archipel.

7. Dezember 1941 Japanische Bomber attackieren US-Militäreinrichtungen auf Oahu. Mehr als 2400 Menschen sterben beim Angriff auf Pearl Harbour. Die USA treten in den Zweiten Weltkrieg ein, über 500 000 Soldaten werden auf Hawaii stationiert.

1946 Ein 79 Tage währender Streik stärkt die Macht der Plantagenarbeiter gegenüber den fünf großen, dominanten Agrar-Unternehmen Hawaiis.

21. August 1959 Hawaii wird 50. Bundesstaat der USA.

14. Januar 1973 Elvis Presleys legendäres Konzert »Aloha from Hawaii« wird weltweit ausgestrahlt und von mehr als einer Milliarde Menschen gesehen.

1993 Präsident Bill Clinton entschuldigt sich für die Mitschuld der USA am Sturz des hawaiianischen Königreiches; mit der »Apology Resolution« wird der Putsch für unrechtmäßig erklärt.

2009 Barack Obama, 1961 auf Hawaii geboren, wird 44. Präsident der USA.

2014 Heftiger Protest Einheimischer gegen den geplanten Bau des TMT (»Thirty-Meter-Telescope«) am »heiligen« Vulkan Mauna Kea auf Big Island.

2015 Dem UN-Menschenrechtsrat wird vorgeschlagen, Hawaii wieder auf die Liste der nicht-selbstregierten Territorien zu setzen.

Hier könnten wir
starten – Honolulu
OAHU Airport!
♡

1 Downtown Honolulu
Babylon mit Südsee-Charme

Ist Honolulu eine echte Weltstadt? Natürlich ist sie das, weil die ganze Welt sie kennt – zumindest dem Namen nach. Denn so wie die Hawaii-Inseln der Inbegriff für paradiesische Südseeferien sind, so ist ihre Hauptstadt auf Oahu der Nabel des Archipels und dessen kulturelles, politisches und wirtschaftliches Zentrum – für 400 000 Einheimische und jedes Jahr für Millionen Besucher.

Die freundlichen Hawaiianer lieben ihre Hauptstadt ebenso wie die Touristen, die in Scharen kommen – und von denen viele gar nicht weiterreisen wollen. Dass Hawaii eigentlich mehr ist als »nur« Honolulu, weiß jeder. Dass aber auch Honolulu mehr als »nur« die Strände von Waikiki Beach zu bieten hat, beweist diese quicklebendige Stadt schnell und präsentiert sich als eine Melange aus Holz- und Hochhäusern, aus Natur und Urbanität. Als kultureller Schmelztiegel, in dem nicht nur die Bevölkerung, sondern auch die vielfältige Küche ein spannender Mix aus Polynesien, Europa und Asien ist. Hier wird mit Liebe gemischt – am Kochtopf und zwischen den Ethnien. In Honolulu werden mehr Mischehen geschlossen als irgendwo sonst auf der Welt. Wer wo welche Wurzeln besitzt, ist irgendwann kaum noch nachvollziehbar, trägt aber sicherlich dazu bei, dass das Zusammenleben ausgesprochen friedlich bleibt, was nicht zuletzt angesichts der Mengen an- und abreisender und vielleicht manchmal nervender Touristen aus aller Welt ein kleines Wunder ist. Doch man teilt respektvoll und entspannt Strand, Sehenswürdigkeiten, Restaurants und Vergnügen.

Seite 28/29: Der beliebte Waikiki-Strand auf Oahu lockt mit seinem türkisblauen Meer.
Oben: Eine Hibiskusblüte – typisch für Hawaii
Unten: Holzturm der Lebensretter am Ala Moana Beach Park in Honolulu

✳ find ich sehr nett formuliert! :-)

Blick auf Honolulu mit Waikiki im Vordergrund

Oder man trifft sich bei den zahlreichen Events. Honolulu ist eine Stadt, die gern und viel feiert: Anfang März begeistert das »Honolulu Festival« mit einem bunten Kulturprogramm und einer prachtvollen Parade mit Tänzern und Musikern aus dem gesamten Pazifikraum. Kurz danach wird der St. Patrick's Day begangen, eine Straßenparty mit irischer Volksmusik, Guinness Stout-Bier und grünen Hüten zu bunten Hawaiihemden. Am 26. März, dem »Prince Kuhio Day«, gedenkt man mit Hula und Gesang des letzten Prinzen von Hawaii (1871–1922), der nicht mehr König werden sollte, aber seine Heimat als Kongressabgeordneter in Washington vertrat. Kurz danach findet das jährliche »Ola Ka Ha« statt, ein Gratis-Open-Air-Konzert mit den Galionsfiguren der hawaiianischen Musikszene. Im April wird mit dem augenzwinkernden »Spam Jam« Hawaiis seltsame Vorliebe für Dosenfleisch zelebriert, und bei der »Mele Mei Annual Celebration« im Mai gibt es einen Monat lang Konzerte mit hawaiianischer Musik und Hula-Vorführungen. Sportlich wird es im September beim »Waikiki Roughwater Swim«, einem der weltweit wichtigsten Schwimmwettbewerbe, wenn Teilnehmer aus aller Welt wetteifern und ihre Besten feiern. Die Liste der Events in Honolulu ist lang.

Nicht verpassen

BISHOP MUSEUM

Das beste Museum für hawaiianische Kultur weltweit und eine berühmte Forschungsstätte für polynesische Völkerkunde: Die Prunkstücke der Sammlung – kostbare Federhelme und Umhänge einstiger Könige – befinden sich in der Hawaiian Hall. Auch Fauna und Flora werden erläutert, in einem Pavillon wird eine große Muschelsammlung gezeigt, und im Science Center kann man das Modell eines ausbrechenden Vulkans bewundern. Im Planetarium werden die Navigationskünste der Polynesier anhand der Sterne erklärt. Gegründet wurde das Haus vom US-Geschäftsmann Charles Bishop, Witwer von Prinzessin Bernice Pauahi Bishop, der letzten Nachfahrin der Kamehameha-Dynastie, deren persönlicher Nachlass den Grundstock des Museums bildet.

Bishop Museum. Tgl. 9–17 Uhr, Hula-Shows tgl. 11 und 14 Uhr, 1525 Bernice St., Honolulu, HI 96817, Tel 808 847 3511, www.bishopmuseum.org

KAWAIAHAO CHURCH

Sie wird auch »Westminster Abbey of the Pacific« genannt und war Oahus erste christliche Kirche. Bis zu ihrer Einweihung 1842 mussten die Missionare ihre Gottesdienste in Strohhütten feiern. Die Kawaiahao Church besteht aus 14 000 Korallenplatten, die Einheimische und Missionare aus den Pazifikriffen brachen. 1962 wurden die Kirche und ihre beiden Friedhöfe zum nationalen Denkmal erklärt. In einer Gruft im Hof des Gotteshauses hat King Lunalilo (1835–1874) seine letzte Ruhestätte gefunden. Der beliebte Monarch, der nur ein Jahr regierte, wollte hier und nicht im königlichen Mausoleum Mauna Ala bestattet werden, der Begräbnisstätte der Kamehameha- und Kalakaua-Dynastie. Jeden Sonntag werden Messen in Hawaiianisch und Englisch gelesen.

Kawaiahao Church. 957 Punchbowl St., Honolulu, HI 96813, Tel. 808 522 1333, www.kawaiahao.org

Einfach gut!

Seit Jahrhunderten besiedelt

Auch wenn sich Honolulu zu einer Großstadt typisch US-amerikanischer Prägung – mit japanischen Investoren als Haupteigentümer im Hintergrund – entwickelt hat: Die polynesische Gelassenheit blieb trotz der jahrzehntelangen Expansion erhalten und ist noch immer spürbar. Und bewahrt dadurch inmitten des Betons und Asphalts und des Lärms unzähliger Autos ein jahrhundertealtes Südsee-Erbe. Das hier im 12. Jahrhundert anlandete – und blieb. Mündlich überlieferte Geschichten berichten, dass sich damals Polynesier hier niederließen. »Honolulu – geschützte Bucht«, nannten sie den Ankerplatz, an dem ihre Boote sicher vor Taifunen waren. Erst viel später tauchte Kapitän William Brown 1794 mit seiner Fregatte »Butterworth« als erster Europäer auf und taufte die Bucht auf den Namen »Fair Haven«. Weitere Schiffe folgten, und bald entwickelte sich Honolulu zum größten Hafen des Archipels: Handelsschiffe luden Sandelholz, Zucker und Ananas, Walfängerschiffe machten Zwischenstation, und ihre raubeinigen Mannschaften ließen Kneipen und Bordelle florieren.

GUT ZU WISSEN

MANHATTAN DES PAZIFIK

Einige Hundert Flüge landen täglich auf Honolulus International Airport. Wer eine idyllische Stadt in den Tropen erwartet, wird enttäuscht. Vielmehr prägen moderne Hochhäuser und überfüllte Autobahnen das »Manhattan des Pazifik«. Die Metropole hat sich zu einem Knotenpunkt entwickelt, einschließlich des Lärms, astronomischer Grundstückspreise und Luftverschmutzung. Das Gute allerdings: Nur eine halbe Autostunde entfernt ist man wieder in herrlicher, paradiesischer Natur.

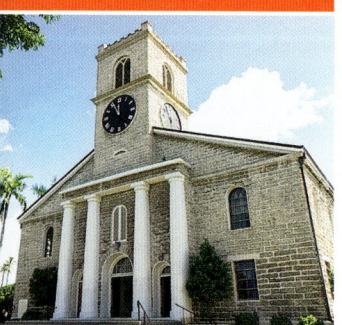

Die Kawaiahao Church, Oahus erste christliche Kirche

Rundgang

🅐 Ala Moana Park – Übergang zwischen Waikiki und Downtown Honolulu.

🅑 Iolani Palast – Freitags (außer August) spielt die Band Royal Hawaiian.

🅒 King Kamehameha Statue – Der hawaiianische König vor der Hawaii State Judiciary History Center.

🅓 Queen Liliuokolani Statue – Denkmal der letzten Königin

🅔 Washington Place – Weißes Herrenhaus, dient als Museum für hawaiianische Geschichte.

🅕 Hawaii State Library – Staatsbibliothek mit einem schönen Garten.

🅖 Mission Houses Museum – Drei Fachwerkhäuser dienten den ersten Missionaren als Arbeitsstätten und Unterkünfte.

🅗 Kawaiahao Church – Ältestes Kirchengebäude.

🅘 State Capitol – 1969 erbauter Regierungssitz.

🅙 The Contemporary Museum – Eine Kunstoase mit herrlichem Skulpturengarten.

🅚 Foster Botanical Garden – 60 000 Quadratmeter großer Park mit mehr als 4000 tropischen Pflanzen.

🅛 Hawaii Maritime Center – Das Schifffahrtsmuseum dokumentiert die Geschichte des Walfangs und die Erschließung des Pazifik.

🅜 Hawaii State Art Museum – Zeitgenössische Kunst einheimischer Maler und Bildhauer.

🅝 Honolulu Museum of Art – Seit 2011 sind hier die Sammlungen des Contemporary Museum und der Honolulu Academy of Arts zusammengefasst.

Großsegler brachten fromme Missionare mit göttlichem Auftrag nach Hawaii und später große Kreuzfahrtschiffe erlebnishungrige Touristen mit ihrer Sehnsucht nach dem Aloha-Gefühl.

Seit 1926 begrüßt der Aloha Tower als Wahrzeichen alle im Hafen ankommenden Schiffe. Damals war der viereckige Turm, der seinen Namen dem Schriftzug über den vier Turmuhren verdankt, das höchste Gebäude auf ganz Hawaii. Im obersten Stockwerk des Tower befindet sich eine Besucherplattform (kostenlos per Aufzug erreichbar), von der aus man den gesamten Hafen und Downtown Honolulu überblicken kann. Besonders empfehlenswert ist die Aussicht am Abend, wenn nach und nach die Lichter der Stadt angehen.

Hauptstadt des Königs

1845 machte Kamehameha III. Honolulu zur Kapitale des Königreichs Hawaii - was sie bis heute als Hauptstadt des US-Bundesstaates Hawaii gewissermaßen geblieben ist. Mit dem filigranen, modernen State Capitol, Sitz der Regierung von Hawaii, und dem weißen Honolulu Hale im Kolonialstil, dem Rathaus der Stadt.

Honolulu ist nicht nur politisches, sondern auch kulturelles Zentrum. So gilt etwa das Honolulu-Symphony-Orchester als das älteste US-amerikanische Orchester westlich der Rocky Mountains. Traditionelle hawaiianische Musik spielt ebenso eine wichtige Rolle im Leben der Stadt wie hochkarätige Museen und eine abwechslungsreiche Theaterlandschaft. Und in Downtown Honolulu warten zahlreiche wichtige Sehenswürdigkeiten auf Besucher: die King-Kamehameha I.-Statue, die Kawaiahao Church und der Iolani-Palast, repräsentatives »Zuhause« der letzten Monarchen Hawaiis und einziger Königspalast auf dem Gebiet

Oben: Das Parlamentsgebäude in Honolulu
Unten: Aloha Tower, seit 1926 Wahrzeichen im Hafen von Honolulu

Downtown Honolulu

der Vereinigten Staaten. 1882 wurde er im Auftrag von König David Kalakaua und seiner Gattin, Königin Kapiolani, erbaut. King Kalakaua galt als lebensfroher und reiselustiger Regent. Auf zahlreichen Trips in die Alte Welt traf er viele Monarchen und Herrscher, darunter auch Kaiser Wilhelm II., Queen Victoria und Papst Leo XIII. Inspiriert von den majestätischen Königspalästen Europas ließ König Kalakaua 1882 den Iolani Palace in durchaus repräsentabler Architektur errichten. Im Gartenpavillon fand 1883 die Krönung Kalakauas statt, im Palast schrieb Queen Liliuokalani, seit 1893 unter Hausarrest, ihr berühmtes Lied »Aloha Oe«, und vor dem Haus wurde 1898 die Annexion Hawaiis durch die USA bekannt gegeben. Nach Ausrufung der Republik verkam das Gebäude. Erst 1969 wurde der Palast restauriert und gehört heute zu den drei öffentlichen Denkmälern, über denen die Flagge Hawaiis ohne Begleitung der Staatsflagge »Stars and Stripes« wehen darf. (Die anderen beiden Orte sind die Ruinen des Puukohola Heiau auf Big Island und das Königliche Mausoleum Mauna Ala auf Oahu).

Versunken im Atlantik

Dem Palast gegenüber grüßt mit erhobenem Arm die schwarz-goldene Statue Kamehamehas I., des ersten Königs von Hawaii. Erschaffen von Thomas Gould in Florenz, ist diese über fünf Meter hohe Bronzestatue eines der am meisten fotografierten Wahrzeichen Oahus. Die Figur aus dem Jahr 1883 ist die zweite Statue, die angefertigt werden musste, nachdem das Schiff aus Europa mit der Originalstatue an Bord nahe den Falklandinseln im Südatlantik gesunken war. Jedes Jahr am 11. Juni wird sie am Kamehameha Day, dem Staatsfeiertag, über und über mit bunten Blumen-Leis geschmückt.

Nicht verpassen

OBAMA-TOUR

Barack Obama, der 44. US-Präsident, wurde 1961 in Honolulu geboren. Seine Eltern hatten sich an der University of Hawaii kennengelernt. Als Sechsjähriger zog er für vier Jahre mit seiner Mutter nach Indonesien, kehrte dann nach Hawaii zurück, um die renommierte Punahou School zu besuchen. Obama spielte im Staatsmeisterschafts-Basketballteam und träumte davon, Profi-Spieler zu werden. Mit seinen Großeltern wohnte er nur zehn Minuten von Waikiki entfernt in Makiki. Er verbrachte seine Jugend mit Ausflügen in den nahe gelegenen Puu Ualakaa State Park und mit Bodysurfen am Sandy Beach und jobbte als »Barry« im Baskin-Robbins-Ice-Cream Laden in der South King Street, wo noch immer Eis verkauft wird. Wer will, kann die Stationen seines Lebens in Honolulu ablaufen. Einen guten Überblick gibt die Webseite www.obamasneighborhood.com

Die nächste Welle kommt bestimmt ...

Infos und Adressen

Honolulu und Waikiki sind wahre Shopping-
paradiese.

ESSEN UND TRINKEN

Alan Wong's Honolulu. Flagship-Restaurant von
Chefkoch Alan Wong, der regionale hawaiianische
Rezepte auf kreative und frische Weise neu inter-
pretiert. Häufig wechselnde, immer überzeugende
Karte. 1857 South King St. 208, Honolulu, HI
96826, Tel. 808 949 2526, www.alanwongs.com

Bac Nam. Unscheinbares, kleines Restaurant,
aber mit einer exzellenten, authentischen Küche
aus Nord- und Südvietnam. 1117 South King St.,
Honolulu, HI 96814, Tel. 808 597 8201

Honolulu Museum of Art Café. Skulpturen,
Gartenpflanzen und ein Wasserfall schaffen eine
inspirierende Atmosphäre, in der Chef Jacob
Silver eine frische, unkomplizierte Küche vertritt.
900 South Beretania St., Honolulu, HI 96814,
Tel. 808 532 8734, www.honolulumuseum.org/
394-museum_cafe

Uncle's Fish Market and Grill. Urgemütliches
Restaurant im Hafen, mit Blick auf Trawler und
Ladekräne. Fisch und Meeresfrüchte in vielen
Variationen. 1135 North Nimitz Hwy., Honolulu,
HI 96817, Tel. 808 275 0063,
www.unclefishmarket.com

Vino Italian Tapas & Wine Bar. Köstliche italieni-
sche Häppchen begleitet von ausgezeichneten
Weinen. 500 Ala Moana Blvd., Honolulu, HI 96813,
Tel. 808 524 8466, www.vinohawaii.com

Yanagi Sushi. Sushi und Sashimi in kompromiss-
loser Qualität. Mehr als 400 Fotos an den Wänden
dokumentieren die Begeisterung vieler Gäste,
darunter zahlreiche VIPs. 762 Kapiolani Blvd.,
Honolulu, HI 96813, Tel. 808 597 1525,
www.yanagisushi-hawaii.com

ÜBERNACHTEN

Ala Moana Hotel. 36 Stockwerke, nicht weit vom
Hawaii Convention Center, dem Ala Moana Beach
Park und dem Ala Moana Shopping Center. Mit
Fitnesscenter, Pool, drei Restaurants und einem
Nachtclub. 410 Atkinson Drive, Honolulu, HI
96814, Tel 808 955 4811,
www.alamoanahotelhonolulu.com

Aston at the Executive Centre Hotel. Großzügig
gestaltetes Suiten-Hotel in der Nähe des State
Capitol, des Finanzdistrikts und der Hawaii Pacific
University. Große Panoramafenster erlauben einen
herrlichen Blick auf Berge, Pazifik und viele
Sehenswürdigkeiten Honolulus. 1088 Bishop St.,
Honolulu, HI 96813, Tel. 808 539 3000,
www.astonexecutivecentre.com

Pagoda Hotel. Beliebtes Hotel mit 360 Zimmern,
bezaubernden Wassergärten und einem schwimmenden Restaurant. 1525 Rycroft St., Honolulu, HI
96814, Tel. 808 941 6611, www.pagodahotel.com

EINKAUFEN

Manuhealii. Noch exklusiver als die internationalen Luxusmarken und typisch Hawaii: Mode für
Damen, Herren und Kinder aus einem hawaiianischen Familienbetrieb, der seit 1985 moderne,
authentische Kleidung und Taschen in ausgezeichneter Qualität und in den typischen Farben
der Tropen kreiert. 930 Punahou St., Honolulu, HI
96826, Tel. 808 942 9868, www.manuhealii.com

Na Mea Hawai'i/Native Books. Alles hier hat einen Bezug zu Hawaii: Bücher, Kleidung, Schmuck, Lebensmittel. Zudem werden Lesungen veranstaltet, Filme gezeigt, aber auch Unterricht im Herstellen von Feder-Leis und Knochen- oder Steinschnitzereien, im Hula-Tanzen oder in hawaiianischer Malerei erteilt. Hauptsache, Wissenswertes über den Südsee-Archipel wird geteilt und weitergegeben. Ward Village Shops, 1240 Ala Moana Blvd., Suite 200, Honolulu, HI 96814, Tel. 808 596 8885, www.nameahawaii.com

AUSGEHEN

Gordon Biersch. Und es gibt doch Bier auf Hawaii – dafür sorgt auch diese Microbrewery. Ihr Besitzer ist der einzige US-Amerikaner mit dem Titel eines Braumeisters – vom Brauinstitut im bayerischen Weihenstephan. Entspannte Atmosphäre, Live-Unterhaltungsprogramm.

1 Aloha Tower Drive, Honolulu, HI 96813, Tel. 808 599 4877, www.gordonbiersch.com

Hawaii Theater Center. Das 1922 erbaute Theater liegt nicht weit vom Aloha-Tower entfernt. Hier amüsierten sich die Menschen bereits zu Zeiten von Vaudeville und Stummfilm. Heute finden hier Theater- und Musikveranstaltungen statt. 1130 Bethel St., Honolulu, HI 96813, Tel. 808 528 5535, www.hawaiitheatre.com

Mai Tai Bar Honolulu. Diese Lanai-Bar auf dem Dach der Ala Moana Mall ist einer der beliebtesten Feierabend-Treffs der Stadt. Hier kann man relaxen, den Sonnenuntergang betrachten und dabei hawaiianische Livemusik hören. 1450 Ala Moana Blvd., Honolulu, HI 96814, Tel. 808 947 2900, www.maitaibar.com

Das Honolulu Museum of Art in der South Beretania Street zeigt vor allem asiatische Kunst.

Oben: Typische Straßenszene in Honolulus Chinatown
Unten: Chinesische Glücksbringer: Farbtupfer im Alltag

2 Chinatown
Ein Fest für die Sinne

Sieht aus wie China – ist es aber nicht. Das chinesische Stadtviertel von Honolulu ist heute ein beliebtes Touristenziel. Hunderttausende Besucher sind fasziniert von seinem ganz besonderen Flair aus asiatischer Lebensart und Küche mit der fernöstlichen Dekoration und den chinesischen Schriftzeichen. Und viele Gäste vergnügen sich in einigen der besten Bars, Clubs und Restaurants auf Hawaii.

Seit 1789 leben Chinesen auf Hawaii, die meisten von ihnen kamen als Arbeiter für die Zucker-, Reis- und Kaffeeplantagen her. Mit dem Ende ihrer Verträge blieben viele in der neuen Heimat. In Honolulu entstand rund um die Maunakea Street und die Hotel Street bald ein eigenes Chinesenviertel. Händler ließen sich nieder, die weltweit mit kostbaren Waren aus dem Reich der Mitte handelten, mit Seide, Porzellan, Tee, Gewürzen. Auch der Opiumhandel blühte.

Ein Stadtteil boomt

Später dann, während der Opiumkriege des 19. Jahrhunderts oder mit Beginn des kommunistischen Zeitalters in der Volksrepublik, wanderten erneut viele Chinesen aus. Schon 1884 betrug die chinesische Bevölkerung in Honolulu 5000 Personen. Und statt als Hilfsarbeiter ihr Geld zu verdienen, eröffneten immer mehr Chinesen eigene Geschäfte, betrieben Wäschereien oder Restaurants oder arbeiteten als Köche und Hausangestellte.

Heute ist Chinatown einer der buntesten und quirligsten Stadtteile Honolulus, in dem sich mitt-

Abendstimmung über Chinatown

lerweile auch viele Thais, Vietnamesen und Filipinos niedergelassen haben. Architektonischen Charme verströmen die Straßenzüge auf den ersten Blick nicht mehr, das Viertel brannte 1886 und 1900 nieder und wurde jedes Mal neu aufgebaut. Was an alter Bausubstanz übrig blieb, wurde oft abgerissen oder – zumindest im Erdgeschoss – auf modern getrimmt.

Ein Bummel über die offenen Märkte an der King Street ist gleichwohl immer noch ein Fest für die Sinne: exotische Früchte, brodelnde Töpfe in kleinen Garküchen und geheimnisvolle Medizinmixturen, die in duftenden Lädchen hergestellt werden. Tätowierer bieten ihre Kunst an, Akupunktur-Praxen warten auf Patienten. Auf eine lange Tradition blicken die Lei-Geschäfte im Nordteil der Maunakea Street zurück, wo geschickte Frauen bunte Blüten zu Kränzen binden.

Historische Tempel

Mittelpunkt des farbenprächtigen Viertels ist die Chinese Cultural Plaza mit vielen Läden sowie den typischen Nudel- und Reis-Garküchen. Besonders farbenfroh präsentieren sich der Oahu Market, der

Einfach gut!

KULTUR ERWANDERN
Chinatown ist ein beredtes Zeugnis lokaler Geschichte, hier schlug einst das kommerzielle Herz Honolulus. Um mehr über die Vergangenheit des Viertels zu erfahren, empfiehlt sich eine geführte Tour des Hawaii Heritage Center. Dabei kommt man jeweils mittwochs und freitags von 9.30 bis 11.30 Uhr an allen interessanten Restaurants, Märkten, Tempeln und Geschäften vorbei. Ob man nun auf eigene Faust durch Chinatown streift oder an einer Führung teilnimmt: Es lohnt sich, den Blick hin und wieder nach oben zu richten. Manche der Häuser wurden zwar in Erdgeschosshöhe brachial modernisiert, aber im ersten und zweiten Stock haben sich viele noch den Charme der typischen »Chinatown-Architektur« bewahren können.

Hawaii Heritage Center. Mo–Fr 9–14 Uhr, Anmeldung nicht erforderlich, 1040 Smith St., Honolulu, HI 96817, Tel. 808 521 2749

Maunakea Market und der Kekaulike Market, wo Schweinsköpfe neben frischem Fisch und Enten-eiern angeboten werden und sich seltene Gemüse-sorten und tropische Früchte stapeln. Mittendrin versetzen schöne Tempel wie der Izumo Taishakyo Mission Shrine und der Kuan Yin Temple die Besu-cher in das historische Japan und China.

Kaohsiung, Honolulus taiwanesische Partnerstadt, hat den Hawaiianern vor einiger Zeit zwei große Marmorlöwen geschenkt, die sich nun über die Hotel Street hinweg anblicken und als prächtiges Portal den Eingang zur Chinatown bilden. Die quer zur Maunakea Street verlaufende Hotel Street war lange das Zentrum des Rotlichtviertels am Hafen; in den letzten Jahren zogen Nacht-clubs und Bars in die ehemaligen Freudenhäuser ein. Am Abend findet man in den verwitterten Lofts und Gebäuden einige der besten Bars, Clubs und Restaurants Hawaiis. Besonders sehenswert: das renovierte, historische Hawaii Theatre im Art-déco-Stil aus dem Jahr 1922 und das denkmal-geschützte Wo Fat Building mit seinem charakte-ristischen grünen Pagodendach.

Oben: Momente der Andacht und Besinnung
Unten: Eingang zum 1923 erbauten Izumo Taisha Shrine, Hawaiis ältes-tem japanischen Shinto-Schrein

Infos und Adressen

ESSEN UND TRINKEN

Legend Seafood Restaurant. Prämierte kantonesische Küche. Einheimische lieben den »Weekend Dim Sum Brunch«. 100 North Beretania St., Honolulu, HI 96817, Tcl. 808 532 1860, www.legendseafoodhonolulu.com

Little Village Noodle House. Familiäres Restaurant mit chinesischer Küche unter hawaiianischem Einfluss. 1113 Smith St., Honolulu, HI 96817, Tel. 808 545 3008, www.littlevillagehawaii.com

Lucky Belly. Gestylt im hippen »clean-look«. Mittelpunkt der japanisch-orientierten Karte ist die ausgezeichnete Ramen-Suppe. 50 North Hotel St., Honolulu, HI 96817, Tel. 808 531 1888, www.luckybelly.com

Madre Chocolate. Hier wird edle Schokolade in vielen Varianten hergestellt: mit gerösteter Kokosnuss oder hawaiianischem Meersalz. Wer will, kann nach Anmeldung freitags (15–16 Uhr) seinen eigenen Schokoriegel kreieren. 8 North Pauahi St., Honolulu, HI 96817, Tel. 808 377 6440, www.madrechocolate.com

Scratch Kitchen and Bake Shop. Die Kalorien des Frühstücks haben es in sich. Vor allem die *Pancakes* sind eine Sünde wert. 1030 Smith St., Honolulu, HI 96817, Tel. 808 536 1669, www.scrath-hawaii.com

The Pig and The Lady. Hier servieren Mama Le (»The Lady«) und ihre Söhne vietnamesische Gerichte in schönem Ambiente. 83 North King St., Honolulu, HI 96817, Tel. 808 585 8255, www.thepigandthelady.com

AUSGEHEN

Kumu Kahua Theatre. Junge, aufregende Bühne: Theaterstücke über das Leben auf Hawaii, geschrieben von einheimischen Autoren. 46 Merchant St., Honolulu, HI 96813, Tel. 808 337 4222, www.kumukahua.org

Uriges Ambiente: Restaurant The Pig and the Lady

3 Pearl Harbor
Flammendes Inferno

Der Angriff der japanischen Marineluft-streitkräfte auf den US-Flottenstütz-punkt Pearl Harbor am 7. Dezember 1941 gilt als eines der entscheidenden Ereignisse des Zweiten Weltkriegs. Nach der verheerenden Attacke erklärten die USA ihren Kriegseintritt. Heute ist Pearl Harbor als »World War II Valor in the Pacific National Monument« mit jährlich 1,5 Millionen Besuchern der meistbe-suchte Ort auf Oahu.

Ein Blick zurück in die Geschichte: Die Beziehun-gen zwischen den USA und Japan waren bereits seit 1937 angespannt. Als Druckmittel gegen die befürchtete weitere Ausdehnung des japanischen Kaiserreichs nach Südostasien nutzten die Verei-nigten Staaten unter anderem die Abschreckungs-wirkung ihrer schlagkräftigen Pazifikflotte. Deren strategisch wichtigste Marinebasis lag in einer Bucht auf Hawaii mit dem schönen Namen »Per-lenhafen« – Pearl Harbor. Als die Verhandlungen über eine friedliche Lösung scheiterten, entschied sich Japan für einen überfallartigen Angriff auf den US-Flottenstützpunkt.

Ideales Angriffsziel

Den japanischen Befehlshabern bot Pearl Harbor ein ideales Angriffsziel. Die USA hingegen hiel-ten einen Angriff auf ihre Stützpunkte auf den Philippinen für wahrscheinlicher und versetzten die auf Hawaii stationierten Streitkräfte nicht in erhöhte Alarmbereitschaft. Nachdem sich die japanische Flotte nach einer mehrtägigen Fahrt unerkannt Hawaii genähert hatte, begann am

Oben: Das USS Arizona Memorial aus weißem Marmor
Unten: Angelandet: U-Boot-Torpedos

Blick aus der Vogelperspektive auf Pearl Harbor

Nicht verpassen

Morgen des 7. Dezember 1941 ab 6 Uhr der Angriff mit mehr als 350 japanischen Kampfflugzeugen. Die Überrumpelung war so groß, dass die meisten der stationierten Kampfflugzeuge und die Geschütze auf den Schlachtschiffen nicht mehr rechtzeitig besetzt werden konnten. Auch auf das Stadtgebiet von Honolulu fallen an diesem Sonntagmorgen todbringende Bomben.

Bald tobte ein flammendes Inferno. Die USA verlieren acht Schiffe, weitere sechs werden beschädigt. Zerstört werden 164 Flugzeuge, zahlreiche Dockanlagen und Flugplätze. Das von einer Panzerbombe getroffene Schlachtschiff »USS Arizona« explodiert und sinkt innerhalb von neun Minuten mit mehr als 1177 Soldaten an Bord. Mehr als 400 Marinesoldaten sterben auf dem von Torpedos getroffenen Schlachtschiff »USS Oklahoma«. Insgesamt kostet der Angriff mehr als 2400 US-Soldaten und Zivilisten das Leben, weitere 1300 Menschen werden verletzt, viele von ihnen schwer. Auf japanischer Seite steht der Verlust von 29 Flugzeugen sowie fünf U-Booten und Schiffen; 65 Piloten und U-Boot-Besatzungsmitglieder verlieren an diesem verhängnisvollen Tag ihr Leben.

GEDENKEN IM STILLEN
Die beste Zeit für eine Besichtigung von Pearl Harbor ist der frühe Morgen, wenn sich der Andrang noch in Grenzen hält. Besucher sollten auf angemessene Kleidung und respektvolles Verhalten achten. Das Mitführen von Taschen jeglicher Art ist verboten. Zu erreichen ist Pearl Harbor mit dem Auto, öffentlichen Bussen (Linie 20 und 42) und mit geführten Touren örtlicher Busgesellschaften.

USS Arizona Memorial. Tickets im Pearl Harbor Visitor Center, 1 Arizona Memorial Place, Honolulu, tgl. 7–17 Uhr, Shuttle-Boote fahren von 8–15 Uhr alle 15 Min.
USS Missouri. Kostenloses Shuttle-Boot tgl. 8–16 Uhr, Tickets im USS Bowfin Park, 11 Arizona Memorial Drive (tgl. 7–17 Uhr) erhältlich, ebenso für das Submarine Museum.
Pacific Aviation Museum. Von 8–17 Uhr verkehrt alle 15 Min. ein Shuttlebus ab Visitor Center, dort gibt es auch die Tickets.

Oben: Das U-Boot »USS Bowfin« dient seit 1981 als Museumsschiff. **Unten:** In der Gedenkstätte dokumentieren Fotos zahlreiche Einzelschicksale.

Tag der ewigen Schande

Präsident Franklin D. Roosevelt spricht in seiner berühmten Pearl-Harbor-Rede einen Tag später vor dem Kongress von »A date which will live in infamy«, einem Tag der ewigen Schande. Und stachelt damit die Kampfbereitschaft seiner Landsleute an. Die Bevölkerung in den USA ist nach dem noch nicht lange zurückliegenden Ersten Weltkrieg eher pazifistisch geprägt, eine Intervention in den in Europa bereits wütenden Krieg lehnt sie ab. Der Angriff auf Pearl Harbor ändert jedoch alles. Am 8. Dezember 1941 erklären die USA Japan den Krieg. Deutschland und Italien reagieren als Verbündete Japans nur vier Tage darauf mit ihrer Kriegserklärung gegenüber den USA. Der 1939 mit dem Angriff Deutschlands auf Polen begonnene Konflikt weitet sich endgültig zum Weltkrieg aus.

Rundgang Pearl Harbor

Ⓐ USS Arizona Memorial – Vom Besucherzentrum aus geht es mit dem Shuttle-Boot zur Gedenkstätte vor der Insel Ford Island. Das schwimmende Mahnmal aus weißem Marmor, liegt direkt über dem Rumpf des bombardierten Schlachtschiffs »USS Arizona«, das mit Hunderten von Männern an Bord versank.

Ⓑ Battleship Missouri Memorial – General MacArthur nahm am 2. September 1945 die bedingungslose japanische Kapitulation an, die den Zweiten Weltkrieg beendete. Jetzt vor Ford Island vertäut, ist die »Mighty Mo« ein Museum mit Exponaten aus drei Kriegen und fünf Jahrzehnten Dienst.

Ⓒ USS Bowfin Submarine Museum & Park – Die »USS Bowfin« (SS-287) ist eines von 288 U-Booten, die während des Zweiten Weltkrieges im Pazifik im Einsatz waren. Eine Tour durch den Park

führt zu einem Denkmal zu Ehren der im Zweiten Weltkrieg gefallenen U-Boot-Matrosen. Anschließend steigt man selbst in die »USS Bowfin« ein und besichtigt unter Deck den Torpedoraum, den Maschinenraum und die Schlafkojen.

Ⓓ Pacific Aviation Museum – Das Museum ist im ehemaligen Flugzeughangar auf Ford Island untergebracht und bietet interaktive Simulatoren und Ausstellungsstücke. Im Hangar 37, der den Angriff auf Pearl Harbor überstand, sind Flugzeuge wie ein japanischer Zero und ein B-25B-Bomber zu sehen.

Ⓔ USS Oklahoma Memorial – Das Denkmal auf Ford Island ehrt 429 gefallene Besatzungsmitglieder. Neun Torpedos trafen »The Okie«, und brachten in nur zwölf Minuten das 35 000 Tonnen schwere Schlachtschiff zum Kentern.

Leuchtturm im Diamond Head
Beach Park

4 Rund um Honolulu
Herrliche (Augen-)Blicke

Honolulu liegt zu Füßen der gigantischen Koolau-Bergkette. Von deren Höhen bieten sich zahlreiche Möglichkeiten, am Tag auf Waikikis Häusermeer und das Gewusel von Downtown zu blicken. Oder sich nachts vom flirrenden Licht der Millionenstadt verzaubern zu lassen. Ebenfalls sehenswert: das ehemalige Anwesen der verstorbenen Tabakerbin Doris Duke mit einer atemberaubenden Sammlung islamischer Kunst.

Eigentlich ist der Krater des erloschenen Vulkans eine Enttäuschung. Der Berg, der auf Hawaiianisch *Leahi* (»Augenbraue des Thunfisches«) heißt, wurde im 19. Jahrhundert von britischen Seeleuten »Diamond Head« genannt – im Glauben, sie hätten Diamanten an seinen Hängen entdeckt. Die erhofften Edelsteine entpuppten sich jedoch als wertlose Kalzitkristalle – seinem Namen wurde der Vulkan also nicht gerecht. Doch der markante Tuffring avancierte zu einer der meistfotografierten Anhöhen des Archipels und zum Wahrzeichen Honolulus und Waikikis.

Vor mehr als 300 000 Jahren in einer einzigen Eruption gebildet, wurde der Krater im frühen 20. Jahrhundert als militärischer Spähposten genutzt und 1958 zum nationalen Naturdenkmal erklärt. Heute ist der 232 Meter hohe Diamond Head ein beliebtes Wanderziel, mit Panoramablick auf Waikiki und die Südküste Oahus. Um die fantastische Sicht genießen zu können, muss man zunächst durch einen Tunnel in das Innere des 61 Meter tiefen Kraters. Dort geht es ab einem Parkplatz nur noch zu Fuß weiter auf einem steilen Wanderweg, der zwar nur einen Kilometer lang,

Erloschen, aber doch präsent: der Diamond Head

aber unbefestigt, steil und gelegentlich recht rutschig ist. Über eine Betontreppe, durch zwei Tunnel, eine Wendeltreppe und einen schmalen Durchlass gelangt man zu einer ehemaligen Artilleriestellung. Und dort wird man für alle Mühen mit einem herrlichen Ausblick belohnt. Diese anstrengende Tour unternimmt man möglichst am frühen Morgen. Ist man an einem Samstag unterwegs, sollte man nach dem Abstieg am Fuß des Kraters haltmachen und sich auf dem großen Bauernmarkt des Kapiolani Community College mit Früchten und Gemüse eindecken. An der Monsarrat Avenue laden einige hübsche Cafés und Restaurants zum Besuch ein.

Fahrt durchs Grün

Lohnenswert ist auch die Fahrt zum Pali Lookout, der mit dem Auto in 20 Minuten von Honolulu aus zu erreichen ist. Gesäumt von einer üppigen Vegetation aus Banyanbäumen, Bambus und wildem Ingwer führt der Highway 61 stadtauswärts durch das Nuuanu Valley Richtung Nordosten, vorbei an der Zufahrt zum Queen Emma Summer Palace. Am Aussichtspunkt reicht der grandiose Blick Richtung Ostküste bis nach Kailua und Kanehoe.

Nicht verpassen

KÖNIGLICHE SOMMERFRISCHE

Von Honolulu aus geht es ins Nuuanu Valley zum Queen Emma Summer Palace, der den hawaiianischen Namen *Hanaia-kamalama* trägt und ein Museum beherbergt. In die abgelegene Residenz zogen sich die Royals – neben der Königin auch King Kamehameha IV. und ihr Sohn, Prinz Albert – während der Sommerhitze gern zurück. Das weiße Holzgebäude wurde 1848 im Stil des Greek Revival erbaut. Uralte Bäume spenden Schatten – darunter ein Mangobaum, der am Hochzeitstag des Paares gepflanzt wurde und bis heute Früchte trägt. Die Ausstellung zeigt hawaiianische Möbelstücke und prächtige Kristalllüster; die kanuförmige Koa-Akazienholz-Wiege mit Einlegearbeiten aus Kou-Holz ließ der König in Erwartung des Thronfolgers anfertigen.

Queen Emma Summer Palace. Tgl. 9–16 Uhr, 2913 Pali Hwy., Honolulu, HI 96817, Tel. 808 595 3167, www.daughtersofhawaii.org

Stadtnäher liegt der Aussichtspunkt am Kraterrand des Punchbowl. Der »kleine Bruder« des Diamond Head entstand ebenfalls durch eine Eruption, die einen 47 Hektar großen Trichter hinterließ. Er war Ort ritueller Menschenopfer der Ureinwohner, später dann eine königliche Festung und dient heute als militärischer Ehrenfriedhof mit 30 000 Gräbern von Soldaten, die im Korea- oder Vietnamkrieg Dienst leisteten. In einer Ehrenhalle sind die Namen Tausender Vermisster aufgelistet. Von der Aussichtsplattform am Kraterrand haben Besucher einen weiten Blick auf das Häusermeer, den Pazifik und den »großen Bruder« Diamond Head.

Kostbares Paradies

Am Fuß des erloschenen Diamond Head liegt Doris Dukes »Shangri La«, das zu den ganz großen Sehenswürdigkeiten Oahus zählt. Das von der amerikanischen Tabakerbin (1912–1993), die einst als »reichste Frau der Welt« galt, und ihrem Architekten Marion Sims Wyeth 1937 erbaute Traumanwesen beherbergt 3500 islamische Kunstgegenstände. Die kostbare Sammlung reicht von iranischer Keramik des 11. Jahrhunderts über perlenbestickte ägyptische Fußschemel bis hin zu nordindischen Schwingtüren mit Elfenbeinintarsien, durch die man auf das Terrassendeck mit dem Pool tritt – ein irdisches Paradies! Informationen zu Besichtigungen unter www.honolulumuseum.org.

Oben: Hawaiis Palmen: Wahrzeichen der Natur
Unten: Der Graukardinal ist nicht nur auffallend, sondern auch ein talentierter Sänger.

Infos und Adressen

Wer nicht laufen will, wird vom Sightseeing-Bus auf den Diamond Head gefahren.

ESSEN UND TRINKEN

Govinda's Vegetarian Buffet. Vegetarisches Buffet aus der Tempelküche. Hübscher Gastraum sowie Tische und Stühle unter Banyanbäumen. ISKCON Hare Krishna Temple, 51 Coelho Way, Honolulu, HI 96817, Tel. 808 595 4913, www.govindashawaii.com

Michel's at the Colony Surf. Erlesene französische Küche, zweimal wöchentlich Livemusik. 2895 Kalakaua Ave., Honolulu, HI 96815, Tel. 808 923 6552, www.michelshawaii.com

Ono Hawaiian Foods. Kein Schnickschnack, dafür authentisches hawaiianisches Essen, für das die Gäste Schlange stehen. 726 Kapahulu Ave., Honolulu, HI 96816, Tel. 808 737 2275, www.onohawaiianfoods.com

Treetops Restaurant. Nicht das Essen begeistert hier, sondern das Urwaldgefühl inmitten des satten Grüns des Waahia Ridge. 3737 Manoa Rd., Honolulu, HI 96822, Tel. 808 988 6838, www.treetopsrestaurantmanoa.com

ÜBERNACHTEN

The Kahala Hotel & Resort Oahu. Ein Traum am Strand. Mit einem Delfin in der hoteleigenen Lagune. 5000 Kahala Ave., Honolulu, HI 96816, Tel. 808 739 8888, www.kahalaresort.com

Lotus Honolulu at Diamond Head. Feines, von japanischer Ästhetik inspiriertes Hotel. 2885 Kalakaua Ave, Honolulu, HI 96815, Tel. 808 922 1700, www.lotushonoluluhotel.com

The New Otani Kaimana Beach Hotel. Näher am Wasser kann man nicht wohnen. 2863 Kalakaua Ave., Honolulu, HI 96815, Tel. 808 923 1555, www.kaimana.com

Manoa Valley Inn. Kleines Dreisternehotel im denkmalgeschützten Haus mit Puppenstuben-Charme. 2001 Vancouver Drive, Honolulu, HI 96822, Tel. 808 947 6019, www.maonavalleyinn.com

Orchideen im Foster Botanical Garden in Honolulu

Der Makapuu Point bietet einen tollen Ausblick über die Westküste.

5 Waikiki
» ... ein einziges langes Hotel«

Waikiki – seit jeher ist der Stadtteil von Honolulu ein Sehnsuchtsort für Menschen mit Sonnendefizit und verfügt mit dem Waikiki Beach über einen der berühmtesten Strände der Welt. Ursprünglich war Waikiki der Rückzugsort für Angehörige der Königlichen Familie Hawaiis. Heute ist es mit seinen Hotelpalästen, luxuriösen Restaurants und trendigen Bars eine touristische Destination von Weltruf.

Am Anfang war der Sumpf. Mit Feldern, auf denen Reis und Taro angebaut wurde und einem royalen Palmenhain mit Strandhaus, das nur vom Wasser aus zu erreichen war und in dem »Königs« ungestört urlauben konnten. Später gesellten sich einige reiche Händler und Plantagenbesitzer mit ihren Wochenendhäusern hinzu. »Spritzendes Wasser« bedeutet der Name Waikiki. Als dann der Kanal Ala Wai die Flüsse aus den Bergen bändigte und ihr spritzendes Wasser direkt ins Meer leitete, war der trockengelegte Boden bereitet für den Bau von Hotels und Pensionen.

Mit dem 1901 im Kolonialstil erbauten Strandhotel Moana Surfrider, einer Luxusunterkunft für Kreuzfahrt-Passagiere mit einem 90 Meter langen Holzpier, zog bald die große Welt nach Waikiki. Schriftsteller Jack London, der 1916 Hawaii bereiste, ahnte damals schon: »... eines Tages wird Waikiki Beach ein einziges langes Hotel sein«. Dass die Hotelkette nicht nur lang, sondern mit ihren Wolkenkratzern auch sehr hoch werden würde, konnte er nicht ahnen.

Oben: Strandschönheiten am Waikiki Beach
Unten: Blick auf Waikikis Skyline, im Vordergrund das berühmte rosafarbene Royal Hawaiian Hotel

Bühne im Pazifik

1927 wurde das markante Royal Hawaiian Hotel eröffnet, ein rosafarbener Gebäudekomplex im spanisch-maurischen Stil, das den »Rich and Famous« der wilden 1920er-Jahre als malerische Bühne diente. Wer es sich leisten konnte, reiste mit seinen Schrankkoffern und Hutschachteln per Ozeandampfer an und blieb gleich eine ganze Saison. Von dem einstigen königlichen Palmenhain, in dem der rosarote Traum erbaut wurde, stehen noch einige Banyan-Bäume und Kokospalmen im gepflegten Hotelgarten. Heute wird das ehemals herausragende Royal Hawaiian von umliegenden modernen Hochhäusern überragt.

Fast ein halbes Jahrhundert blieb Waikiki Tummelplatz der Reichen und Berühmten. Während des Zweiten Weltkriegs entdeckten auf Oahu stationierte Soldaten die Schönheit dieses Fleckens – nach Kriegsende begann ein gigantischer Bauboom. Heute leben mehr als 100 000 Menschen auf knapp zwei Quadratkilometern Fläche, davon sind mehr als 70 Prozent Touristen.

Teure Hemden

Da alle Sehenswürdigkeiten Waikikis so dicht beieinander liegen und der Durchgangsverkehr weitestgehend umgeleitet wird, ist man hier zu Fuß – nicht nur auf der schönen Strandpromenade – am besten unterwegs. Entlang der Kalakaua Avenue und der Kuhio Avenue und an Treffpunkten wie dem Royal Hawaiian Center und dem Waikiki Beach Walk findet man Geschäfte, Restaurants und Boutiquen aller internationaler Nobelmarken. Kaum jemand, der hier keine Einkaufstasche mit prestigeträchtigem Logo mit sich führt, ob Society-Lady, Beach Boy oder Tourist im Hawaii-Hemd.

Einfach gut!

WAIKIKI KREUZ UND QUER

Nicht nur zu Fuß lässt sich Waikiki gut erkunden. Noch bequemer geht es durch den Ort und die Umgebung mit den Streetcars des »Waikiki Trolley«, bei denen die Vorbilder aus dem kalifornischen San Francisco Pate gestanden haben. Die bunten Wägelchen (und einige Doppeldeckerbusse) fahren täglich von morgens bis abends auf vier Routen durch Honolulu und Waikiki: Panoramic Tour *(blue line)*, Historic Tour *(red line)*, Scenic Tour *(green line)* und Shopping-Tour *(pink line)*. Hat man einmal ein Ticket gelöst, kann man an mehr als 30 Haltepunkten ein- und aussteigen. Einige Wagen fahren direkt zu ihren Zielen: darunter der »Aloha Tower Marktplace Trolley«, der »Hilo Hattie Trolley« und der »Ala Moana Trolley«. Angenehm: die Fenster stehen offen und meist weht ein angenehmer Wind durch die Wagen.

Waikiki Trolley
www.waikikitrolley.com

Sightseeing bequem: Streetcar des »Waikiki Trolley«

Oahu

Auch nach Sonnenuntergang geht der Ferienspaß mit einem regem Nachtleben und Livemusik weiter. Dann wird die Nacht zum Tag, die Rhythmen hämmern wie überall in den großen Metropolen dieser Welt aus den Clubs – ein wenig künstliche Südseeromantik (wenn auch der arg auf den Touristengeschmack zugeschnittenen Art) gibt es in den vielen Hula-Shows. Wem immer noch nach Shopping zumute ist, geht die kurze Strecke zur Kapahulu Avenue und erkundet die einzigartigen Läden, die von antiken Aloha-Hemden bis zur Sportausrüstung alles verkaufen. Bailey's Antiques & Aloha Shirts offeriert Tausende von Secondhand-Aloha-Hemden, von denen einige mehrere Tausend Dollar wert sind. Aber die wahren Fundstücke in diesem quirligen Viertel sind einige der besten Restaurant Honolulus. Das Angebot reicht von japanisch, chinesisch und Thai über französisch und italienisch bis zu original hawaiianisch. Auf der Kapahulu Avenue essen auch die *locals* eine warme Malasada von Leonard's Bakery, einen großen Teller mit einheimischen Speisen im Ono Hawaiian Foods oder sie kühlen sich mit Shave Ice aus der Waiola Bakery ab.

Oben: Strandleben am Kuhio Beach Park
Mitte: Ein blütengeschmückter Mai Tai-Cocktail – »hipahipa«, zum Wohl!
Unten: Winzling zwischen Giganten: das mexikanische Restaurant La Cucaracha

GUT ZU WISSEN

IN TOURISTEN-SHOWS STOLPERN

In vielen Bars und Restaurants werden *Luaus* und »hawaiianische« Shows angeboten – meist Spektakel, bei denen einheimische Darsteller(innen) wilde Kriegsschreie ausstoßen und lasziv mit den Hüften wackeln. US-Touristen scheinen diese Unterhaltung zu lieben, nicht zuletzt wegen der parallel angebotenen All-you-can-eat-Buffets. Dabei stammen viele »Highlights« aus anderen Teilen der Südsee. Selbst die berühmten BHs aus Kokosschalen wurden auf Tahiti erfunden: für Touristen …

Rundgang Waikiki

Ⓐ U.S. Army Museum of Hawaii – Militärmuseum mit kriegerischen Memorabilien aus aller Welt und mehreren Jahrhunderten. Untergebracht in einem Bunker des Fort de Russy. Kalia Rd.

Ⓑ Royal Hawaiian Hotel – 1927 erbaute pinkfarbene Luxusherberge und berühmtestes Hotel Hawaiis. 2259 Kalakaua Ave.

Ⓒ Moana Surfrider – 1901 im Kolonialstil erbaute und als »First Lady of Waikiki« legendär gewordenes Nobelhotel. 2365 Kalakaua Ave.

Ⓓ Wizard Stones of Kapaemahu – Magier aus Tahiti sollen im 16. Jahrhundert ihre Kräfte auf diese Basaltsteine übertragen haben. 2425 Kalakaua Ave.

Ⓔ Duke Kahanamoku Statue – Denkmal für Hawaiis Surflegende Duke Kahanamoku. Vielkritisiert: Die Figur steht mit dem Rücken zum Meer. 2424 Kalakaua Ave.

Ⓕ St. Augustine by the Sea – Sehenswerte Glasmalereien schildern biblische Geschichte in hawaiianischer Landschaft. 130 Oahu Ave.

Ⓖ Waikiki Aquarium – Meeresgetier aus dem Pazifik und eine Mahi-Mahi-Fischzucht. 2777 Kalakaua Ave.

Ⓗ Kapiolani Regional Park – Beliebte Grünzone mit Picknick- und Sportmöglichkeiten sowie einer Konzertkuppel.

Ⓘ Honolulu Zoo – Hier sind auch endemische Arten wie Nene-Gans, Mönchsrobbe und die behaarte Fledermaus zu Hause. 151 Kapahula Ave.

Ⓙ King's Village – Shoppingcenter im Architekturstil des 19. Jahrhunderts mit Wachablösung (tgl. um 18.15 Uhr) und Hula-Aufführungen. Hommage an König Kalakaua (1874–1891), der ein England-Fan war. 131 Kaiulani Ave.

EXOTISCHE FAUNA

Einfach gut!

Farbenprächtige Flamingos heißen die Besucher willkommen, sobald sie das Gelände des Honolulu Zoo betreten. Ein Stück weiter warten Warane, Krokodile und Leguane in ihren Gehegen. Was als königliche Sammlung exotischer Vögel begann, ist heute ein Park mit über tausend Tieren, darunter einige seltene und bedrohte Arten. Das 16 Hektar große Gelände ist in drei Hauptbereiche unterteilt: Tropical Forests (Tropenwälder), Pacific Islands (Pazifik-Inseln) und African Savannah (afrikanische Savanne). Hier leben Säugetiere, Reptilien- und Vogelarten in Umgebungen, die ihren natürlichen Lebensräumen nachempfunden sind. Besonders sehenswert: die vom Aussterben bedrohte hawaiianische Nene-Gans und die Galapagos-Riesenschildkröten.

Honolulu Zoo. Tgl. 9–16.30 Uhr, 151 Kapahulu Ave., Waikiki, HI 96815, Tel. 808 971 7171, www.honoluluzoo.org

Lemur im Zoo von Honolulu – eigentlich beheimatet auf Madagaskar

Inmitten der Hotelwolkenkratzer, zwischen Kalakaua und Kuhio Avenue, liegt der International Market Place. Eine Hochburg des touristischen Bling-Blings mit Imbissbuden und Souvenirständen, an denen Händler bis spät in die Nacht zum Feilschen bereit sind. Ein Basar des ungebremsten Kitsches – doch damit schon fast wieder schön. Und malerisch überschattet von einem mächtigen Banyanbaum.

Konzert mit Aussicht

Ruhe und Erholung nach all dem Trubel bietet der Kapiolani Park, ein 28 Hektar großes Areal, das König Kalakaua im Jahr 1877 seinen Untertanen schenkte und nach seiner Gattin benannte. In Hawaiis erstem öffentlichen Park wird gejoggt, Fußball gespielt, gepicknickt, spazieren gegangen, musiziert, und hier endet auch im Dezember der internationale Honolulu-Marathon. In der Konzertkuppel Waikiki Shell am Nordrand des Parks findet jährlich im Frühjahr das von dem Surfer, Musiker und Umweltschützer Jack Johnson initiierte »Kokua Festival« statt. Seine Besucher schwärmen von der Mischung aus stimmungsvoller Musik, üppig grüner Natur und dem Blick auf die beleuchtete Skyline von Honolulu. Plus einer leichten Brise vom Meer …

Größte Attraktion Waikikis ist natürlich sein traumhafter Strand, der im Osten vom Diamond Head und im Westen vom Ala-Moana-Bootshafen begrenzt wird – und zuweilen recht überlaufen ist. Dicht an dicht liegen hier meist amerikanische Touristen nebeneinander und teilen sich ein Stückchen Sand. Trotzdem hat Waikiki Beach einen gewissen Charme und ist – dank eines massiven »Beach Restauration Projects« vor einigen Jahren, bei dem Unmengen an Sand von der Insel Molokai angekarrt wurden – auch wieder deutlich breiter als zuvor. Das ruhige Wasser eignet sich hervorra-

"Wackel mit die Huft" ;-)

gend für eine erste Surflektion. Die Wellen in Waikiki sind nicht besonders hoch, aber sehr breit und rollen bis in Strandnähe aus. Ideal für Anfänger.

Urvater der *beach boys*

Von Anfänger kann im Zusammenhang mit Duke Kahanamoku (1890–1968) kaum die Rede sein. Eher vom Surf-Gott. Der gut aussehende, muskulöse Hawaiianer liebte das Meer und war ein ausgezeichneter Schwimmer und Surfer. 1912 errang er bei den Olympischen Spielen in Stockholm die Goldmedaille über 100-Meter-Freistil und wiederholte diesen Sieg 1920 in Antwerpen. Erst vier Jahre später musste er sich in Paris gegen Johnny Weissmüller geschlagen geben. Auf Reisen in die USA, nach Europa und Australien begeisterte der Spitzensportler die Menschen für das bis dahin unbekannte hawaiianische Wellenreiten. Er bildete Rettungsschwimmer aus und stand in Hollywood in sieben Filmen, unter anderem mit John Wayne, vor der Kamera. Er brachte dem damaligen Prince of Wales 1920 das Surfen bei und tanzte, auf dem Gipfel seiner Berühmtheit, Hula mit Großbritanniens Queen Mum. Er traf John F. Kennedy, wurde Ehrensheriff von Honolulu und zog in die Hall of Fame der Schwimmer und Wellenreiter in Santa Monica ein. Wurde von Frauen umschwärmt und durfte im Alter als Hawaiis Protokollchef alle prominenten Besucher begrüßen. Und blieb, so berichten Zeitgenossen, bei allem Ruhm immer der sympathische *beach boy* aus Waikiki. Sein Denkmal am Kuhio Beach wird auch fast 50 Jahre nach seinem Tod noch immer mit Blumen-Leis behängt. Bei einem Diner im Outrigger Canoe Club an der Kalakaua Avenue, zu dessen Mitgliedern Duke Kahanamoku ein halbes Jahrhundert zählte, kann man Fotos und Erinnerungsstücke des noch immer verehrten Nationalhelden betrachten.

Nicht verpassen

MARITIMER SHOWCASE

Direkt am Meer liegt das Waikiki Aquarium, das mehr als 300 Arten Fische, Quallen und mit dem »Edge of the Reef« auch ein künstliches Korallenriff beherbergt und jeden begeistert, der sich für die Unterwasserwelt interessiert. Hier schwimmen auch ganz eigentümliche Tiere der lokalen Meere wie Seepferdchen, die wie Tang oder Algen geformt sind. Und da der Ozean für die Insulaner natürlich stets mehr war als »nur« Objekt kontemplativer Anschauung und Erbauung, sondern ganz praktische Nahrungsquelle, gibt das Aquarium auch Informationen zur Tradition des Fischfangs auf Hawaii. Im Außenbereich sonnen sich einige der seltenen hawaiianischen Mönchsrobben. Manchmal kann man sie beim Spielen mit ihren Trainern beobachten.

Waikiki Aquarium. Tgl. 9–16.30 Uhr, 2777 Kalakaua Ave., Waikiki, HI 96815, Tel. 808 923 9741, www.waquarium.org

Duke Kahanamokus Statue am Kuhio Beach: Hommage an das Surfidol

Infos und Adressen

SEHENSWÜRDIGKEITEN

Waikiki Beach. Der Sonnenuntergang hier ist ein einziger Traum. Noch magischer wird er durch das Feuerwerk, das jeden Freitag ab 19.45 Uhr gezündet wird. Touristen wie Einheimische sitzen am Strand, trinken diskret Bier aus in braunen Papiertüten versteckten Dosen und bestaunen die Raketen mit vielen »Aaaahhhs« und »Oooohhhs«.

Waikiki Historic Trail. 23 Stationen hat dieser Spaziergang, den Besucher auf eigene Faust unternehmen. Mannshohe steinerne Surfbretter informieren mit erklärenden Texten und leiten zum nächsten Punkt. Start ist am Diamond Head, Endpunkt das Hilton Hawaiian Village Resort.

ESSEN UND TRINKEN

d.k. Steak House. D.K. Kodama besitzt in seinem Restaurant einen *dry-aging-room* zum Reifen von Fleisch. Das ist einmalig auf Hawaii – die Steaks sind es auch. 2552 Kalakaua Ave., Waikiki, HI 96815, Tel. 808 931 6280, www.dksteakhouse.com

Hau Tree Lanai. Kreative Pacific-Rim-Cuisine direkt am Strand. Auf der Terrasse unter den Schatten spendenden Hau-Bäumen hat schon Schriftsteller Robert Louis Stevenson diniert. The New Otani Kaimana Beach Hotel, 2863 Kalakaua Ave., Honolulu, HI 96815, Tel. 808 921 7066, www.kaimana.com

La Mer. Überzeugende und mehrfach ausgezeichnete Melange aus südfranzösischer und tropischer Küche. Stilvolles Ambiente mit Meerblick. Halekulani Hotel, 2199 Kalia Rd., Waikiki, HI 96815, Tel. 808 923 2311, www.halekulani.com

Michael's at the Colony Surf. Elegantes französisches Restaurant, mehrfach prämiert. Gelegentlich Livemusik renommierter Künstler. 2895 Kalakaua Ave., Waikiki, HI 96815, Tel. 808 923 6552, www.michelshawaii.com

Morimoto. Küchenchef Morimoto bietet in seinem stylish designten Restaurant eine innovative, elegante japanische Küche. The Modern Honolulu, 1775 Ala Moana Blvd., Waikiki, HI 96815, Tel. 808 943 5900, www.morimotowaikiki.com

Nobu. Auch hier serviert Chef Nobu Matsuhisa seine weltweit geschätzten japanisch-peruanischen Kreationen. Waikiki Parc Hotel, 2233 Helumoa Rd., Waikiki, HI 96815, Tel. 808 237 6999, www.noburestaurants.com/waikiki

Orchids. Meeresfrüchte und Fischspezialitäten zum Frühstück, Mittag- und Abendessen. Sehr beliebt: der reichhaltige Sonntagsbrunch. Halekulani Hotel, 2199 Kalia Rd., Waikiki, HI 96815, Tel. 808 923 2311, www.halekulani.com

Prince Court. Empfehlenswertes Buffet im New American- & Pacific Rim-Stil inklusive Tempura und *Crab Legs*. Prince Resorts Hawaii, 100 Holomoana St., Waikiki, HI 96815, Tel. 808 944 4494, www.princeresortshawaii.com

ÜBERNACHTEN

Diamond Head Bed & Breakfast. Am Fuße des erloschenen Vulkans bieten Joanne und Brooke Trotter in ihrem Privathaus mit tropischem Garten drei voll ausgestattete, gemütliche Suiten an. 3240 Noela Drive, Waikiki, HI 96815, Tel. 808 923 3360, www.diamondheadbnb.com

Halekulani. Hoch elegantes Fünfsternehotel mit Tropengarten, Wellnessbereich und Zimmern mit Meerblick. 2199 Kalia Rd., Waikiki, HI 96815, Tel. 808 923 2311, www.halekulani.com

Hawaii Prince Hotel & Golf Club Waikiki. Strandnahes Hotel-Resort mit luxuriöser Ausstattung und einem Championship-Golfplatz. 100 Holomoana St., Waikiki, HI 96815, Tel. 808 956 1111, www.princeresortshawaii.com

Moana Surfrider Westin Resort & Spa. Waikikis »First Lady« hat viel von ihrem ursprünglichen

Charme der Jahrhundertwende bewahren können. 2365 Kalakaua Ave., Waikiki, HI 96815, Tel. 808 922 3111, www.moana-surfrider.com

Outrigger Reef on the Beach. Gepflegtes Strandhotel mit großzügigem Pool, Spa und Fitnesscenter. 2169 Kalia Rd., Waikiki, HI 96815, Tel. 808 923 3111, www.outriggerreef-onthebeach.com

Sheraton Waikiki. Moderner Hotel-Gigant in großartiger Strandlage und einem atemberaubenden gläsernen Außenaufzug. 2255 Kalakaua Ave., Waikiki, HI 96815, Tel. 808 922 4422, www.sheraton-waikiki.com

The Breakers Hotel. Lauschiger Gegenentwurf zu den umliegenden Hotel-Giganten: naturholzbetontes, flaches Gebäude mit Pool im grünen Innenhof. 250 Beach Walk, Waikiki, HI 96815, Tel. 808 923 3181, www.breakers-hawaii.com

The Royal Hawaiian. Rosarot, weltbekannt – und nach gründlicher Renovierung in jeder Hinsicht wieder erste Klasse. 2259 Kalakaua Ave., Waikiki, HI 96815, Tel. 808 931 7430, www.royal-hawaiian.com

Trump International Hotel Waikiki Beach Walk. Weniger Hotel als vielmehr elegante Fünf-Sterne-Condominium-Anlage. Strandnah und mit exzellentem Service. 223 Saratoga Rd., Waikiki, HI 96815, Tel. 808 683 7777, www.trumphotelcollection.com/waikiki

AUSGEHEN

Bars und Clubs. Waikiki ist der Ort auf Hawaii mit dem vielseitigsten Nightlife. Dabei wechselt die Rangfolge dessen, was heute »in«, morgen nicht mehr so angesagt und übermorgen »out« ist, schnell. Info-Blätter vor Ort führen am aktuellsten und schnellsten durch das Labyrinth nächtlicher Unterhaltung.

Im Halekulani genießt man auch im Restaurant eine traumschöne Aussicht.

6 Südostküste
Tête-à-Tête mit Nemo

Eine Fahrt um die Südostspitze Oahus zeigt schnell, dass die Insel nicht nur aus Hotel-türmen besteht. Der Highway 72 von Wai-manolo nach Süden bis zur Hanauma Bay bietet spektakuläre Ozeanblicke. Oder man nimmt die Straße von Kailua aus Richtung Honolulu und biegt, bevor es quer durchs Gebirge geht, vorher links ab Richtung Waimanolo. Wie auch immer: Belohnt wird man mit herrlichen Fahrstrecken.

Reist man von Kailua Town im Uhrzeigersinn entlang der Südostküste Oahus, kommt man bald zum Sea Life Park. Das Prunkstück dieses maritimen Vergnügungsparks ist das Salzwasser-aquarium mit einem Fassungsvermögen von über einer Million Liter, in dem sich neben bun-ten Korallenfischen auch kleine Riffhaie und Rochen tummeln. Geboten werden Shows mit Delfinen, Seelöwen und Pinguinen. Besucher können im Aquarium schnorcheln oder in der

Oben: Planschen mit Flipper im Sea Life Park
Unten: Shows mit Delfinen, Seelöwen und Pinguinen begeistern Klein und Groß.

GUT ZU WISSEN

WEGEN ÜBERFÜLLUNG GESCHLOSSEN
Mit drei Millionen Besuchern ist Hanauma Bay neben Waikiki der meistbesuchte Küstenabschnitt Oahus. Oft wird hier schon ab 11 Uhr der Parkplatz gesperrt – wegen Überfüllung! Parkwächter sorgen für Ordnung, seit einigen Jahren wird Eintritt verlangt, um die Be-sucherzahlen zu reduzieren. Klingt nicht gerade nach Robinson-Feeling. Man kann aber den Massen ein Schnippchen schlagen, indem man ganz früh her-kommt, noch ehe sich die Touristenbusse aus Hono-lulu auf den Weg machen.

Südostküste

künstlich angelegten Lagune mit »Flipper« planschen.

Weiter südlich stößt man an der Ostspitze Oahus auf das Makapuu Point Lighthouse. Der 14 Meter hohe, rot-weiße Leuchtturm thront seit 1909 beeindruckende 182 Meter über dem Meer auf einer Felsklippe. Direkt unterhalb des Leuchtfeuers fließt das Wasser des Kaiwi Channel, eine Art Reiseroute zwischen den Inseln für Wale. Zwischen Dezember und Mai kann man die Giganten mit bereitgestellten Teleskopen gut beobachten. Oder einen Blick auf das kleine Manana Island werfen, auch »Kanincheninsel« genannt. Die Tierchen wurden dort einst von einem Farmer freigelassen – und vermehren sich seither prächtig.

Um Kopf und Kragen

Weiter südlich liegt mit dem Sandy Beach einer der besten Bodysurfing-Spots Oahus, allerdings auch ein Strandabschnitt mit starker Strömung. Ungeübte Schwimmer bleiben besser an Land. Es heißt, dass sich die Einheimischen hier gern mal an den Strand setzen und den wagemutigen Touristen dabei zusehen, wie sie sich um Kopf und Kragen bringen. Gleich nebenan schießt das Halona Blowhole, eine mehrere Meter hohe Wasserfontäne in die Luft. Der Wasserstrahl ist eine Art »Gischt-Eruption«, verursacht durch den Druck heranrollender Wellen, die durch die schmale Felsöffnung gepresst werden. Ein Geheimtipp ist das Blowhole nicht: Der Parkplatz und das Areal sind meist von Bussen und Touristen überfüllt. Ruhiger geht es am etwas versteckt liegenden Halona Beach Cove zu.

Als absoluter Höhepunkt der Südostküste gilt die Hanauma Bay, eines der zauberhaftesten Schnorchelreviere von Hawaii. Da das Meer in der Bucht seicht und der Wellengang dank des vorgelager-

Nicht verpassen

SPANNEND …

HAWAIIAN WAY OF LIFE

Auf Hawaii erwachen seit einigen Jahren tot geglaubte Geister: Die Nachkommen der Ureinwohner behaupten, ihr Inselreich sei ein unabhängiger Staat. Die »Souveränität« des Königreichs Hawaii erstreckt sich momentan allerdings nur über das Gebiet des Dorfes Puuhonua O Waimanalo im Südosten Oahus. Hier verwalten rund hundert *Kanaka Maoli* ihr Gemeinwesen nach eigenen Regeln, leben nach alten Traditionen in einfachen Hütten und bauen die Knollenpflanze Taro an. Selbsternannter Staatschef des Königreichs ist der Aktivist Dennis »Bumpy« Kanahele. Seit Jahrzehnten kämpft er für die Unabhängigkeit der Inseln von den USA. Vor einigen Jahren wollten die Rebellen sogar vom internationalen Gerichtshof in Den Haag feststellen lassen, dass die Annexion Hawaiis im Jahr 1900 widerrechtlich war. Bis dato allerdings ohne Erfolg. Fortsetzung folgt.

Hoch über dem Pazifik thront der Leuchtturm auf den Klippen des Makapuu Point.

ten Riffs schwach ist, können sich hier auch unerfahrene Schwimmer sicher fühlen. Im alten Hawaii war der Zugang zu dieser türkisblauen und von Fischen nur so wimmelnden Bucht lediglich den *Alii* (Adeligen) erlaubt. Heute kommt jedermann in den Genuss dieses Naturspektakels. Mit allen Konsequenzen: 1967 musste die Bucht zum Naturreservat erklärt werden, weil Besuchermassen dem empfindlichen Ökosystem arg zugesetzt hatten. Seitdem wird der Andrang reglementiert (Zugang nur 6–19 Uhr und niemals mehr als 2000 Besucher). Dienstags ist Ruhetag.

Ursprünglich ist die Hanauma Bay ein alter Vulkankrater, in den irgendwann die Wellen hineinrollten. Mehr über die Bucht, ihre Geschichte sowie Fauna und Flora erfährt man im Marine Education Center. Anschließend heißt es dann aber, sich in das klare Wasser zu stürzen und die Riffe voller Leben zu erkunden. Einfach ein paar Schritte ins Wasser gehen – und schon erlebt man die schönsten Tête-à-Têtes mit den dicksten und buntesten Tropenfischen.

Oben: Die Hanauma Bay ist eine vielbesuchte tropische Unterwasser-Wunderwelt.
Unten: Rundumblick am Halona Blowhole Lookout

Infos und Adressen

SEHENSWÜRDIGKEITEN

Chief's Luau. Star ist hier Chief Sielu, der »World Fireknife Champion« von 1993. Er lässt bei diesem *Luau* die brennenden Messer fliegen – Höhepunkt der Polynesien-Show mit üpplgem Festmahl und regionaltypischen Getränken. 41-202 Kalanianaole Hwy., Waimanalo, HI 96795, Tel. 877 357 2480, www.chiefsluau.com

Koko Crater Botanical Garden. Pflanzen aus den Trockenzonen der ganzen Welt können hier auf einem drei Kilometer langen Rundweg bewundert werden. Tgl. von Sonnenauf- bis Sonnenuntergang, 7491 Kokonani St., Honolulu, HI 96825, Tel. 808 522 7060, www.honolulu.gov/parks/hbg.html

Waimanalo Country Farms. Landwirtschaft, Kinderspielplatz, Streichelzoo und Bauernmarkt; die *Country Farms* sind eine Mischung aus allem. Dazu gibt es die beste selbst gemachte Limonade weit und breit. 41-225 Lupe St., Waimanalo, HI 96795, Tel. 808 306 4381, www.waimanalocountryfarms.com

ESSEN UND TRINKEN

Hawaiian Island Café. Nettes kleines Café in Strandnähe mit »wie-zu-Hause«-Atmosphäre. Frische Speisen, leckere Snacks und üppiges Frühstück. 41-865 Kalanianaole Hwy., Waimanalo, HI 96795, Tel. 808 200 4637.

The Original Roy's in Hawaii Kai. Chef Roy Yamaguchi war vor 25 Jahren einer der Begründer der Fusion Cuisine, die klassische Kochkunst mit der Pacific Rim-Küche verband. Auf seiner Idee basiert ein kleines Imperium mit Restaurants in den USA, Japan und Guam. Spezialität des Hauses sind Meeresfrüchte – virtuos zubereitet. 6600 Kalanianaole Hwy., Honolulu, HI 96825, Tel. 808 396 7697, www.royshawaii.com

Ohne und mit Wind: Surfer und Kitesurfer am Hukilau Beach

Aus Asien eingewandert
ist der possierliche Reisfink.

7 Windward Coast
Glück und ein langes Leben

Von Honolulu aus geht es über den gebirgigen Pali Highway 61 zu den weißen Sandstränden der Windward Coast im Osten der Insel. Am historischen und meist sehr windigen Nuuanu Pali Lookout sollte man eine Pause einlegen, um die atemberaubende Panoramaaussicht auf die Küste zu genießen. Und später kann man sich im Valley of the Temples von japanischer Kultur verzaubern lassen.

Ein fantastischer Ausblick: 300 Meter über der Küste, inmitten von Berggipfeln, die oft von

Windward Coast

Wolken eingehüllt sind, überblickt man vom Nuuanu Pali Lookout die Steinterrassen Kaneohe und Kailua, die Halbinsel Mokolii sowie das Forschungszentrum für Meeresbiologie der University of Hawaii vor Coconut Island. Der Aussichtspunkt ist eine historische Stätte, hier fand die Schlacht von Nuuanu statt, die King Kamehameha I. im Jahr 1795 gewann und damit sämtliche Hawaii-Inseln, außer Kauai und Niihau, unter seiner Herrschaft vereinigte. Der blutige Waffengang forderte das Leben Hunderter Soldaten, viele kamen beim Sturz über die steilen Klippen um. Ein mystischer und manchmal verstörender Ort – vor allem, wenn der starke Wind durch die Täler heult.

Ruhestätte für alle

Für die Fahrt auf die andere Seite des Koolau-Gebirges sollte man sich Zeit nehmen, doch schnell fahren kann man wegen der kurvigen Straße ohnehin nicht. Auf Höhe des Pali-Golfplatzes geht es geradeaus weiter Richtung Kailua und ans Meer, nach links biegt die State Road 83 ab und führt Richtung Norden zum Valley of the Temples Memorial Park. Hier werden Verstorbene aller Konfessionen bestattet. Hauptanziehungspunkt im Valley ist der Byodo-In, ein buddhistischer Tempel – mit seinen tiefroten Balken vor dem Dunkelgrün der Koolau Range ein beliebtes Fotomotiv. Er ist die maßstabsgetreue Kopie eines 998 n. Chr. erbauten Hauses in der japanischen Stadt Uji und wurde 1968 ohne einen einzigen Nagel gebaut. Der berühmte Landschaftsgestalter Kiichi Toemon Sano aus Kyoto plante den japanischen Gartenkomplex rund um den Byodo-In bis ins kleinste Detail: vom wellenartigen Design des Kiesgartens bis zu den kleinen Brücken über den Fischteich.

Geheimtipp

SENATOREN-FLORA

Hiram Leong Fong (1906–2004) war ein republikanischer Politiker, der den Bundesstaat Hawaii von 1959 bis 1977 im US-Senat vertrat. Fong, der nach seinem Jura-Studium in Harvard eine Anwaltskanzlei gründete, diente 1942 bis 1944 als Mitglied des US-Army Air Corps. Früh entwickelte er eine große Liebe für die Flora »seiner« Inseln. Nach Ende seiner politischen Karriere erwarb Fong 700 Morgen Land am Fuß der Koolau Mountains. Auf dem Gelände legte er einen Park mit tropischen Pflanzen und Plantagen an, noch zu seinen Lebzeiten gewann sein Senator Fong's Plantation and Gardens den »Kahili Award« der Hawaiianischen Tourismusbehörde. Auf einer zweistündigen Tour vermitteln Guides heute Wissenswertes zur Botanik des Archipels.

Senator Fong's Plantation and Gardens. 47-285 Pulama Rd., Kaneohe, HI 96744, Tel. 808 239 6775, www.fonggarden.com

Goldglänzender Buddha im Byodo-In Temple

NATURSCHUTZ UND VIEHZUCHT

Mehr als 1600 Hektar groß ist der Kualoa County Regional Park, ein privates Naturschutzgebiet, das sich von den Bergen bis zum Meer erstreckt. Dazu gehört eine Ranch mit 400 Rindern sowie Gemüse- und Obstanbau. Ahnherr Dr. Gerrit P. Judd, Arzt und Vertrauter von König Kamehameha III., erwarb 1850 Grund und Boden, seine Nachfahren hüten den Besitz mit Liebe zum ökologischen und kulturellen Erbe und bieten Besuchern zahlreiche Touren durch den Naturpark: mit dem Boot über den 800 Jahre alten Fischteich, mit dem Katamaran durch die Kaneohe Bay, zu Pferd über Bergpfade, mit dem Jeep durch den Regenwald. Mutige wagen die Zipline-Tour hoch über tropischem Grün; Hungrige genießen einen Burger mit rancheigenem Biofleisch in Aunty Pat's Café.

Kualoa County Regional Park. 49-560 Kamehameha Hwy., Kaneohe, HI 96744, Tel. 808 237 7321, www.kualoa.com

Stillleben mit roten Blüten, gefunden auf dem Manoa Falls Trail

Das tiefe Dröhnen der heiligen Messingglocke *(bonsho)* erfüllt das ruhige Tempelgelände. Besucher läuten sie, ehe sie in den Tempel eintreten, soll dies doch Glück und ein langes Leben bescheren. Im Inneren des Byodo-In meditiert ein mehr als fünf Meter hoher, vergoldeter Amida-Buddha aus der Werkstatt des japanischen Künstlers Masuzo Inui im Lotossitz. Besucher aller Konfessionen sind eingeladen, Weihrauch anzuzünden, zur Ruhe zu kommen und zu beten. Draußen durchstreifen Pfauen und schwarze Schwäne den Garten, Schildkröten teilen sich den Tempelteich mit kostbaren Koi.

Beim Hute des Chinesen!

Bei der Weiterfahrt auf dem zweispurigen Highway geht es vorbei an der Halbinsel Mokolii, die liebevoll als »Chinaman's Hat« bezeichnet wird – die Insel am Nordrand der Kanehoe Bay sieht aus der Ferne tatsächlich wie ein spitzer Kegelhut aus. Auf der anderen Seite des Highways waren die Kualoa Ranch und ihr Tal schon Schauplatz unzähliger Film- und Fernsehproduktionen wie »Jurassic Park«, »Lost« und »Hawaii Five-0«.

Weiter schlängelt sich der Kamehameha Highway vorbei an Kaaawa und dem Ahupuaa O Kahana State Park zur Kahana Bay hinab und zur alten Plantagenstadt Punaluu. Von hier aus hat man einen guten Zugang zum Sacred Falls State Park, dem Hauula Forest Reserve sowie der Kaipapau Forest Reserve und zum Nordteil von Oahu. Bequem zu erwandern sind die drei Hauula Trails – der Hauula Loop Trail, der Maakua Ridge Trail und der Maakua Gulch Trail – die alle am Ende der Maakua Road beginnen. Die gut ausgebauten Wege bieten fantastische Ausblicke über Täler und Ozean.

Infos und Adressen

ESSEN UND TRINKEN

Haleiwa Joe's. Wie ein Ausguck thront das Open-Air-Restaurant über dem tropischen Garten mit Seerosenteich – mit Traumblick auf die Koolau Mountains. Wer seinen Blick davon lösen kann, findet auf der Menükarte vor allem frischen Fisch und Steaks. 46-336 Haiku Rd., Kaneohe, HI 96744, Tel 808 247 6671, www.haleiwajoes.com

Koa Pancake House. Kalorienzählen ist untersagt – genießen erlaubt. Pancakes, Waffeln und Omelettes in köstlichen Variationen. 46-126 Kahuhipa St., Kaneohe, HI 96744, Tel. 808 235 5772, www.koapancakehouse.com

Pah Ke's Chinese Restaurant. Den Gast erwartet chinesisch-hawaiianische Küche mit frischen Zutaten auf opulenter Speisenkarte. 46-018 Kamehameha Hwy., Kaneohe, HI 96744, Tel. 808 235 4505, www.pahke.com

Temple Valley's Chinese. Leckere chinesische Küche, auch zum Mitnehmen. Koolau Center, 47-3788 Hui Iwa St. 8, Kaneohe, HI 96744, Tel. 808 239 6467

Uncle Bobo's. Grillfans werden hier glücklich: Das Fleisch wird bei moderater Temperatur im Rauch tropischer und Hickory-Hölzer gegart. Dazu die hauseigene BBQ-Sauce – einfach köstlich. 51-480 Kamehameha Hwy., Kaawa, HI 96730, Tel. 808 237 1000, www.unclebobos.com

ÜBERNACHTEN

Paradise Bay Resort. Das Angebot reicht vom gemütlichen Studio über separate Cottages bis zur eleganten Suite mit zwei Schlafräumen und eigenem Balkon. Der Blick ist in jedem Fall traumhaft: zu den Koolau-Bergen in die eine und zur Kaeohe Bay in die andere Richtung. 47-039 Lihikai Drive, Kaneohe, HI 96744, Tel. 808 239 5711, www.paradisebayresort.com

Malerisch vor grüner Gebirgskette: der rot-weiße Byodo-In Temple

8 Kailua Bay
Entspannter Traumstrand

In der hawaiianischen Sprache bedeutet Kailua »zwei Seen« oder »zwei Strömungen« – eine Zusammensetzung der Worte »kai« (See oder Seewasser) und »elua« (zwei). Die Bezeichnung trifft in zweifacher Hinsicht zu: Am herrlichen Strand, der eigentlichen Attraktion der 50 000-Einwohner-Stadt Kailua, gibt es zwei Lagunen. Und in der Kailua Bay treffen zwei Meeresströmungen aufeinander.

Rund 25 Kilometer nordöstlich von Honolulu liegt das Städtchen Kailua an der Ostküste Oahus. Nicht gerade ein Kleinod urbanen Zaubers, eher eine schmucklose Pendlerkleinstadt mit einer überschaubaren Menge hawaiianischen Flairs. Hier wohnen zumeist Einheimische, denen es in Honolulu zu laut, zu teuer und zu hektisch ist. Für Besucher sind einige charmante, wenn auch einfache B&Bs allerdings eine gute Alternative zu den Hotelburgen in Waikiki.

Entlang der Kailua Road findet man belebte Restaurants, einige schicke Geschäfte und jeden Donnerstag einen *Farmers Market*. Man beginnt den Morgen am besten in der Hekili Street bei Boots and Kimo's Homestyle Kitchen mit Pfannkuchen unter einer cremigen Macadamia-Nusssauce oder gönnt sich frische Crêpes bei Crepes No Ka Oi ein paar Häuser weiter.

Mitte: Mit dem Board auf dem Bike
Unten: Kajakfahrer vor der Insel Mokalu.

Schnell noch ein Foto vom mächtigen Banyanbaum an der Kreuzung von Oneawa Street, Kailua Road und Kuulei Road schießen – und dann auf zum Kailua Beach, der bekanntesten Sehenswürdigkeit von Kailua. Hier versteckt sich hinter einer

Infos und Adressen

nicht gerade aufdringlich attraktiven Stadt doch tatsächlich ein wahrer Traumstrand mit weißem Sand, blaugrünem Wasser und malerischen Bergen im Hintergrund. Dazu Meereswasser in Badewannentemperatur, das recht schnell tief wird und so nicht nur Planscher, sondern auch Schwimmer begeistert. Weit vor dem Strand erstrecken sich natürliche Riffe, die die Bucht vor allzu heftigen Wellen schützen. Unter den zahlreichen Bäumen hinter dem Strand faulenzen Pärchen im Sand, Teenager spielen im Wasser, und Familien genießen Mitgebrachtes und Gekühltes an den Picknicktischen. Alles in allem eine relaxte Atmosphäre, die sich eindeutig vom hedonistischen Sehen und Gesehenwerden in Waikiki unterscheidet.

Zuverlässige Brise

Hier kann man Kajaks mieten und Unterricht im Kitesurfen nehmen. Der stetig wehende Passatwind sorgt für ideale Segel- und Windsurfing-Bedingungen. Die Nähe zu mehreren kleinen Inseln macht Kailua Beach auch zum idealen Ort für Erkundungen und Kajaktouren. Nahe der Küste befindet sich Flat Island, und vor den östlichen Ufern des Kailua Beach liegen die Mokulua Islands, auch »Moks« oder »Zwillingsinseln« genannt.

Für eine schöne Aussicht auf Kailua empfiehlt sich der einstündige Lanikai Pillbox-Hike, auch bekannt als Kaiwa Ridge Trail. Der Weg beginnt am Kaelepulu Drive mit einem heftigen Anstieg auf einem schmalen Weg im Wald. Oberhalb der Baumgrenze geht es dann genau so steil weiter. Der Weg teilt sich an mehreren Stellen, führt seine Strecken aber immer wieder zusammen. Schwindelfrei sollten Wanderer sein: Zuweilen geht es über einen Grat, der steil abfällt. Am Gipfel angekommen, ist die Aussicht atemberaubend: Der Blick reicht von Waimanalo im Süden bis nach Kaneohe im Norden.

ESSEN UND TRINKEN

Buzz's Lanikai. Mittags Burger, abends Steaks. Beliebt bei Strandgängern und Windsurfern. Schuhe und Hemd zum Dinner erwünscht. 413 Kawailoa Rd., Kailua, HI 96734, Tel. 808 261 4661, www.buzzsoriginalsteakhouse.com

Kalapawai Café & Deli. Aparter Mix aus Restaurant und Delikatessenladen. Sehr frisch, sehr lecker. 750 Kailua Rd., Kailua, HI 96734, Tel. 808 262 3354, www.kalapawaimarket.com

ÜBERNACHTEN

Sheffield House B&B. Die Gastgeber kamen 1986 als Hochzeitsreisende nach Hawaii – und blieben. Gäste wohnen im Ginger Studio oder in der Garden Suite. 131 Kuulei Rd., Kailua, HI 96734, Tel. 808 262 0721, www.hawaiisheffieldhouse.com

AKTIVITÄTEN

Naish Hawaii LTD. Größter und ältester Surfshop Oahus mit angegliederter Surfschule. Gegründet vom x-fachen Windsurf-Weltmeister Robby Naish. 155A Hamakua Drive, Kailua, HI 96734, Tel. 808 262 6068, www.naish.com

Der Kalapawai Market existiert seit 1932.

9 Nordküste und Pupukea
Verschwundene Legende

»Is the surf up, dude?«, lautet hier die Frage aller Fragen. An Oahus North Shore dreht sich (fast) alles ums Surfen. Einer der bekanntesten Strände ist Sunset Beach, wo man die Wasserakrobaten zu jeder Tageszeit antreffen kann. Die Profis tummeln sich allerdings in der für Touristen nicht so einfach zu findenden Banzai Pipeline. Hier rollen die perfekten Wellen wie am Fließband heran.

Oahus Nordküste gilt als eines der besten Surfreviere der Welt. Kenner sagen, sie habe »eine gespaltene Persönlichkeit«, denn sie sei beides: *placid playground and merciless killer* – friedlicher Spielplatz und gnadenloser Killer. Gigantische Winterwellen ziehen die risikofreudigsten Sportler an, während die Sommerwellen viel kleiner und sanfter ausfallen. Dies macht die North Shore auch zum Surfingparadies für Anfänger – zumindest zwischen Mai und September.

Eddie would go ...

Über mehr als elf Kilometer erstrecken sich die Strände der Nordküste und sind in den wild-welligen Wintermonaten Austragungsort legendärer Surfwettkämpfe, einschließlich des »Vans Triple Crown of Surfing« (November bis Dezember). In der Waimea Bay findet jährlich Anfang Dezember der »Quiksilver Eddie Aikau Invitational Surf Contest«, kurz »The Eddie« statt – aber nur dann, wenn die Wellen mindestens sieben Meter hoch sind. Eine Höhe, die dem Respekt vor dem Namensgeber geschuldet ist. Denn die Veranstaltung erinnert an

Die Wellen vor Oahus Nordküste: eine Herausforderung für Surfer

Wassersportler und Sonnenanbeter unter sich.

Edward Aikau, 1946 auf Maui geboren, Rettungsschwimmer und Surflegende, der ungezählte Sportler unter Einsatz seines Lebens aus dem Wasser der Waimea Bay zog, als sie ihr Können über- und die Wellen unterschätzten. Aikau selbst suchte stets die höchsten und wildesten Wogen und gewann zahlreiche Preise für seine Teufelsritte. »Eddie would go« – der Spruch ziert hier an der Nordküste viele T-Shirts und pappt als Aufkleber an manch rostigem Pick-up. Zum Helden wurde der gut aussehende Aikau endgültig, als er am 17. März 1978 im Auftrag der Polynesian Voyaging Society mit einer Crew zu einer 30-tägigen Expedition von Hawaii nach Tahiti aufbrach. Schon in der ersten Nacht kenterte das historische Kanu in einem Sturm südlich von Molokai. Eddie eilte auf seinem Surfbrett Richtung Lanai, um Hilfe zu holen. Er verschwand spurlos, seine Mannschaft wurde wenige Stunden später gerettet.

Challenge für Surfer

Alii, Haleiwa, Waialua, Papailoa, Laniakea, Chuns Reef, Kapealoa, Waimea Bay, Pupukea, Banzai, Ehukai, Sunset und Kaunala heißen die Traumstrände für Surf-Freaks. Und sie sind in jeder Hin-

Einfach gut!

STUDENTENKULTUR

Die Geschichte des Polynesian Cultural Center (PCC) begann 1955, als die Kirche Jesu Christ der Heiligen der Letzten Tage (Mormonen) die benachbarte Brigham Young University gründete. Damals gab es im kaum erschlossenen Norden Oahus keine Studentenjobs; daher begannen polynesische Studenten, am Straßenrand Tänze und Shows für vorbeifahrende Touristen aufzuführen. Angesichts des Erfolges gründete die Kirche 1963 den Themenpark. Zu sehen sind auf dem von Wasserstraßen durchzogenen Gelände traditionelle Dörfer, nachgebaut im Stil von Hawaii, Samoa, Tonga, Tahiti, Fidschi und Neuseeland, in denen ständig Vorführungen stattfinden. Abgerundet wird das Programm durch eine allabendliche Show mit über 100 Darstellern.

Polynesian Cultural Center. Mo–Sa 12–21 Uhr, 55-370 Kamehameha Hwy., Laie, HI 96762, Tel 808 293 3333, www.polynesia.com

71

Oben: Für Surfer zählt: Ist die nächste Welle in Sicht?
Unten: Gut zu Fuß: die einheimische Nene-Gans (*Branta sandvicensis*)

sicht eine Herausforderung – denn ausgeschildert ist kaum einer von ihnen. Wer sie finden will, muss schauen, wo einheimische Wellenreiter ihre Trucks parken. Je mehr Autos, umso attraktiver der Strand für Surfer. Und auch für die Fans, die mit Teleobjektiven vor den Kameras auf spektakuläre Wellenritte warten.

Opfer für die Götter

Wer dann irgendwann genug hat vom wilden Ritt auf dem Wasser, kann sich in Pupukea ein *Shave Ice* oder einen Drink gönnen. Der Ort liegt am Kamehameha Highway südwestlich der Kawela Bay und wird begrenzt vom acht Quadratkilometer großen Waimea Valley, durch den sich der gleichnamige Fluss windet. Hier finden Naturliebhaber seltene tropische Pflanzen und Tiere wie die Nene-Gans. Direkt am Parkplatz des Audubon Centers ist der rekonstruierte Hale-O-Lono-Heiau-Tempel zu sehen. Und ganz in der Nähe, auf einer Anhöhe, liegen die Überreste des Puu O Mahuka Heiau, ehemals größter Tempel von Oahu, in dem den Göttern auch Menschen geopfert wurden.

Infos und Adressen

ESSEN UND TRINKEN

Ola At Turtle Bay Resort. Tropische Cocktails begleiten hawaiianisch inspiriertes Essen, direkt am Strand. 57-091 Kamehameha Hwy., Kahuku, HI 96731, Tel. 808 293 0801, www.olaislife.com

Pupukea Grill. Kein klassisches Restaurant, nur ein knallblauer *Food Truck* mit Open-Air-»Gaststube«, Papptellern und Plastikbechern. Aber mit hawaiianischer Küche vom Feinsten. 59-680 Kamehameha Hwy., Haleiwa, HI 96712, Tel. 808 636 4908, www.pupukeagrill.com

Ted's Bakery. Hier entstehen die sündhaft-köstlichen Cremetorten, die auf ganz Oahu verkauft werden. Wem nicht nach Süßem ist, der bestellt *Garlic Shrimps, Loco Moco* oder *Shoyo Chicken.* 59-024 Kamehameha Hwy., Haleiwa, HI 96712, Tel. 808 638 8207, www.tedsbakery.com

ÜBERNACHTEN

Backpackers Vacation Inn and Plantation Village. Urig, rustikal und ideal für coole Surfer, die hier abends beim Bier mit Gleichgesinnten fachsimpeln. 59-788 Kamehameha Hwy., Haleiwa, HI 96712, Tel. 808 638 7838, www.backpackershawaii.com

Verkaufsregal im Shop der Dole Plantation

Turtle Bay Resort. Luxuriöse Gästezimmer, Suiten, Strandhäuser und Villen mit Meerblick in Traumlage an der Kawela Bay. Beliebt bei Honeymoonern. 57-091 Kamehameha Hwy., Kahuku, HI 96731, Tel. 808 293 6000, www.turtlebayresort.com

AKTIVITÄTEN

Waimea Valley. Zahlreiche Wege führen durch das Tal, das zu Fuß, auf Mountainbikes oder auf dem Waimea-Fluss auch in Kajaks erkundet werden kann. Geländewagentouren vom Center bis auf den Bergkamm. Tgl. 9–17 Uhr, 59-864 Kamehameha Hwy., Haleiwa, HI 96712, Tel. 808 638 7766, www.waimeavalley.net

Wer beim Muschelsammeln kein Glück hat, kann auf dem Markt schöne Exemplare erstehen.

10 Haleiwa
Haus des Fregattvogels

Haleiwa hat offiziell 4000 Einwohner – im Sommer! Im Winter ein Vielfaches. Nämlich dann, wenn die »Surf-Dudes« aus Honolulu, vom amerikanischen Festland und aus der ganzen Welt anreisen. Neben hippen Surferklamotten und Food-Trucks findet man in der »Hauptstadt der North Shores« auch das berühmte, leuchtend gelbe Verkehrszeichen »Surfer X-ing« – gewissermaßen »Wildwechsel« der coolen Wellenreiter.

Die Küste um Haleiwa besteht aus einer Kette von Sandstränden, die nur von ein paar Felsvorsprüngen unterbrochen wird. Mit einem flippigen Örtchen als Zentrum: Surfboard- und T-Shirts-Shops, kleinere Supermärkte, ein paar Restaurants und Galerien – that's it! Der Ort lebt von der Surfkultur, seine Hauptstraße säumen verrostete Pick-up-Trucks mit angebundenen Surfbrettern auf den Dächern.

Haleiwa, übersetzt »Haus des Fregattvogels«, wirkt jung geblieben und blickt doch auf eine reiche Inselgeschichte zurück. So bestimmte Hawaiis letzte Königin Liliuokalani (1838–1917) den Ort zu ihrer Sommerresidenz und ließ Fischteiche anlegen. Ob sie hier auch ihr weltberühmt gewordenes »Aloha Oe« komponierte, ist nicht überliefert. Heute erinnert die Queen Liliuokalani Church, die erste Kirche an der Nordküste, direkt am Kamehameha Highway an die musikalische Regentin.

Ganz entspannt

Das Leben wirkt lässig und relaxed – wie fast überall an Oahus dünn besiedelter Nordseite. Letz-

Der Strand von Haleiwa –
ein Hotspot für Surfer

Haleiwa

teres liegt an den rauen Wetterverhältnissen im Winter und dem Mangel an Hotels und Arbeitsplätzen. Karriere, Hektik, Burnout? Urlaubs- und Shoppingstress? Phänomene einer anderen Welt. In Haleiwa, mit seinen Gebäuden aus der Plantagenzeit, trifft man Surfer, die bei Matsumotos das kultige, kunterbunte Shave Ice schlecken, ehe sie sich an den berühmten Stränden von Waimea Bay, Ehukai und Sunset Beach in die Wellen stürzen. Oder Künstler, Esoteriker, Aussteiger und in die Jahre gekommene Hippies, die mit kleinen Ateliers, Naturkostläden oder Boutiquen ihre Lebenspläne verwirklichen. Einheimische und Besucher kommen hierher, um einzukaufen und in den Cafés zu entspannen. Haleiwa liegt abseits des Rummels von Waikiki – und genau so soll es auch bleiben.

Hier muss niemand an den Strand fahren, um zu sehen, ob es sich lohnt, sein Surfbrett aufs Auto zu schnallen. Eindeutiges Zeichen dafür, wie die Surfwellen anrollen, ist der Grad der Geschäftigkeit im Ort: Ist etwas mehr Leben rund um den malerischen Bootshafen, dann kullert die Brandung gerade eher müde an die Küste. Wirkt es dagegen still und wie ausgestorben, sind garantiert alle am Strand, wo sich die Wellen zu atemberaubender Größe auftürmen.

Einige der besten Surf-Spots findet man im Alii Beach Park. Hier rollen die Wellen oft als Giganten an, häufig mit Doppel- oder Dreifach-Tubes. Bei Flaute stürzen sich die Kids mit ihren Bodyboards ins Wasser, während sich Touristen beim Stand-Up-Paddling versuchen. Die seichten Stellen an der Südseite des Strandes eignen sich am besten zum Schwimmen. Und ein bisschen Promi-Flair weht immer noch über den Sand: Viele Szenen der Bikini- und Bizeps-Saga »Baywatch« mit Pamela Anderson und David Hasselhoff wurden hier gedreht.

Infos und Adressen

SEHENSWÜRDIGKEITEN

O-Bon-Fest. Mit diesem Tanzfest gedenken buddhistische Gläubige ihrer Ahnen. In der Haleiwa Jodo Mission werden zudem am letzten Samstag im Juli Tausende von leuchtenden Laternen aufs Meer hinausgeschickt. 66-279 A Haleiwa Rd., Haleiwa, HI 96712, Tel. 808 637 4382.

ÜBERNACHTEN

Hawaii Beach House. Zwei gemütliche Doppelhaushälften in Zentrumsnähe direkt am Strand, Meeresrauschen inklusive. 66-485 A Pikai St., Haleiwa, HI 96712, Tel. 808 637 3507, www.teamrealestate.com

AKTIVITÄTEN

Mokuleia Polo Grounds. Westlich von Haleiwa grenzen die Felder des exklusiven Hawaii Polo Clubs an den Strand. Hier treten sonntags von März bis Juli Polo-Teams aus der ganzen Welt gegeneinander an. Gäste können Unterricht nehmen oder Ausritte (auch am Strand) buchen. Hawaii Polo Club, 68-411 Farrington Hwy., Waialua, HI 96791, Tel. 808 220 5153, www.hawaii-polo.org

Beeindruckend: balzender Prachtfregattvogel (*Fregata magnificens*)

11 Inland von Oahu
Ab durch die Mitte

Die Mitte Oahus zwischen den Waianae Mountains und der Koolau-Gebirgskette ist der fruchtbare Teil der Insel. Auf dem Weg von Honolulu zur North Shore passiert man das Leilehua Plateau in Wahiawa, wo endlose Felder an die Vergangenheit Oahus als gigantische Ananas- und Zuckerrohrplantage erinnern. Central Oahu ist aber auch ein idealer Ausgangspunkt für viele schöne Wanderungen.

Manchmal sind Bilder schief. Zum Beispiel, wenn man bei der fruchtbaren Hochebene auf der Insel von »Kornkammer« spricht. Hier wächst und gedeiht es auf vulkanischem Boden zwar prächtig, allerdings kein Getreide, sondern eine Frucht: die Ananas. Und hie und da noch Zuckerrohr. Zwischen den beiden mächtigen Bergketten, die parallel zueinander in nordsüdlicher Richtung verlaufen: die Koolau Mountains im Osten und die Waianae Mountains im Westen. Deren höchste Erhebung, der Mount Kaala, nimmt sich mit seinen 1227 Metern fast bescheiden aus, verglichen mit den Giganten der Nachbarinseln.

Und noch ein Vergleich: Hier findet man mehr Zersiedelung als auf anderen hawaiianischen Inseln. Hier eine Wohnanlage, da eine Strip Mall, dort ein Apartmentkomplex, dann wieder Felder und Plantagen. Auch die Army hat kräftig »mitgestaltet«: Die Orte Wahiawa und Schofield Barracks bestehen vor allem aus Kasernen und Einrichtungen der US-Armee, des größten Arbeitgebers auf Oahu. Dem Militär sind auch große Teile des Plateaus als Sperrgebiet vorbehalten. Anfang der 1950er-Jahre machte der Schriftstel-

Einer von vielen Wasserfällen der Koolau-Berge

Sonnenuntergang hinter den Waianae Mountains

ler James Jones in seinem Bestseller *Verdammt in alle Ewigkeit* die Wheeler Airforce Base zum Schauplatz des Romans. Und Fred Zinnemanns spätere Verfilmung, an Originalschauplätzen auf Oahu gedreht und mit acht Oscars prämiiert, brannte vor allem eine Szene ins Gedächtnis aller Cineasten: Burt Lancaster und Deborah Kerr küssend am Strand und in den Wellen. Ein Sergeant und die Frau seines Kommandanten. Damals ein Skandal – und ein gigantischer Publikumserfolg zugleich.

Riesenwellen voraus

Die zentrale Hochebene ist die »Taille« Oahus. Sie wird in ganzer Länge durchquert vom Kamehameha Highway, schnellste Verbindung von Honolulu nach Haleiwa und zu den Surfstränden im Inselnorden. Vor allem in der Saison im Winter sind die »Surf Dudes« mit vollgepackten Autos aus der Großstadt und Flipflops an den Füßen Richtung Riesenwellen unterwegs. Dabei hätten sie guten Grund, zwischendurch haltzumachen und wandertaugliches Schuhwerk anzuziehen. Oahu hat nämlich mehr zu bieten als Ritte auf hohen Wellen. Herrliche Wanderrouten zum Beispiel, viele davon durch bergige, nahezu dschungelartige Gefilde.

Einfach gut!

KÖNIGIN ANANAS
Das Bromeliengewächs ist eigentlich eine gebürtige Brasilianerin. Doch der »Königin der Tropenfrüchte« behagte das Klima mitten im Pazifik. Ende des 19. Jahrhunderts begann die Mechanisierung von Anbau, Ernte und Verarbeitung, 1906 eröffnete James Dole seine Konservenfabrik in Honolulu. Hawaii stieg rasch zum global führenden Ananasproduzenten auf. Und wieder ab – heute beträgt der Anteil an der Welternte nur noch 15 Prozent. Auf der Dole-Plantage wird an die goldene Zeit der vitaminreichen Ananas auf Oahu erinnert. Zu sehen gibt es Anbauflächen mit verschiedenen Sorten, die Bimmelbahn »Pineapple Express« und ein riesiges Labyrinth. Und genascht wird das berühmte *Dole Whip*, ein Softeis mit Ananasgeschmack.

Dole Plantation. Tgl. 9.30–17 Uhr, 64-1550 Kamehameha Hwy., Wahiawa, HI 96786, Tel. 808 621 8408, www.dole-plantation.com

Früher lockte vor allem der berühmte Stairway to Heaven Trail, auch bekannt als »Haiku Stairs«. 3922 Stufen führten zu einem unglaublichen Panoramablick von den Koolau-Bergen. Da die Stufen, alt und rostig, 2013 geschlossen wurden, kann man die Spitze nur noch von der Rückseite des Berges und mit amtlicher Genehmigung (*permit*) besteigen. Die insgesamt achtstündige Wanderung beginnt mit dem Kulanaahane Trail. Je mehr Höhenmeter man hinter sich bringt, umso schöner und faszinierender wird die Landschaft.

Schweinejagd

Doch abgesehen von dieser strapaziösen Klettertour winden sich 80 weitere Wege durch den Regenwald der Koolau-Berge und vorbei an versteckten Wasserfällen zu einigen der höchsten Bergrücken – weite Ausblicke über üppige Täler inklusive. Man sollte sich vorher im Internet informieren, ob eine Durchgangserlaubnis für privates Gelände auf der geplanten Strecke erforderlich ist. Und sich beim Wandern vor den Schweinejägern in Acht nehmen, die auf den Routen ebenfalls unterwegs sind…

Oben: Ohne wandertaugliches und wetterfestes Schuhwerk geht's im Regenwald nicht.
Unten: Hier und da wächst noch Zuckerrohr im Inland von Oahu.

Infos und Adressen

Zu winzig für einen Platz in einer Lei-Kette

SEHENSWÜRDIGKEITEN

Kukaniloko Birth Stones. Jahrhundertelang brachten die Frauen der Häuptlinge und Adligen an diesem heiligen Platz ihre Kinder zur Welt. Vom Kamehameha Highway führt direkt gegenüber der Abbiegung zum Ort Whitmore Village ein kurzer Feldweg zu dem Gelände.

Wahiawa Botanic Garden. Tropische Pflanzen, die in kühlerem Klima wachsen, sind hier in großer Vielfalt zu sehen. 1396 California Ave., Wahiawa, HI 96786, Tel. 808 621 7321, www.friendsofhonolulubotanicalgardens.com

ESSEN UND TRINKEN

Green World Farms. Eine kleine Farm mit 2000 Kaffeebäumen, die ihre Bohnen selber röstet und verkauft. Oder frisch aufbrüht und mit Gebäck vor Ort serviert. 71-101 N Kamehameha Hwy., Wahiawa, HI 96786, Tel. 808 622 2326, www.greenworldcoffeefarm.com

Shige's Saimin Restaurant. Hier gibt's die berühmte hawaiianische Spezialität Saimin noch hausgemacht: eine deftige Nudelsuppe mit chinesischen, japanischen, koreanischen, philippinischen und portugiesischen Einflüssen. 70 Kukui St., Wahiawa, HI 96786, Tel. 808 621 3621

The Plantation Grille. Hawaiianisches wie *Loco Moco* und *Kalua Pork Plate,* aber auch Burger und Salate. Und natürlich das *Dole Whip.* 64-1550 Kamehameha Hwy., Wahiawa, HI 96786, Tel. 808 621 8408, www.dole-plantation.com

ÜBERNACHTEN

Inn At Schofield Barracks. Eine der wenigen Übernachtungsmöglichkeiten im Inland Oahus: gepflegte, großzügige Zimmer inmitten einer militärischen Nachbarschaft zu zivilen Preisen. 563 Kolekole Ave., Wahiawa, HI 96786, Tel. 808 624 9650, www.innatschofield.com

Kukaniloko Birth Stone – Kreißsaal vergangener Zeiten

12 Leeward Oahu und Waianae Coast
West Side Story

Am Fuß der über 1200 Meter hohen Waianae-Bergkette im Westen von Oahu liegt die Leeward Coast. Dieses Gebiet ist trockener als die üppige Windward Coast an der Ostseite. Hier gibt es ländliche Städtchen, einsame Strände und luxuriöse Resorts. Am berühmten Makaha Beach nahm das Big-Wave-Surfing seinen Anfang. Eine schöne Wanderung bringt einen zum westlichsten Punkt der Insel, dem Kaena Point.

Irgendwann ist Schluss. Wer hier weiter Richtung Norden will, muss laufen. Der Farrington Highway, der in Kapolei beginnt und die gesamte westliche Küste entlangführt, endet als Autostraße kurz vor dem Kaena Point State Park an der Yokohama Bay. Zum Kaena Point mit seiner rostigen weiß-roten Bake inmitten hellsandiger Dünen führt er nur noch als vier Kilometer langer Trampelpfad. Es gibt auch keine geteerte Verbindung zur nordöstlichen Fortsetzung des Highways, nur eine holprige Piste. Das gebirgige Hinterland ist Militärgelände und damit tabu: Durchfahrt verboten! Der Hinweg ist auch Rückweg.

Berüchtigte Banditen

Oahus trockene Westküste liegt im Windschatten der Waianae-Bergkette, die regenschwere Wolken nur selten überwinden. In den wenigen Ortschaften leben meist Einheimische oder Einwanderer aus Samoa, die keinen Wert auf Touristen legen. Und lange Zeit nicht den besten Ruf hatten: Die »Westside Guys« waren berühmt-berüchtigt. Schon die

Mitte: Wer so über das Wasser prescht …
Unten: … wird ihr sicherlich nicht begegnen: der Grünen Meeresschildkröte

Bilder wie aus den Kindertagen dieser Welt

Einfach gut!

Übersetzung des Ortsnamens Makaha – »wild«, »grausam« und »roh« – verrät das Image eines gefährlichen Niemandslandes. Glaubt man den Erzählungen, haben hier Banditen ahnungslose Reisende ausgeraubt.

Alte Geschichten, fast vergessen. Vor allem im Süden, in Kapolei, wo das Resort-Gebiet Ko Olina solvente Besucher lockt. In der Nähe des Jachthafens liegen der Marriott's Ko Olina Beach Club und das Aulani, A Disney Resort & Spa mit allen Angeboten des gehobenen Massentourismus. Der schätzt auch das benachbarte Paradise Cove Luau mit seinem Folklore-Programm und das nahe Wet'n' Wild Hawaii – ein Spaß für all jene, die es rutschig und rasant mögen.

Zehn Kilometer weiter nördlich liegt das Städtchen Nanakuli, das eigentliche »Tor« zur Westküste. Von hier bis nach Makaha reihen sich viele Beachparks mit schönen weißen Stränden aneinander: Ulehawa, Maili und Lualualei lauten ihre klangvollen Namen, gefolgt vom Pokai Bay Beach Park. Nicht immer und überall kann man hier wegen der tückischen Strömungen gefahrlos schwimmen, die Sommermonate bieten noch die beste Gelegenheit.

WANDERN AM INSELENDE

Am westlichsten Ende von Oahu liegt Kaena Point. Laut Legende ist der Felsen ein Stück der Nachbarinsel Kauai, das abbrach, als der Halbgott Maui vergeblich versuchte, beide Inseln zusammenzufügen. Der Ort ist heilig, hier gehen die Seelen verstorbener Hawaiianer in die Welt der Geister über. Kaena Point ist nur zu Fuß erreichbar. Es gibt zwei Ausgangspunkte für die Wanderung: Von der Südseite (an der Leeward Coast) startet man am Kaena Beach State Park. Vom Norden, der Mokuleia-Seite, fährt man zum Ende des asphaltierten Farrington Highway und parkt am Anfang des Wanderweges. Da es das Laufen im schattenlosen Gelände durchaus in sich hat, sollte man reichlich Sonnenschutz und Trinkwasser im Gepäck sein. Achtung: Ein erfrischendes Bad am Ende der Wanderung ist allerdings wegen der gefährlichen Strömungen zu riskant.

Leider ist die Küste an einigen Stellen mit unansehnlichen Hochhausklötzen verbaut. Hier haben Planer und Investoren nicht immer Ästhetik und Dimensionen im Auge behalten. Sogar ehemals idyllische Täler wurden mit gigantischen Apartmentanlagen zubetoniert. Die Orte am Straßenrand wirken ohnehin eher schlicht bis ein wenig heruntergekommen. Restaurants beschränken sich zumeist auf die üblichen Fast-Food-Ketten. Dafür bietet die Natur auch hier atemberaubende Schätze. Der Meeressaum zwischen Makaha und Kaena Point etwa ist reicher Fundort von Muschelschalen – vor allem der kleinen Puka-Shells, die hier häufig zu Schmuck verarbeitet werden. *Puka* ist das hawaiianische Wort für Loch – die Muscheln haben von Natur aus ein Loch in der Mitte und werden zu wertvollen Lei-Ketten aufgefädelt.

Makaha Beach ist berühmt für seine Brandung. Von 1952 bis 1972 fand hier mit den »Makaha International Surfing Championships« der wichtigste Surfwettbewerb Hawaiis statt. Heute lebt der Ort von seiner goldenen Vergangenheit. Seine Wellen gehören nach wie vor zu den höchsten der Welt.

Oben: Traum eines jeden Surfers: der perfekte Ritt auf der Welle
Unten: Andere ziehen romantische Momente vor.

Infos und Adressen

Tänzerin und Sänger des Paradise Cove Luau

SEHENSWÜRDIGKEITEN

Kaneana Cave. 150 Meter tiefe Höhle mit großartigem Ausblick vom Eingang Richtung Pazifik. Farrington Hwy., 5 Kilometer hinter dem Kepuhi Point

ESSEN UND TRINKEN

Ama Ama. Restaurant mit gehobenem Niveau im Aulani Disney Resort. Wunderschön: die Terrasse direkt am Ko Olina Beach. 92-1185 Aliinui Drive, Kapolei, HI 96707, Tel. 866 443 4763, www.resorts.disney.go.com

Kahumana Organic Farm & Café. Die Bio-Zutaten kommen frisch vom Feld nebenan, die Küche ist exzellent, und das ganze Projekt unterstützt sozial Benachteiligte, von denen einige auf der Farm ausgebildet werden. Etwas abgelegen; unbedingt reservieren! 86-660 Lualualei Homestead Rd., Waianae, HI 96792, Tel. 808 696 8844, www.kahumana.org

ÜBERNACHTEN

Aulani, A Disney Resort & Spa. Familienfreundliches Resort des Mickey-Mouse-Imperiums mit hawaiianischen Akzenten. 92-1185 Aliinui Drive, Kapolei, HI 96707, Tel. 866 443 4763, www.resorts.disney.go.com

Marriott's Ko Olina Beach Club. Elegantes Vier-Sterne-Resort mit Gästezimmern und großzügigen Villen direkt an der Lagune. 92-161 Waipahe Place, Kapolei, HI 96707, Tel. 808 679 4700, www.marriott.com

AKTIVITÄTEN

Paradise Cove Luau. Hawaiianische Tradition professionell dargeboten: Luaus sowie Tänze und Gesänge aus ganz Polynesien. 92-1089 Aliinui Drive, Kapolei, HI 96707, Tel. 808 842 5911, www.paradisecovehawaii.com

Wet'n'Wild Hawai'i. Wasserspaß-Freizeitpark, eine der meistbesuchten Attraktionen Hawaiis. 400 Farrington Hwy., Kapolei, HI 96707, Tel. 808 674 9283, www.wetnwildhawaii.com

Höhleneingang zur Kaneana Cave

MAUI

13 Lahaina
Sündenbabel des Pazifik

Einst die Hauptstadt des hawaiianischen Königreichs, besticht Lahaina noch heute durch historischem Charme und viel Atmosphäre. Vor allem abends lädt der alte Walfängerort zum Bummel durch die Front Street mit ihren vielen hübschen Geschäften, netten Restaurants und ambitionierten Kunstgalerien ein. Und wer möchte, kann vom Hafen aus Bootstouren nach Molokai und Lanai unternehmen.

Der Name Lahaina bedeutet übersetzt »erbarmungslose Sonne« und sagt viel über das Klima in dieser Stadt aus. Die intensive Sonnenbestrahlung liegt bei sieben bis neun Stunden pro Tag, die Temperaturen steigen gerade in den Sommermonaten auf bis zu 30 Grad Celsius. Der Legende nach fing der Halbgott Maui einst die Sonne mit einem geschickt geschwungenen Seil, verlangsamte ihren Lauf und setzte sie auf den Haleakala, den höchsten Berg auf der nach ihm

GUT ZU WISSEN

HAWAII-HEMDEN
Salonfähig gemacht von Elvis Presley und Tom Selleck. Wenn nun Vati aus Osnabrück bei Crazy Shirt in der Front Street von Lahaina eines dieser wild gemusterten Teile erwirbt und nicht mehr herauszubewegen ist, muss das keine stilistische Sünde sein, sondern ein modisches Kultobjekt für begrenzte Zeit. Spätestens, wenn es nach dem Pazifikurlaub wieder an den heimischen Schreibtisch geht, kann man ja peu à peu auf unauffällig-gedeckt umstellen und die schrille Textilie Promis wie Jürgen von der Lippe überlassen.

Seite 84/85: Der Sonnenuntergang auf Maui, vor palmengesäumter Kulisse, ist allabendlich ein dramatisches Naturschauspiel.
Unten: Reges Leben auf der Front Street, Lahainas Hauptstraße

Mit Charme und Anmut beim Old Lahaina Luau

benannten Insel. Das alles, damit Mauis Mutter mehr Sonnenstunden für das Trocknen ihrer Rindentücher nutzen konnte. Der Feuerball als Wäschetrockner gewissermaßen.

Boom des Walfangs

Fast forward in die »richtige« Geschichte: Als erstem Regenten gelang es König Piilani im frühen 15. Jahrhundert, Maui zu einem Reich zu einen. 1790 war es mit der provinziellen Herrlichkeit dann aber vorbei: König Kamehameha I. besiegte Kahekili (1710–1794), den letzten Monarchen Mauis, nach einem verlustreichen Kampf im legendären Iao Valley. Kamehameha brachte die Insel unter seine Kontrolle und machte Lahaina zur neuen Hauptstadt des vereinigten hawaiianischen Königreichs. Ein halbes Jahrhundert lang fungierte Lahaina als Regierungszentrum Hawaiis. Gleichzeitig erlebte die Stadt einen Boom in der Walfangindustrie. Zwischen 1840 und 1865 ankerten Hunderte von Schiffen an den Molen – während ihre Matrosen derweil den Hafen unsicher machten. Einer von ihnen war der New Yorker Herman Melville (1819 bis 1891), der dieser Ära später in seinem Roman *Moby Dick* literarisch ein Denkmal

Geheimtipp

SPANFERKEL UND HULA

Das Restaurant Old Lahaina Luau ist ein Muss für alle, die ein authentisches hawaiianisches *Luau* erleben möchten. Bei traditioneller Küche, Musik und Tanz kann man hier die Geschichte und Kultur der Insel kennenlernen. Vor Sonnenuntergang wird man mit einer Blumengirlande und einem tropischen Cocktail begrüßt. Am Strand wartet man, bis ein Spanferkel im *Imu*, einem traditionellen hawaiianischen Ofen unter der Erde, zubereitet ist. Danach geht's ins *Hale Ai*, den Speisesaal, zum Abendbuffet. Anschließend beginnt die Abendunterhaltung. In einer bunten Tanz- und Musikshow wird die Geschichte der Hawaiianer dargestellt. Sie beginnt bei den Wurzeln der Zuwanderung, zeigt mit *Hula Kahiko* die alten Tänze und mit *Hula Auana* den moderneren Hula-Stil.

Old Lahaina Luau. 1251 Front St., Lahaina, HI 96761, Tel. 808 667 1998, www.oldlahainaluau.com

87

Rundgang

Ⓐ Baldwin Home – Das 1834 gebaute Wohnhaus des Missionars Dwight Baldwin aus Connecticut beherbergt heute ein Museum.

Ⓑ Banyan Tree – Der ursprünglich aus Indien importierte Feigenbaum wurde 1873 zum 50. Jahrestag der Gründung der ersten Mission von Lahaina gepflanzt.

Ⓒ Brick Palace – Hier wurden im Auftrag von König Kamehameha I. die Kapitäne eintreffender Schiffe empfangen.

Ⓓ Courthouse – Das Gerichtsgebäude von Lahaina.

Ⓔ David Malos Home – Wohnhaus des Philosophen David Malo (1793–1853) einem der bedeutendsten hawaiianischen Schriftsteller.

Ⓕ Episcopal Church – Die Kirche ist bekannt für ihr Gemälde einer hawaiianischen Madonna von 1940.

G Front Street – Hier befinden sich Sehenswürdigkeiten wie der Banyan Tree und das Courthouse.

H Government Market – Ein Ort des Handels zwischen Einwohnern und angekommenen Schiffen.

I Hale Piula (Iron Roof House) – Gebaut in den 1830er-Jahren, diente es als Palast für König Kamehameha III., der jedoch eine benachbarte Hütte vorzog.

J Jodo Mission – Eine der am meisten besuchten Sehenswürdigkeiten; hier thront der größte Buddha außerhalb Japans.

K Pioneer Inn – Lahainas erstes Hotel (1901). Die Hotelbar erinnert an die Walfangära der Stadt.

L Seamen's Cemetery – Letzte Ruhestätte für verstorbene Seeleute und Walfänger.

M The Old Prison (Hale Paahao) – Die Bezeichnung *Hale Paahao* (»Haus mit den Eisenbefestigungen«) stammt von in den Wänden eingelassenen Haken, an denen die Ketten der Sträflinge befestigt wurden.

N US Seamen's Hospital – Krankenhaus zur Behandlung amerikanischer Seeleute, Mitte des 19. Jahrhunderts erbaut.

O Wainee Church – Die protestantische Kirche von 1832 wurde 1894 von Royalisten abgebrannt, um gegen die Annektion Hawaiis durch die USA zu protestieren.

P Whaling Museum – Mit authentischen Exponaten wird in dem kleinen Museum der Zeit gedacht, als Lahaina die Hauptstadt des Walfangs war.

Q Wo Hing Temple – 1912 von Einwanderern erbaut. Heute ein Museum über das Leben der Chinesen in Lahaina.

So gut wie gekauft – Mode für sonnige Sommertage

Letzte Ruhe für Missionare und Monarchen

Nicht verpassen

HEILIGER FRIEDHOF

Wer Friedhöfe mag, sollte dem Wainee Cemetery einen Besuch abstatten. Er wurde 1823 gegründet und ist damit der älteste christliche Gottesacker Hawaiis. Viele historische Persönlichkeiten des Archipels wurden hier begraben: König Kaumualii, der letzte König von Kauai, General Hoapili, der beste Freund von König Kamehameha I., Königin Keopuolani oder Hoapili Wahine, Gouverneur von Maui. Auch Prinzessin Nahienaena, die Schwester von König Kamehameha II. und von König Kamehameha III., hat hier ihre letzte Ruhe gefunden. Kein Wunder, dass der Ort den Hawaiianern als heilig gilt. Bemerkenswert: Neben gebürtigen Hawaiianern und edlen Adligen wurden hier auch Mitglieder der ersten christlichen Missionarsfamilien beigesetzt – Seite an Seite und sehr ökumenisch im ewigen Frieden.

Wainee Cemetery. 535 Wainee St., Lahaina, HI 96761

setzte. Hier nahmen die Walfänger Proviant auf, suchten Schutz vor den Winterstürmen des Nordpazifik und Geborgenheit in den Armen der einheimischen Mädchen. Der Ort war voller rauer Seeleute und williger Liebesdamen, die Kneipen gut gefüllt – hier war das »Sündenbabel« des Pazifik.

Weltanschauung und fromme Werte

1823 kamen die ersten Missionare aus Neuengland. Entsetzt über die hiesige Unmoral nahmen sie den Kampf gegen die sündhaften Walfänger auf und schafften es durch ihren Einfluss, der königlichen Familie ihre Weltanschauung und frommen Werte zu vermitteln. Sie gründeten Schulen und führten bei den Einheimischen das Tragen von Kleidung ein. Die Walfangschiffe wurden mit einem Tabu belegt, die Mädchen trauten sich nicht mehr an Bord. 1825 gab es einen kleinen Aufstand, ein Mob von Walfängern drohte mit dem Niederbrennen der Missionarshäuser, sollten die strengen Gesetze gegen Prostitution nicht aufgehoben werden. Als den Hawaiianerinnen auch noch verboten wurde, den Schiffen entgegenzuschwimmen, beschossen die

verärgerten Walfänger die Mission und das Gebäude von Missionar William Richards. Als Konsequenz wurde das Fort on the Canal errichtet.

Am Ende setzten sich die tugendsamen Missionare durch. Und als in Kalifornien das Goldfieber ausbrach, sattelten viele Walfänger um und verließen die Schiffe, um auf dem Festland nach Nuggets zu schürfen. In Pennsylvania hatte man zudem Erdöl entdeckt – schnell verlor der Waltran als Brennstoff für Lampen und Kerzen an Bedeutung. Schlecht für die Walfänger, gut für die Meeressäuger. Eine Zeitlang drohte jedoch Lahaina der Verfall, denn der Walfang war komplett zum Erliegen gekommen. Für Wale als faszinierendes Naturschauspiel interessierte sich – damals noch – niemand. Doch irgendwann gewann Zuckerrohr immer mehr an Bedeutung. Mauis erste Zuckerraffinerie hatte bereits 1828 den Betrieb aufgenommen, jetzt kam ein nicht enden wollender Strom von Plantagenarbeitern aus China, Japan, Puerto Rico, Korea, den Philippinen, Portugal und auch aus Deutschland nach Hawaii. Diese Immigranten wurden zu den Begründern der heutigen multiethnischen Kultur des Archipels.

Gigantische Baumkrone

Während man heute auf der belebten Front Street schlendert und entlang des Lahaina Historic Trails *(Ala Moolelo O Lahaina)* das U.S. Seamen's Hospital, das Gefängnis Hale Paaho und den Pioneer Inn besichtigt, bekommt man ein Gefühl für das Flair dieser alten, zuweilen durchaus ruppigen Hafenstadt aus der Walfängerzeit. So auch im Baldwin Home, dem zweistöckigen Gebäude der protestantischen Missionare, die hier Mitte der 1830er-Jahre lebten. Oder im Wo Hing Temple und in der Lahaina Jodo Mission, Zeugen der

Oben: Unter dem gigantischen Banyanbaum finden viele einen Schattenplatz.
Mtte: Alte Kanonen im Hafen von Lahaina
Unten: Farbenfroher Flitzer vor dem Pioneer Inn

WO HING MUSEUM & COOKHOUSE

Mit dem Zuckerrohr kamen zu Beginn des 19. Jahrhunderts Einwanderer aus der ganzen Welt nach Hawaii, um auf den Feldern und in den Mühlen zu arbeiten. Eine große Gruppe von ihnen waren Chinesen, die hier heimisch wurden, ohne ihren kulturellen Hintergrund zu verlieren. 1912 bauten sie ein zweistöckiges Klubhaus für Versammlungen und Gesellschaften inklusive eines Tempels für religiöse Zeremonien. Und ein separates *Cookhouse* im Hof, wo in Pfannen, Woks und Dampfgarern über offenem Holzfeuer chinesisch gekocht werden konnte. Heute ist das Ensemble ein Museum; im Kochhaus zeigt ein kleines Kino Filme über den Alltag der Einwanderer, die Thomas Edison in den Jahren von 1898 bis 1906 drehte.

Wo Hing Museum & Cookhouse. Tgl. 10–16 Uhr, 858 Front St., Lahaina, HI 96761, Tel. 808 661 3262, www.lahainarestoration.org

Einfach gut!

Bedeutung chinesischer und japanischer Einwanderer auf Maui. Das Courthouse von 1858 ist sicherlich sehenswert, viel beeindruckender aber ist der gigantische Banyan Tree, die Bengalische Feige. Aus Indien importiert, wurde das hiesige Exemplar im Jahr 1873 zum Gedenken an die Gründung der ersten Mission von Lahaina gepflanzt – und gedeiht seither prächtig. Anfangs maß der Baum zwei Meter, heute besitzt er ein gutes Dutzend Stämme, ist mehr als 16 Meter hoch und beschattet als riesige Naturskulptur fast den ganzen Vorplatz des Gerichtsgebäudes – ein idealer Ort zum Verweilen, Träumen und um die Seele baumeln zu lassen.

Von Fast Food bis Pop-Art

Die zahlreichen Läden, Galerien und Restaurants entlang der Front Street mit ihren großen Sonnenblenden bieten von typischem Touristen-Tand bis hin zu durchaus sehenswerter Kunst, von frittiertem Fast Food bis zu anspruchsvollerer Cuisine die gesamte Palette einer quirligen Urlaubsdestination. Ein lohnender Kunstbummel beginnt in der Old Jail Gallery, die von der gemeinnützigen Lahaina Arts Society geführt wird, in deren Mitgliederkartei fast 200 Künstler aufgeführt sind. Die Village Galleries sind Mauis älteste Kunstgalerie. Hier werden Werke regionaler Künstler gezeigt. Sehenswert sind auch die Skulpturen und die Pop-Art in den Martin Lawrence Galleries. Jeden Freitag findet von 19 bis 22 Uhr die »Art Night« statt. Dann herrscht in der und um die Front Street reges Getümmel – Galerien öffnen ihre Pforten, und man kann sich bei einem Glas Wein mit den Künstlern persönlich unterhalten. Auch kulinarisch hat der Ort einiges zu bieten. Eine ganze Reihe von Restaurants serviert Neuinterpretationen der hawaiianischen regionalen Küche – und das durchaus auf Gourmet-Niveau. Wer es zünftig-hawaiianisch mag: Beim traditio-

Riesiger Bronze-Buddha der Jodo Mission

nellen *Luau* kann man am Strand sitzen, essen, trinken und die Tänze aus Polynesien erleben.

Tummelplatz der Meeresriesen

Vom Hafen Lahainas laufen die Ausflugsschiffe zu Rundfahrten aufs freie Meer aus. Auch die Fähren, die täglich Passagiere und Fracht zu den Inseln Molokai und Lanai übersetzen, starten von hier aus. Ebenso die Charterboote, die Taucher und Schnorchler zu den vorgelagerten Riffs und einigen Schiffswracks schippern. Im Herbst kommen Tausende von Buckelwalen in die Gewässer um Hawaii. Von Mitte Dezember bis Mai paaren sie sich hier und bringen nach etwa zwölf Monaten auch hier Nachwuchs zur Welt. In dieser Zeit reisen viele Besucher zur Walbeobachtung an, denn die riesigen Säuger tummeln sich besonders gern in der kaum 200 Meter tiefen Meerenge zwischen Maui und Lanai und sind auch vom Strand aus gut zu beobachten. Es ist ein gigantisches Schauspiel, wenn die Riesen aus dem Wasser springen – und sich beim sogenannten *breaching* mit großem Platsch wieder hineinfallen lassen.

Oben: Whale Watching: ein unvergessliches Erlebnis
Unten: Pittoresk am Hafen gelegen: das Hotel Pionier Inn

93

Infos und Adressen

ESSEN UND TRINKEN

Gerard's. Chef Gerard Reversade kombiniert im eleganten, typisch französischen Ambiente die klassische Küche seiner Heimat mit Mauis frischen Produkten und erhält dafür nicht nur das Lob seiner Gäste, sondern auch das der Fachwelt. The Plantation Inn, 174 Lahainaluna Rd., Lahaina, HI 96761, Tel. 808 661 8939, www.gerardsmaui.com

Lahaina Grill. Die Leser des *Honolulu Magazine* haben es 25-mal nacheinander zum besten Restaurant Mauis gekürt. Sie werden ihre guten Gründe haben. Einer davon ist der Ahi-Thunfisch in Zwiebel-Sesamkruste mit Vanillebohnen-Jasminreis und einer Apfelwein-Butter-Vinaigrette. Lahaina Inn, 127 Lahainaluna Rd., Lahaina, HI 96761, Tel. 808 667 5117, www.lahainagrill.com

Mala Ocean Tavern. Ganz abgesehen von dem fantastischen Blick aufs Meer: Hier lohnt vor allem die kombinationsfreudige, frische Küche von Mark und Judy Ellman einen Besuch. 1307 Front St., Lahaina, HI 96761, Tel. 808 667 9394, www.malaoceantavern.com

Pacific'o. Die wunderschöne Lage direkt am Strand war früher königliches Terrain. Heute genießen hier auch bürgerliche Gäste den Blick aufs Meer. Und dazu eine moderne, innovative Küche mit asiatischem Hauch und dem Schwerpunkt auf Meeresfrüchten. 505 Front St., Lahaina, HI 96761, Tel. 808 667 4341, www.pacificomaui.com

ÜBERNACHTEN

Lahaina Shores Beach Resort. Eine Lage, die alles bietet: direkt am Strand, außerdem in der Nähe des Shopping Village und nur wenige Minuten zu Fuß bis ins Stadtzentrum. Dazu eine gute Auswahl an Studios, Zimmern und Penthouse-Suiten. Perfekt. 475 Front St., Lahaina, HI 96761, Tel. 808 661 4835, www.lahainashores.com

Pioneer Inn. Eine reiz- und geschmackvolle Mischung aus Plantagen-Ära und Walfangzeiten. Mit Pool und Garten, direkt am malerischen Hafen gelegen. Hinter der knorrigen Fassade der Jahrhundertwende verbirgt sich moderner Komfort. 658 Wharf St., Lahaina, HI 96761, Tel. 808 661 3636, www.pioneerinnmaui.com

AUSGEHEN

Feast at Lele. Bei diesem besonderen *Luau* führt die Reise kulinarisch und künstlerisch Gang für Gang durch die gesamte Südsee. Kein Buffet, sondern aufmerksamer Tisch-Service. Unbedingt reservieren! 505 Front St., Lahaina, HI 96761, Tel. 866 244 5353, www.feastatlele.com

Maui Theatre. Begeisterungsstürme und Auszeichnungen gibt es für die Dauerbrenner »Burn'n Love«, eine Show über Elvis Presleys Liebe zu Hawaii und sein legendäres »Aloha«-Konzert sowie für »Ulalena«, einen aufwendig inszenierten, mitreißenden Einblick in die hawaiianische Geschichte und Kultur mit mehr als 100 Musikinstrumenten. 878 Front St., Lahaina, HI 96761, Tel. 808 856 7900, www.mauitheatre.com

The Tiki Bar at Kaanapali Beach. Etwas außerhalb von Lahaina gelegen, findet man die Bar im Kaanapali Beach Hotel. Die Mai Tais sind einfach sagenhaft. 2525 Kaanapali Pwy., Lahaina, HI 96767, Tel. 808 661 0011.

Burger mit Onion Rings – nichts für Kalorienzähler

TOUREN

Captain Steve's Rafting. Hier werden Wale beobachtet, Delfine schnorchelnd kennengelernt – und wer eine private Chartertour buchen möchte, um den Tierreichtum des Pazifiks zu erleben und zu fotografieren, ist hier an der richtigen Adresse. Lahaina, HI 96761, Tel. 808 667 5565, www.captainsteves.com

Extended Horizons. Hier geht es zu den Riffen rund um Maui. Besonderes Angebot der Tauchprofis: nachts tauchen, wenn die Fische schlafen, aber Hummer, Muscheln, Octopus und Aale auf die Jagd gehen – ein faszinierendes Erlebnis. 94 Kupuohi St., Lahaina, HI 96761, Tel. 808 667 061, www.extendedhorizons.com

Lahaina Divers. Tauchen für Könner und Anfänger – seit 37 Jahren führen Experten in die Unterwasserwelt zu Hammerhaien, Riffen und dem gesunkenen Schoner »Carthagian«. 143 Dickenson St., Lahaina, HI 96761, Tel. 808 667 7496, www.lahainadivers.com

Trilogy Excursions. Mit dem Segelboot zum Wale-Beobachten und zum Schnorcheln. Oder zum Dinner-Sail und zum Friday-Sunset-Sail. Der Katamaran macht viele Traum-Törns möglich. Lahaina Harbor, Slip 98 Wharf St., Lahaina, HI 96761, Tel. 808 661 4743, www.sailtrilogy.com

Tropical Divers Maui. Ob beim Gerätetauchen oder Schnorcheln – die Tauchführer sind immer in der Nähe und kennen die besten Spots für ein Meeting mit tropischen Fischen oder Schildkröten. Kinder- und anfängerfreundliches Programm. 300 Kapalua Dr.,11415 Lahaina, HI 96761, Tel. 808 669 6284, www.scubamaui.com

Ultimate Whale Watch. Neben einem ausgewachsenen Buckelwal wirken die Boote geradezu winzig – aber das ist gewollt. So können sich maximal 18 Personen respektvoll dem Giganten nähern, ohne ihn allzu sehr zu beeindrucken und zu stören. Aber auch Delfine und Schildkröten werden möglichst rücksichtsvoll besucht. 675 Wharf St., Lahaina, HI 96761, Tel. 808 667 5678, www.ultimatewhalewatch.com

Links gibt's Lappert's Ice Cream, rechts wichtige Tipps.

14 Mauis Nordwestküste
Arme, die das Meer um-
schlingen

An der Nordwestküste Mauis befanden sich einst der Sommersitz der hawaiianischen Könige und die Hauptstadt des Königreichs Hawaii. Heute laden hier luxuriöse Resorts und Edelrestaurants zum Besuch ein. Ein Spaziergang auf dem Kaanapali Beachwalk gehört zum Standardprogramm. Die Golfplätze von Kapalua haben Weltklasseniveau. Die wildromantischen Buchten im Norden bieten Surfern ideale Bedingungen.

Zwischen Lahaina und Kapalua im Norden spielt – neben der Gegend um Kihei ganz im Süden – die touristische Musik auf Maui. Etwa am Kaanapali Beach mit seinen Tennis- und Golfplätzen, Snackbars und Shoppingcentern. Mehr als die Hälfte aller Besucher auf Maui übernachtet in einem der zahlreichen Hotels – allesamt gebaut auf ehemaligen Zuckerrohrfeldern. Fast fünf Kilometer lang ist der Traumstrand mit kristallklarem Wasser und als ehemalige Sommerfrische der Königsfamilie auf Maui sogar von historischer Bedeutung.

Kaanapali war das erste geplante Resort auf Hawaii und wurde zum Modell für Resorts weltweit. Fünf Hotels und sechs Apartmentanlagen blicken auf den berühmten Strand. In Kaanapali findet man zudem das Whalers Village (2435 Kaanapali Pkwy.), ein Einkaufszentrum mit außergewöhnlichen Geschäften und Restaurants, einem Walfangmuseum und hawaiianischer Folklore-Unterhaltung. Außerdem gibt es hier zwei Meisterschafts-Golfplätze: den Royal Kaanapali und den Kaanapali Kai, von dem aus Golfer Wale vor

Klippenspringer im Licht der untergehenden Sonne

jaaaaaa...!

Einfach gut !

der Küste sehen können, während sie sich auf den Abschlag konzentrieren.

Eine der berühmtesten Attraktionen von Kaanapali Beach ist das tägliche Ritual der Klippenspringer. Sie lassen sich vom Vulkanfelsen Puu Kekaa oder auch vom Black Rock, der zu den nördlichsten Klippen des Strandes gehört, allabendlich bei Sonnenuntergang und Fackelbeleuchtung in die Tiefe fallen. Erinnern soll die Tradition an Mauis verehrten König Kahekili, der sich beim *lele kawa*, dem Klippenspringen, einen Namen gemacht und auch Höhen von bis zu 120 Metern nicht gescheut haben soll. Sinnigerweise galt der schwarze Fels als *lele*, als heiliger Ort, von dem aus die Seele im Todesfall direkt in die Ewigkeit springt. Im Ernstfall ein Trost?

Erloschener Feuerspeier

Weiter nördlich sieht man vom Honoapiilani Highway aus zahlreiche große Hotels, Golfplätze und Apartmentanlagen. Darunter auch einige Bausünden: fantasielose Betonklötze, die diese reizvolle Küste streckenweise verschandeln. Unterwegs sollte man gelegentlich anhalten und zum Rand der Klippen laufen: Vor sich hat man eine beeindruckende Küstenszenerie mit den Nachbarinseln Lanai und Molokai. Und im Rücken einen erloschenen, mittlerweile ziemlich nassen Feuerspeier: Der 1764 Meter hohe Puu Kukui, ein 1,3 Millionen Jahre alter erodierter Schildvulkan, dessen Ausläufer die Halbinsel bilden, gilt als einer der regenreichsten Orte der Erde. Hier fallen im Jahresdurchschnitt 9280 Millimeter Niederschlag.

Es geht vorbei an Honokawi, Kahana und Napili – das Ambiente wird zunehmend exklusiver. Kapalua Beach eignet sich gut zum Baden, auch im Win-

DAMPF UND ANEKDOTEN

Um die Kaanapali-Küste zu erkunden, kann man den kostenlosen »Kaanapali Resort Trolley« nutzen. Des Weiteren bietet die alte Plantagenbahn, der »Sugar Cane Train« seit Ende 2015 wieder Rundfahrten von Lahaina nach Kaanapali an. Man zuckelt mit Dampfantrieb eine halbe Stunde lang durch wogende Zuckerrohrfelder oder am Highway entlang. Früher war das die Strecke der Güterzüge, die Zuckerrohr von den Feldern zur Lahaina Pioneer Mill beförderten. An der Zuckermühle vorbei geht die Fahrt zu einem Aussichtspunkt hoch in den Bergen mit Blick über ganz West-Maui. »Anaka« und »Myrtle« heißen die beiden Lokomotiven, die zum Teil offenen Waggons wurden im alten Stil nachgebaut. Fahrgäste werden mit Anekdoten und dem Gesang der Zugführer beglückt.

Lahaina Sugar Cane Train. Lahaina, HI 96761, Tel. 808 667 6851, www.sugarcanetrain.com

Gemütlich: eine Fahrt mit der alten Plantagenbahn

ter. Hier verbringen meist Einheimische und US-Amerikaner vom Festland ihren Urlaub. Kapalua lässt sich als »Arme, die das Meer umschlingen« übersetzen. Die bezaubernde Küste wird von fünf Buchten und drei weißsandigen Stränden gesäumt. Im 19. Jahrhundert war Kapalua als Honolua Ranch und dann als Honolua Plantation bekannt. Heute befinden sich auf dem fast 100 Quadratkilometer großen Kapalua Resort das Ritz-Carlton Kapalua, preisgekrönte Restaurants, Dutzende Boutiquen und zwei berühmte Golfplätze: der Plantation Course – jeden Januar Austragungsort der PGA Tour »Hyundai Tournament of Champions« – und der Bay Course. Außerdem findet hier im Juni das »Kapalua Wine & Food Festival« statt, ein kulinarisches Schaulaufen der Extraklasse.

Surfer's Paradise

Wenige Kilometer hinter Kapalua wird es dann deutlich naturbelassener. Etwa an der Moukulaia und der Honolua Bay. Beide stehen unter strengem Naturschutz – und schon beim ersten Anblick versteht man, warum. Tiefblaues Wasser,

Oben: Makelloses Grün auf dem Ritz-Carlton Golf Course
Mitte: Design zählt, erst recht bei der Finne am Surfbrett!
Unten: Paddeln bis zur nächsten Welle …

GUT ZU WISSEN

VORSICHT: HEILIG!

Man kann so viel falsch machen auf Hawaii. Denn hinter jeder Kurve, an jedem Strand kann es heißen: Vorsicht, heiliges Gelände! Achtung, heiliger Stein! Bitte Abstand halten, nicht berühren! Glücklicherweise helfen oft Hinweisschilder dem Touristen, sich nicht versehentlich wie ein Elefant im religiösen Porzellanladen zu benehmen. Denn das sollte, bei aller Jagd nach dem besten Foto oder dem direktesten Wanderweg, oberste Priorität haben: Respekt vor dem, was anderen heilig ist.

Mauis Nordwestküste

durchzogen von unzähligen Korallenriffen, und diese wiederum von hellen Sandbänken. Im Sommer ist die Brandung flach, im Winter jedoch brechen sich hohe Wellen am Korallenriff und schaffen ein Eldorado für erfahrene Surfer, von denen es dann in den Buchten nur so wimmelt. Wie Treibgut schwimmen die Surfer auf der offenen See, immer auf dem Sprung, die perfekte Welle zu reiten. Und zu scheitern. Und es wieder zu versuchen. Und wieder. Einst ein königlicher Sport, ist Surfen heute Breitensport auf Hawaii. Und ein echtes Spektakel.

Bei Meilenstein 38 beginnt ein 1,5 Kilometer langer Wanderweg zum Leuchtturm am Ende des windgepeitschten Nakalele Point. Hier ist die Küste geprägt von Steinbögen und anderen Formationen, die das Meer in den Fels gefressen hat. Das Nakale Blowhole braust bei hohem Seegang, schläft aber bei ruhiger See. Doch Vorsicht: Hier sind Menschen schon von einer Welle erfasst und ins Blasloch gespült worden.

Über die immer enger werdende Straße geht es weiter, viele Mietwagenverleiher verbieten kategorisch das Befahren. Teils einspurig führt die Strecke Richtung Nordkap, vorbei an unzähligen Buchten und zu einem Strand mit dem wenig schönen Namen Slaughterhouse Beach. Hier wurden in vortouristischen Zeiten die Rinder der umliegenden Farmen direkt am Strand geschlachtet und auf Kühlschiffe verladen.

Lauernder Drache

Einige Kilometer vor dem Ort Kahakuloa verwandelt sich der State Highway 30 dann in eine echte Holperstrecke. Mit vielen Schlaglöchern und einspurigen Brücken schlängelt sich die

Nicht verpassen

HEILIGE DRACHENZÄHNE

Wie aus dem Maul eines Ungeheuers ragen die rasiermesserscharfen Drachenzähne aus den Felsen des Makalua Point. Die knapp einen Meter hohen Zacken sind das Werk der Wellen, die im Winter am Lavafels der Landzunge nagen. Ein Schild weist darauf hin, dass der Felsvorsprung eine alte heilige Stätte ist. Aus Respekt vor den hawaiianischen Traditionen sollten Besucher darauf verzichten, auf die Felsen und die angrenzende Honokua-Begräbnisstätte zu klettern. Davon abgesehen ist das Herumklettern auf den scharfkantigen und glitschigen Steinen auch nicht ganz ungefährlich. Besucher können Richtung Dragon's Teeth am Rand der Begräbnisstätte entlanglaufen, sollten aber die Warnschilder »Please Kokua« beachten und die Bereiche nicht betreten. Die Gräber sind gut zu erkennende Steinhaufen am Rand des gepflegten Golfplatzes des Ritz.

»Drachenzähne« am Makalua Point

Landstraße an der Küste entlang. Markantester Punkt ist hier der kegelförmige Felsen Kahakuloa Head, der Seevögeln wie dem Sturmtaucher oder dem Fregattvogel als Nistplatz dient. Wie ein lauernder Drache bewacht ein fast 200 Meter hoher Lavadom den Eingang zur Kahakuloa Bay. Das fotogene Wahrzeichen war angeblich König Kahekilis Lieblingsort zum Klippenspringen.

Ukulele auf der Kanzel

Das Dorf Kahakuloa selbst ist ein eher abgeschiedener, ruhiger und vom Tourismus wenig berührter Ort, in dem es weder ein Restaurant noch eine Tankstelle gibt. Hier leben ein paar hawaiianische Familien, die Taro für ihren *Poi* anbauen; Fischfang und Jagd bereichern ihren Speiseplan. Sehenswert hier ist allenfalls die kleine grüne Kahakuloa Hawaiian Congregational Church aus dem Jahr 1887. Der Besuch eines Gottesdienstes hier lohnt auch aus musikalischen Gründen: Der Pfarrer gilt nämlich als einer der besten Ukulelespieler Hawaiis.

Oben: Wildblumen an der Kaanapali-Küste
Unten: Fackelläufer beim Ritual zu Ehren von König Kahekili

Infos und Adressen

ESSEN UND TRINKEN

Hula Grill Kaanapali. Im nachgebauten Strandhaus fühlt man sich wie Hawaiis Upper Class der
30er-Jahre. Whalers Village, 2435 Kaanapali
Pkwy., Kaanapali, HI 96761, Tel. 808 667 6636,
www.hulagrillkaanapali.com

Japengo Maui. Steaks, Fisch, Sushi – lokale
Produkte für eine raffinierte »Pacific-Rim-Küche«.
Hyatt Regency Maui Resort & Spa, 200 Nohea
Kai Drive, Kaanapali, HI 96761, Tel. 808 667 4909,
www.japengomaui.com

The Plantation House Restaurant. Großartiger
Blick und überzeugende Insel-Küche. 2000
Plantation Club Drive, Kapalua, HI 96761,
Tel. 808 669 6299, www.theplantationhouse.com

ÜBERNACHTEN

Kaanapali Alii Resort. Luxuriöse Ferienapart-
ments mit Tennis- und Golfplätzen, Poollandschaft
und Spa. 50 Nohea Kai Drive, Lahaina, HI 96761,
Tel. 808 667 1400, www.kaanapalialii.com

The Westin Maui Resort & Spa. Den legendären
Kaanapali Beach vor der Tür, genießen Gäste
Komfort und traumhafte Sonnenuntergänge.
2365 Kaanapali Pkwy., Lahaina, HI 96761,
Tel. 808 667 2525, www.westinmaui.com

TOUREN

Snorkel Bob's. Kajakfahren, Surfen, Heli-Touren,
Segeltörns oder gar *Luaus*. Und Schnorcheln. Das
Equipment designt Robert Wintner selbst und lässt
es auf Hawaii herstellen. Wintner ist Autor mehrerer Romane, die bereits für den Pulitzer-Preis no-
miniert waren. Napili Store, 5425 C Lower Honoapiilani Hwy., Lahaina, HI 96761, Tel. 808 669 9603,
www.snorkelbob.com

Teralani Sailing Charters. Mit dem Katamaran
zum Schnorcheln, zum Wale-Beobachten oder
zum Sonnenuntergang. Lahaina, HI 96761,
Tel. 808 661 7245, www.teralani.net

Erholsame Ruhe im Sheraton Maui Resort & Spa direkt am Strand

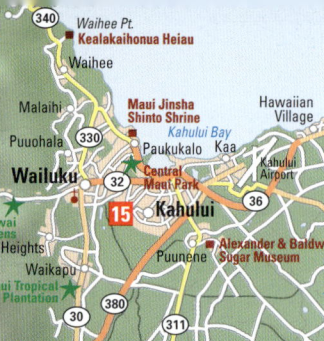

15 Kahului und Wailuku
Die ungleichen Schwestern

Wer mit dem Flugzeug auf Maui landet, kommt meist am Kahului International Airport an. Die Stadt am Fuß des erloschenen Vulkans Haleakala zählt nicht gerade zu den touristischen Perlen. Weiter südlich liegt mit der Schwesterstadt Wailuku der Verwaltungssitz der Regierung Mauis. Rund um die Market Street bezaubern charmante Geschäfte in historischen Holzhäusern.

Kahului mag die größte Stadt auf Maui sein – die schonste ist sie gewiss nicht. Das touristisch Bemerkenswerteste an Kahuli ist zunächst der internationale Flughafen. Hier landen die Flieger aus Übersee, vom amerikanischen Festland und von den anderen Inseln. Und die frisch Angekommenen fragen sich: Soll diese Ansammlung von Strip Malls, Industrieanlagen und Shoppingcentern wirklich das ersehnte Ferienparadies sein? Nein, das ist es sicher nicht. Hier lebt und arbeitet die normale Bevölkerung Mauis, hier riecht es nach Schweiß und Plackerei. Und aus den Zuckerfabriken manchmal auch nach Bonbons. Gegründet 1948 als Zuckerrohrstadt, ist Kahului auch heute noch von zahlreichen Plantagen umgeben. Zwischen März und November wabern oft dichte Rauchwolken über der Ebene. Dann werden die für die Ernte nutzlosen Blätter auf den Feldern verbrannt – noch Kilometer entfernt fällt feiner Ascheregen – kritisiert von Umweltschützern, die eine »grünere« Landwirtschaft fordern. Ansonsten wird Kahului geprägt durch seinen Seehafen und Industriegebiete. Die riesigen Einkaufszentren lohnen einen Stopp für Freunde der Schnäppchenjagd. Und hinter immer

Den gefährdeten Hawaii-Stelzenläufer (*Himantopus knudsen*) gibt es nur auf dem Archipel.

Blick auf Kahului aus der Vogelperspektive

gleichen Fassaden und Schaufenstern gibt es einige nette Cafés und gute Restaurants. In der Maui Mall (70 East Kaahumanu Ave.) ist das Guri-Guri im Tasaka Guri Guri Shop mit seinem köstlichen Speiseeis aus Guavensaft, Limettenlimonade und Kondensmilch ein kulinarisches Highlight.

Seltene Vögel

Etwas außerhalb wartet Kahului mit dem Vogelschutzgebiet Kanaha Pond Wildlife Sanctuary (100-228 Hana Hwy.) rund um den einstigen königlichen Fischteich dann doch mit einer echten Sehenswürdigkeit auf. Nicht nur für Ornithologen ist die Heimat von mehr als 50 Vogelarten erste Adresse. Hier leben die selten gewordenen *aeo* (Stelzenläufer), *alae keokeo* (Moorhühner) und *koloa* (Hawaiianische Enten).

Weiter südlich ist das Alexander & Baldwin Sugar Museum (3957 Hansen Rd.) beheimatet, wo man alles über Anbau und Verarbeitung von Zucker erfahren kann. Direkt daneben liegt die alte Zuckerfabrik, seit Generationen im Dienst des Geschäfts mit dem süßen Kristall. Zu den *sugar barons* gehörte auch der deutsche Auswanderer

Einfach gut!

OLD HAWAII IN ÖL

Von 1837 bis 1849 wurden hier junge Damen in einem Internat unterrichtet. Als dieses schloss, erwarb der Missionar Edward Bailey aus Boston die schmucke Immobilie als Wohnsitz für seine Familie. Bailey war nicht nur ein Gottesmann, sondern übersetzte auch hawaiianische Schriften, forschte als Botaniker und malte Ansichten des alten Maui. Heute präsentiert das Bailey House Museum auf zwei Etagen Einrichtungsgegenstände und viele Ölgemälde des vielseitigen Missionars. Außerdem zahlreiche Artefakte aus der Region – darunter ein Surfbrett des berühmten Duke Kahanamoku, Begründer des modernen Wellenreitens und mehrfacher Olympiasieger im Schwimmsport. Im Vorgarten fasziniert ein original hawaiianisches Outrigger-Kanu.

Bailey House Museum. Mo–Sa 10–16 Uhr, 2375A Main St., Wailuku, HI 96793, Tel. 808 244 3326, www.mauimuseum.org

Claus Spreckels aus Cuxhaven, der Ende der 1860er-Jahre ins Zuckergeschäft einstieg.

Blutiges Wasser

Über die Kaahumanu Avenue gelangt man von Kahului aus schnell in die ältere Schwesterstadt Wailuku, Inselkapitale am Fuß der West Maui Mountains. Der Name Wailuku bedeutet »blutiges Wasser«: Im Jahr 1790 besiegte König Kamehameha I. in einem erbarmungslosen Gemetzel die Krieger Mauis im nahen Iao Valley – das Blut der Getöteten soll den Iao-Fluss, der bei Wailuku ins Meer mündet, rot gefärbt haben. Als Wahrzeichen der 11 000-Einwohner-Stadt gilt die 1876 erbaute Kaahumanu Church, benannt nach der Gattin Kamehamehas I. Wer mehr über das Städtchen erfahren will, kann sich einer geführten Tour anschließen, die von der Wailuku Main Street Association (1942 Main St. 101, Tel. 808 244 3888) organisiert wird. Besichtigt werden dabei auch das Iao Theater im Spanischen Missionsstil und das schneeweiße Wailuku Courthouse im Stil der Beaux-Arts-Architektur.

Oben: Spritzig: die Rainbow Falls im Wailuku River State Park
Unten: Nach einer Königin benannt ist die kleine Kaahumanu Church, das Wahrzeichen Wailukus.

Infos und Adressen

SEHENSWÜRDIGKEITEN

Maui Nui Botanical Gardens. Einheimische und von anderen polynesischen Inseln importierte Pflanzen werden hier gehegt, gepflegt und gezüchtet. 150 Kanaloa Ave., Kahulul, HI 96732, Tel. 808 249 2798, www.mnbg.org

Maui Tropical Plantation. Alles über Hawaiis Flora erfahren Besucher in diesem landwirtschaftlichen Themenpark. 1670 Honoapiilani Hwy., Wailuku, HI 96793, Tel. 800 451 6805, www.mtpmaui.com

ESSEN UND TRINKEN

Asian Star. Asiatische Küche, mit einem Hauch Hawaii. Besonders empfehlenswert: Lemongrass-Curry mit Huhn und der Papaya-Salat. 1764 Wili Pa Loop, Wailuku, HI 96793, Tel. 808 244 1833

Da Kitchen Café. Hier kommt leckere hawaiianische Hausmannskost in üppigen Portionen auf den Teller. 425 Koloa St., Kahului, HI 96732, Tel. 808 871 7782, www.da-kitchen.com

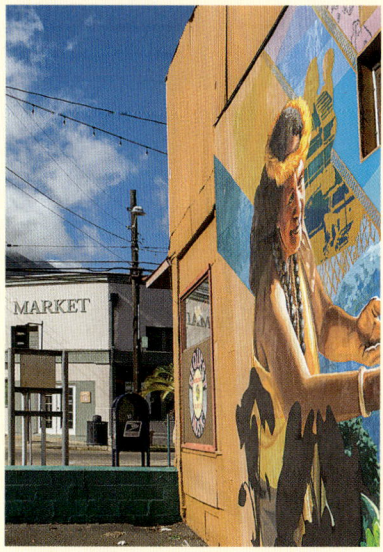

Wandmalereien im Zentrum Wailukus

Sam Sato's. Asiatisch-hawaiianisch. Gäste schwärmen von den Nudelgerichten. 1750 Wili Pa Loop, Wailuku, HI 96793, Tel. 808 244 7124

Tokyo Tei. Seit 1935 wird hier in dritter Generation Nippons Küche serviert. Mehrfach ausgezeichnet. 1063 Lower Main St. C-101, Wailuku, HI 96793, Tel. 808 242 9630, www.tokyotei.com

ÜBERNACHTEN

Courtyard Maui Kahului Airport Hotel. 138-Zimmer-Hotel mit elegantem Interieur. In der Nähe des Flughafens und mehrerer Sehenswürdigkeiten. 532 Keolani Place, Kahului, HI 96732, Tel. 808 871 1800, www.marriott.com

The Old Wailuku Inn at Ulupono. Das B&B entführt mit zehn stilvollen Zimmern ins Hawaii der 1920er- und 1930er-Jahre. 2199 Kahookele St., Wailuku, HI 96793, Tel. 808 244 5897, www.mauiinn.com

Hibiskusblüte in den Maui Nui Botanical Gardens

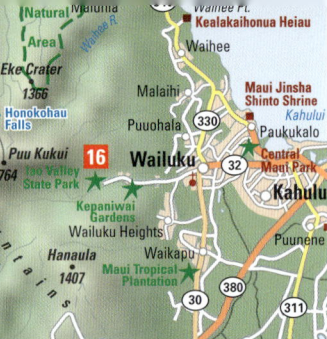

16 Iao Valley und Central Maui
Gemetzel auf heiligem Boden

Das Iao Valley überwältigt nicht nur durch üppig-grüne Natur, es war auch Schauplatz hawaiianischer Geschichte. Hier focht König Kamehameha I. eine seiner blutigsten Schlachten, worauf sich die Inselbewohner Mauis seiner Herrschaft unterwarfen. Klimatisch ist das Tal bemerkenswert: Da sich leicht Wolken aufstauen, regnet es hier Rekordmengen – ideale Bedingungen für einen prachtvollen Regenwald.

Hohe Gipfel säumen die fruchtbaren Täler im Iao Valley State Park. In Zentral-Maui gelegen, ist dieser Landstrich die Heimat eines der – im Sinne des Wortes – herausragendsten Wahrzeichen der Insel: der 370 Meter hohen Iao Needle. Dieser grün umwucherte vulkanische Monolith aus Basalt ist für viele Besucher ein Muss im Besichtigungsprogramm. Um ihn zu erreichen, geht es über die schmale, aber gut befestigte Iao Valley Road westlich von Wailuku durch die West Maui Mountains ins Inselinnere. Die links und rechts aufragenden Berge sind bis an die Kuppen mit dichtem Grün bewachsen. Am Horizont ragt der 1764 Meter hohe, nicht aktive Vulkan Puu Kukui in den Himmel. Der Iao-Fluss, der vom Gipfel des Berges Richtung Meer fließt, hat im Lauf der Jahrtausende das an Mythen reiche Tal in das vulkanische Gestein gefräst. Seit alters her gilt die Gegend als Tummelplatz der Götter, Geister und als eine der heiligsten Stätten Mauis.

Herausragend: die Iao Needle im dichten Regenwald

Napoleon des Pazifik

Doch das geheimnisvolle Tal ist auch von historischer Bedeutung. 1790 stieß hier der junge

Iao Valley/Central Maui

Adelige Kamehameha bei seinem Vorhaben, die Inseln zu einem Königreich zu einen, in der Schlacht von Kepaniwai mit der Armee von Maui zusammen. Letztere waren entschlossene Krieger, die nichts von seinen Plänen hielten. Doch sie hatten nicht den Hauch einer Chance. Kamehamehas mehr als tausend bestens ausgestattete Krieger trieben Mauis Verteidiger in das enge, ausweglose Tal. Dort wurden sie mit einer von den Amerikanern erbeuteten Kanone beschossen. Es starben so viele einheimische Kämpfer, dass ihre Leichen den Fluss stauten und ihr Blut ihn rot färbten. Die todbringende Kanone wird seither Wahaula genannt – der »rote Mund«. Wegen seines Machthungers und seiner Blutrünstigkeit (aber auch wegen seines diplomatischen Geschicks) wurde Kamehameha »Napoleon des Pazifik« genannt. Nach der Vereinigung der hawaiianischen Inseln wurde der neue König als Kamehameha der Große fortan von seinem Volk als gütiger und großzügiger Herrscher verehrt.

Ruhe und Regen

Die Straße durch das Tal endet am Iao Valley State Park, von hier führt ein befestigter Fußgängerpfad zur Iao Needle. Entstanden ist der Monolith laut Sage, als Halbgott Maui den Wassermann Puukamoua, einen verhassten Brautwerber für seine schöne Tochter, gefangen nehmen und töten lassen wollte. Vulkangöttin Pele kam diesen Mordabsichten zuvor und verwandelte Puukamoua an dieser Stelle in eine Steinsäule. Was offenbar ehrenvoller war, als von einem Halbgott umgebracht zu werden...

Einst war das Iao Valley das Tal der Könige, hier trugen die Hawaiianer ihre Herrscher zu Grabe und setzten sie an geheimen, unmarkierten Stel-

Nicht verpassen

EIN STÜCK HEIMAT

Paradies mit Pavillons und rauschenden Bächen: Die Kepaniwai Park & Heritage Gardens in der Nähe des Iao Valley State Parks lassen mit ihren üppigen Gärten Erinnerungen an Einwanderer aus Japan, Korea, Portugal und anderen Ländern wach werden. Gegründet 1952, werden hier unter anderem ein frühhawaiianisches Hale (Haus), eine Saltbox im Neuenglandstil, eine portugiesische Villa sowie Wohngebäude im chinesischen und philippinischen Stil gezeigt. Der größte Garten im Kepaniwai Park ist eine japanische Anlage mit Teich, Brücken, Denkmälern und einem Weg durch meterhohen Bambus. Im portugiesischen Garten befindet sich ein schöner Laubengang. Die gesamte Anlage mit ihren lauschigen Winkeln ist ein beliebter Ort für romantische Hochzeiten.

Kepaniwai Heritage Gardens. Tgl. 10–16 Uhr, Iao Valley Rd., Wailuku, HI 96793, Tel. 808 270 7232

Die West Maui Mountains, Schauplatz hawaiianischer Historie

Oben: Wohlverdiente Wanderpause am glasklaren Bach
Unten: Der Ausblick vom Iao Valley auf die Landschaft

len bei. Die über den Fluss ragende Iao Needle diente ihnen als überdimensionaler Altar. Bis zur Spitze sollen Fackeln gebrannt haben, während ein Sänger vom Gipfel der markanten Erhebung rituelle Weisen hinunter ins Tal schmetterte.

Immer wieder wird der Wanderer mit atemberaubenden Ausblicken belohnt, wenn nicht gerade tiefe Wolken die Aussicht stören. Auf derartige »Spaßverderber« sollte der Besucher ebenso gefasst sein wie auf glitschige, regennasse Wanderwege im gesamten State Park. Mit etwas Vorsicht kann man auf ihnen jedoch weiter in das Tal vordringen und abseits der Busladungen von Touristen die mystische Ruhe und Abgeschiedenheit des Regenwaldes erleben. Nur das Gezwitscher der Vögel und das Gurgeln der Bäche »stören« dann die Stille.

Infos und Adressen

Der koreanische Garten im Hawaii Nature Center

SEHENSWÜRDIGKEITEN

Hawaii Nature Center. Mehr Natur geht nicht: Hier können sich Kinder ab drei Jahren bei »Amazing Arthropods« in Gliederfüßer verlieben oder bei »Wonderful World of Water« in die Wasserthematik eintauchen. Auch Regenwald-Wanderungen und andere Aktivitäten wie mehrtägige Camps stehen auf dem Programm. Das Museum Iao Valley Interactive Science Arcade führt mit Spielen und Ausstellungen so vielfältig an Naturthemen heran, dass auch Eltern und Lehrer Spaß haben und manches lernen können. Tgl. 10–16 Uhr, Iao Valley Rd., HI 96793, Tel. 808 244 6500, www.hawaiinaturecenter.org

Mark MacKay Studio. Vor allem der Farbigkeit tropischer Meeresbewohner hat sich der Künstler Mark MacKay verschrieben, dessen Bilder, Mosaiken und Bronzen unweit der Iao Valley Road ausgestellt sind. 283 Alu Rd., Wailuku, HI 96793, Tel. 808 249 2629, www.markmackay.com

ÜBERNACHTEN

Iao Valley Inn. Hier ist Hawaii noch ganz bei sich: Traumhaftes B&B mitten im Grün der Berge mit herrlichem Blick auf den Fluss Iao. Mit zwei gemütlichen Doppelzimmern und einem separaten Cottage in Pastellfarben. 80 Iao Valley Rd., Wailuku, HI 96793, Tel. 808 633 6028, www.iaovalleyinn.com

EINKAUFEN

Tropical Gardens of Maui. Seit ein paar Jahren können die Gärten nicht mehr besichtigt werden, doch der Verkauf tropischer Pflanzen, auch der Versand, geht weiter. Besonders gefragt: Ti-Blätter, die für die traditionelle hawaiianische Küche und zum Dekorieren benötigt werden. 200 Iao Valley Rd., Wailuku, HI 96793, Tel. 808 244 3085, www.tropicalgardensofmaui.com

AKTIVITÄTEN

Flyin Hawaiian Zipline. Höhenangst darf hier keiner haben: An insgesamt acht verschieden langen Ziplines (die kürzeste ist 76 Meter, die längste 1100 Meter lang) geht es hier über Berg und Tal, unterbrochen von kleinen Wanderungen, durch Mauis Natur. Die geführte Tour dauert insgesamt fünf Stunden. 1670 Honoapiilani Hwy., Wailuku, HI 96793-9347, Tel. 808/463 5786, www.flyinhawaiianzipline.com

Union Jack und Stripes: Hawaiis Staatsflagge

17 Maalaea und Kihei
Belebt und beliebt

Mit dem Rücken zum nahen Gebirge schmiegt sich das Örtchen Maalaea an die gleichnamige Bay. In seinem Hafen legen Boote zu Walbeobachtungstouren ab, auch Angelfahrten und Schnorchelausflüge nach Molokini starten hier. Highlight ist allerdings das Maui Ocean Center. Weiter im Süden präsentiert sich die 20000-Einwohner-Stadt Kihei als munteres Sammelsurium von Wohnhäusern, Hotels und Apartmentanlagen.

Der Unterwasserwelt ganz nahe sein: Im großartigen Maui Ocean Center an der Maalaea Road können kleine und große Besucher durch einen 16 Meter langen Glastunnel im Salzwasser-Aquarium herumschlendern und kennenlernen, was rund um die hawaiianischen Inseln, seine Tiefen und Korallenbänke schwimmt, krabbelt und taucht: Aug in Aug mit Oktopus und Rochen. Eine gute Vorbereitung und Ergänzung eigener Tauchgänge oder Schnorchel-Erlebnisse.

Historie des Archipels

Ansonsten scheint Maalaea wenig Abenteuerliches zu bieten. Den Hafen, ein paar Motels, *that's it*. Allerdings findet man hier den besten Geschichten-Erzähler Mauis. Im Story of Hawaii, einer Mischung aus Museum, Galerie und Shop, führt Heimatkundler Bryant Neal amüsant durch die Historie des Archipels und offeriert Ansichten und Landkarten vergangener Tage.

Weiter Richtung Süden erreicht man den Touristenort Kihei – eine beliebte und belebte Feriendes-

Beach-Yoga am Strand von Kihei

tination. Manchmal kommt man auf der küstennahen Straße und sogar auf dem Piilani Highway nur im Stop-and-go-Tempo weiter. Jedoch ist Kihei kein wirklich schönes Städtchen. Ein freundlicher Werbeprospekt könnte es so beschreiben: Die Stadt bietet mit einer Vielzahl kleiner Hotels, Apartmentanlagen und Ferienhäusern ein gutes Angebot erschwinglicher Übernachtungsmöglichkeiten. Was Urlauber aber durchaus zu schätzen wissen: Die Einwohnerzahl von Kihei ist in den letzten Jahren auf über 17 000 gestiegen, und viele Festlandsamerikaner verbringen hier ihren Urlaub in der eigenen Ferienwohnung. Karaoke-Bars, Diskotheken und Sport-Bars garantieren lebendiges, wenn auch eher rustikales Nachtleben.

Prächtige Ausblicke

Zum Glück lässt das Meer die nicht gerade architekturpreisverdächtige Bebauung schnell vergessen. Immer wieder strahlen herrlich weiße Sandstrände vor einem Pazifik in Blau- und Grüntönen, in dem – gut sichtbar – die Inseln Kahoolawe, Molokini, Lanai und West Maui »ankern«. Der Kalama Beach Park von Kihei liegt mit seinen schattigen Rasenflächen direkt an der Küste. Nicht weit entfernt befinden sich auch der Kalepolepo Beach Park, der Waipuilani Park sowie die drei Strände von Kamaole. Ornithologen hingegen zieht es an den Kealia Pond am Nordende Kiheis, denn in diesem National Wildlife Refuge, einem der letzten natürlichen Feuchtgebiete des Archipels, leben mehr als 30 Vogelarten, darunter der seltene Hawaiianische Stelzenläufer. 1992 erklärte der US-Kongress große Teile der Gewässer vor Maui zum Meeresschutzgebiet für Wale. Im Verwaltungsgebäude (726 South Kihei Road) erfahren Besucher Wissenswertes und beobachten vom Panoramadeck aus Mauis größte Säugetiere.

Infos und Adressen

ESSEN UND TRINKEN
Sarento's on the Beach. Mehrfach ausgezeichnete italienische Küche. 2980 South Kihei Rd., Kihei, HI 96753, Tel. 808 875 7555, www.sarentosonthebeach.com

ÜBERNACHTEN
Maui Coast Hotel. Elegantes Hotel nahe des Beach Park. 2259 South Kihei Rd., Kihei, HI 96753, Tel. 808 874 6284, www.mauicoasthotel.com

Nona Lani Cottages. Ideale Unterkunft für Romantiker. 455 South Kihei Rd., Kihei, HI 96753, Tel. 808 879 2497, www.nonalanicottages.com

AKTIVITÄTEN
King Kamehameha Golf Club. Südwestlich von Maalaea erwartet den Golfer nicht nur ein exklusives Green mit Ozeanblick, sondern auch ein Clubhouse, das nach Plänen Frank Lloyd Wrights (1867–1959) entstand. Der Stararchitekt sollte eigentlich eine Villa für Arthur Miller und Marilyn Monroe entwerfen, doch als er damit fertig war, hatte das Ehepaar längst die Scheidung eingereicht. 2500 Honoapillani Hwy., HI 96793, Tel. 808 249 0033, www.kamehamehagolf.com

Informationstafel mit Hinweisen zur Wal-Beobachtung

Augen auf unter Wasser! Hawaii begeistert mit einer fantastischen Meereswelt.

Wahrhaft ein Tauch- und Schnorchel-Paradies: Man müsste schon extrem wasserscheu sein, um als Reisender nicht mindestens eine Schnorchelbrille und ein paar Schwimmflossen in den Koffer zu packen. Es muss ja nicht gleich eine ganze Taucherausrüstung sein – die kann man bei Bedarf fast überall vor Ort ausleihen. Gut so, denn Hawaii bietet Unterwasserfreunden jede Menge Tauchgründe von Weltklasse.

Hawaiis Meereswelt verspricht Tauchern und Schnorchlern Unterwasservergnügen auf höchstem Niveau. Der Grund dafür sind herrliche Felsformationen mit zahlreichen Höhlen und Übergängen, Schiffswracks sowie die bunte Unterwasser-Fauna mit einer Vielzahl an Fischen, Korallen und Meeressäugern. Aufgrund der exponierten Lage des hawaiianischen Archipels sind Begegnungen mit Haien und Walen immer möglich. Auf allen Inseln sind Tauchschulen ansässig, die Kurse anbieten, Ausrüstung verleihen und Tauchausflüge veranstalten. Es empfiehlt sich, Touren mit dem Boot zu buchen, denn die Möglichkeit zum Tauchen vom Strand aus ist immer stark von den Strömungen und Wellen abhängig und im Winter oft nicht möglich.

Auf Hawaii muss man seine Ausrüstung im Gegensatz zu vielen anderen Tauchrevieren der Welt nicht selber schleppen. Es gibt sogenannte *dive guides*, die auch für die Montage und Überprüfung des Equipments zuständig sind. Getaucht wird bei den Anbietern auf »amerikanische Art«, das heißt, es gibt zwei aufeinanderfolgende Tauchgänge mit einer Unterbrechung von rund einer Stunde. Wer will, kann für etwas mehr Geld auch exklusiv mit dem *divemaster* auf Tauchtour gehen. Gut schnorcheln kann man an den Küsten der County-Parks. Maske, Schnorchel

und Flossen bekommt man entweder im Hotel oder bei örtlichen Anbietern. Bei Snorkel Bob's (www.snorkelbob.com), den es auf den vier größten Inseln gibt, kann man sogar das Equipment auf einer anderen Insel zurückgeben als am Ausleihort – sehr praktisch!

Die besten Tauch- und Schnorchelreviere

Big Island
Honaunau Bay
In der Honaunau Bay, die auch »Two-Steps« genannt wird, hat das Meer den vulkanischen Fels so sauber abgetragen, dass er einen bequemen zweistufigen Zugang zum Meer für Schnorchler und

Die Begegnung mit einem Manta-Rochen ist ein beeindruckendes Erlebnis.

Taucher bildet. In den warmen Gewässern kann man eine Vielfalt von Fischen und *honu* (Hawaiische Grüne Seeschildkröten) bestaunen.

Kailua Bay

Ein tolles Erlebnis ist der Nachttauchgang mit Mantarochen vor der Kailua Bay. Angelockt durch Flutlicht schweben die riesigen Tiere nur wenige Meter vom Taucher entfernt durchs Wasser.

Kealakekua Bay

Abgeschirmt durch Riffe ist das Wasser in der Bucht ruhig und reichhaltig an Meeresflora. Hier kann man auch Kajak fahren oder eine Bootstour zum See-

Tropische Korallen und ihre Bewohner

denkmal von Captain James Cook unternehmen – ein weiterer fantastischer Schnorchelplatz.

Kauai
Kee Beach

Die geschützte Lagune ist während der ruhigeren Sommermonate ideal zum Schnorcheln. Die küstennahen Riffe sind auch eine großartige Kulisse für Taucher. Besonders beliebt sind »Sheraton Caverns«, ein eingestürzter Lavatunnel oder »Turtle Bluffs« mit sandigen Höhlen. Vom Ufer Kauais aus sind besonders Tunnels Beach und Anini Beach zu empfehlen. Anfänger sind im Lydgate Park bestens aufgehoben, dort schützt eine Felswand vor Wellen und starken Strömungen.

Lanai
Hulopoe Bay

In der Nähe der Gezeitenbecken sind in der Bucht hervorragende Schnorchelplätze zu finden. Doch Lanai hat auch zwei spektakuläre Tauchplätze zu bieten: »First and Second Cathedral« und »Fish Rock«, einen vulkanischen Trichter mit einer herrlichen Unterwasserwelt. Bei den beiden Kathedralen handelt es sich um Lavahöhlen, die im einfallenden Licht erstrahlen.

Maui
Molokini

Die Gewässer rund um die kleine, sichelförmige Insel vor der Südküste Mauis bieten farbenfrohe Riffe, die zum Schnorcheln und Tauchen einladen. Bootstouren starten vom nahe gelege-

Ein Blick unter die Meeresoberfläche eröffnet völlig neue Welten.

nen Maalaea Harbor sowie von Kihei und Lahaina aus. Vor Maui liegen einige betauchbare Wracks, etwa die künstlich versenkte »St. Anthony« vor Keawakapu Beach oder die »Carthaginian« südlich von Lahaina. Großartige Tauchplätze befinden sich auch am Kaanapali Beach, in der Napili Bay oder der Kapalua Bay.

Niihau

Südwestlich von Kauai liegt die kleine Insel Niihau, auf der nur rund 250 Menschen leben. Erfahrene Taucher finden hier eine herrliche Unterwasserwelt, allerdings ist der Zutritt streng reglementiert.

Oahu
Hanauma Bay

Das beliebteste Schnorchelziel der Insel. Die Bucht ist leicht zugänglich und familienfreundlich, ihr klares Wasser beherbergt unzählige Riffe und farben-

frohe Fische. Dies ist der erste »Marine Life Conservation District« Hawaiis. Vor der Südküste liegen drei betauchbare Wracks: ein Minensuchboot, ein Flugzeug aus dem Zweiten Weltkrieg sowie ein Öltanker.

Der Strand von Maui lässt keine Wünsche offen.

115

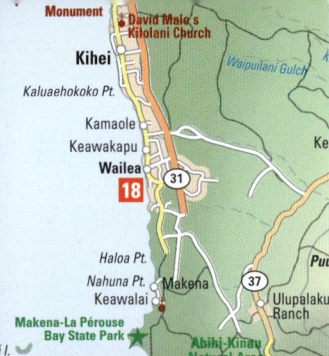

18 Wailea und Südmaui
Hochpolierte Ferienoase

Südlich von Kihei, in Wailea, beginnt eine Welt des gehobenen Lifestyles. Luxushotels, noble Apartmentanlagen, Golfplätze und Juweliergeschäfte wechseln sich ab. Anfang der 1970er-Jahre wurde die heutige Parklandschaft mit sorgfältig manikürten Rasenflächen und üppig-tropischer Flora der trockenen Landschaft abgerungen. Auf der Strecke blieb zuweilen ein authentisches Hawaii-Feeling.

Der gepflegte Ort Wailea ist das genaue Gegenteil des eher rustikalen Kihei: eine luxuriöse Enklave mit makellosen, zuweilen etwas künstlich wirkenden Rabatten und Rasenflächen. Nobelhotels, Golfplätze und exklusive Einkaufsgalerien prägen das Bild. Verständlich, dass sich die Reichen und Berühmten ausgerechnet dieses Fleckchen ausgesucht haben, kann Wailea doch außer mit dem urbanen Hochglanz auch mit einigen der schönsten Sandstrände des Inselarchipels punkten. Dass man hier dennoch immer ein ruhiges Plätzchen

Mitte: »Tanz der Palmen« im Abendlicht
Unten: Shoppingfreunde sind hier an der richtigen Adresse.

GUT ZU WISSEN

UNGESCHÜTZT SONNENBADEN

Im puritanisch-prüden Amerika ist das nahtlose Bräunen verpönt. Zwar wird mittlerweile an einsameren Stränden zumindest »Oben ohne« geduldet, aber nur an ganz wenigen abgelegenen Beaches kann man sich hüllenlos bräunen. Vergessen sollte man dann auf keinen Fall die Sonnencreme. Hawaii liegt auf der Höhe der Zentralsahara, die Intensität der Sonne ist dieselbe. Ein hoher Lichtschutzfaktor ist besonders für die ersten Tage und empfindliche Körperstellen wichtig.

WICHTIG!

Wailea und Südmaui

am Meer findet, liegt daran, dass sich die meisten der verwöhnten Hotelgäste ihre Cocktails lieber am Swimmingpool servieren lassen.

Bekannte Hotelnamen wie das Andaz Maui, das Hotel Wailea und das Four Seasons Resort Maui sind hier zu finden. Besonders imposant ist das Grand Wailea Resort Hotel & Spa. Mit sagenhaften 650 Millionen Dollar Baukosten war es im Jahr 1991 eines der teuersten Hotels, das je errichtet wurde – und trieb seinen japanischen Erbauer Takashi Sekiguchi in den vorübergehenden Ruin. Vielleicht hätte der Developer aus Fernost seiner Nobelherberge neben all dem edlen Marmor und prunkvollen Glas nicht auch noch eine Kunstsammlung im Wert von 30 Millionen Dollar spendieren sollen …

Hotelperlen an der Schnur

Das weiße The Fairmont Kea Lani Hotel mutet mit seiner Architektur wie ein maurischer Palast an. Wer will, kann über den Coastal Nature Walk bummeln, der 2,5 Kilometer lang am Strand entlangführt und alle Hotels in Wailea miteinander verbindet. Zwischen den Hotelanlagen gibt es vier öffentliche Zugänge zum Strand. Zu den einzigartigen Plätzen am Meer gehören der herrliche Wailea Beach, der bei Wassersportlern beliebte Polo Beach und der Ulua Beach Park, an dem sich schon frühmorgens Spaziergänger und Jogger tummeln. Sportlern auf dem Green bieten die Golfplätze Wailea Blue, Wailea Gold und Wailea Emerald insgesamt 54 Löcher auf Meisterschaftsniveau.

Das Einkaufszentrum The Shops at Wailea ist mit Boutiquen edler Marken und hübschen Cafés eine lohnende Destination für all jene, die nicht auf Sale-Angebote achten wollen oder müssen.

Einfach gut !

WELLENREITEN AUF PLANKE UND BOARD

Der früheste schriftliche Bericht über das Surfing (auf Hawaiianisch *hee nalu*) stammt von Lieutenant James King aus dem Jahr 1779. Der schottische Offizier begleitete Captain Cook auf dessen dritter Reise und beobachtete, wie eingeborene Hawaiianer auf einer Holzplanke die Wellen in der Kealakekua Bay auf Big Island ritten. Heute ist das Stand-up-Paddle-Boarding eine beliebte Variante des Surfens. Dazu werden die größeren Longboards eingesetzt; die Surfer stehen aufrecht und manövrieren mit einem Paddel. Anfängern wird in Schulen sicher aufs Brett geholfen. Die Surf-Lektion wird von erfahrenen Wellenreitern geleitet. Wer erste Fortschritte gemacht hat, der kann auf der frühen »Paddle OM Sunrise Tour« dann den Sonnenaufgang begrüßen.

Paddle on Maui. Polo Beach, Wailea, Maui, Tel. 888 663 0808, www.paddleonmaui.com

Gelegentlich dient das Board auch als Wassertaxi.

Der Ort Wailea selbst ist nicht nur Veranstaltungs-ort der »Whale Week« im Februar oder des jährli-chen »Maui Film Festivals« mit großem Prominen-ten-Aufgebot, sondern auch eine Adresse von Restaurants ersten Ranges.

Je weiter man von Wailca Richtung Süden fährt, umso spärlicher wird die Bebauung und umso ausgedörrter die Landschaft. Statt blühender Bäume und grüner Rasenflächen dominieren nun Dornenbüsche und Kakteen, die eigentlichen heimischen Pflanzen der Gegend. Beherrscht wird diese Umgebung durch zwei Hotels, das Makena Surf und das Maui Prince. Letzteres scheint mit seinem langen, weißen Sandstrand auch ein »Geheimtipp« unter Schildkröten zu sein, die sich hier zahlreich im klaren Wasser tummeln.

In der Nähe des Makena Landing Beach Park, an der Makena Road, sollte man die kleine Keawalai Congregational Church mit ihrem Turm aus dunk-len Holzschindeln besuchen, die 1832 aus Korallen und Lava gemauert und 1952 restauriert wurde. Sonntagmorgens lauscht man hier der Predigt und Kirchenliedern in hawaiianischer Sprache. Früher war die Straße ab Makena nur noch mit Allradan-trieb zu befahren, heute kann man auf der – zuge-gebenermaßen – steinigen und rauen Piste, aber bei geringer Geschwindigkeit auch gut mit dem normalen Leihwagen weiterkommen. Hier liegt mit

Oben: Der Makea Landing Beach Park ist vor allem bei Surfern beliebt.
Mitte: Gelegentlich schaut auch ein Wal vorbei.
Unten: Die kleine Keawalai Church wurde aus Korallen, Holz und Lava gebaut.

dem Oneloa Beach, der besser unter dem Namen Big Beach bekannt ist, der schönste »Sandkasten« der Gegend – ein lang gezogener weißer Traumstrand, allerdings mit mächtigen Wellen im Sommerhalbjahr, die auch gute Schwimmer und Surfer nicht unterschätzen sollten. Weit und breit gibt es kein Hotel, und deshalb trifft man hier meist nicht sehr viele Menschen. Wen allerdings der plötzliche Hunger überfällt, den versorgen mobile Food-Trucks mit Fisch-Tacos, Snacks und kühlen Getränken.

Etwas nördlich von Big Beach, nur durch einen Hügel getrennt, liegt der Little Beach, einer der wenigen Nudisten-Strände, die Hawaii zu bieten hat. Zwar ist FKK in den Vereinigten Staaten nicht erlaubt, doch hier drücken die Ordnungskräfte beide Augen zu. An diesem Strand sind Strömung und Brandung weniger ruppig als am »bekleideten« Nachbarstrand.

Bizarre Mondlandschaft

Weiter Richtung Süden umkurvt die nun immer schmalere Straße zahlreiche Buchten mit schwarzem Lavagestein, an dem sich die Wellen brechen. Hier und da findet man hübsche Privathäuser. Vor allem am Wochenende kommen viele Einheimische her, um zu angeln oder in den Felsbuchten zu schnorcheln. Die Straße führt weiter durch die Ahihi-Kinau Natural Area Reserve. Beim letzten Ausbruch des Haleakala entstand hier ein großes, ödes Lavafeld. Zur Landseite hat man einen schönen Blick auf die Abhänge und Vulkankegel des Haleakala, zur Meerseite blickt man auf die Nachbarinsel Molokini. Hinter dem Lavafeld geht es nur noch wenige Hundert Meter weiter, dann muss man sein Fahrzeug wenden. Hier, in La Perouse Bay, landete 1786 der französische Navigator Jean-Francois Galaup de la

Geheimtipp

SCHNORCHELN IN DER BAY

Die La Perouse Bay ist ein Traum für Schnorchler, allerdings nicht die Hauptbucht, sondern die vielen kleinen Buchten weiter nördlich. Zu sehen ist hier das gesamte Panoptikum der hawaiianischen Unterwasserfauna und -flora. Das Areal befindet sich im Naturschutzgebiet Ahihi Kinau Natural Area Reserve. Die gesamte Gegend ist ein Lavafeld, Sandstrände gibt es keine. Lange waren große Bereiche des Naturschutzgebietes für die Öffentlichkeit geschlossen. Man wollte dem Ökosystem Zeit geben, sich von der jahrelangen Überbenutzung zu erholen. Auch heute noch ist Angeln hier strengstens verboten. Eine schöne Schnorchelstelle ist Moanakala am nördlichen Ende des Naturschutzgebietes, südlich der Ahihi Cove. Wind und Strömungen können hier sehr stark sein. Der Zugang zum Naturschutzgebiet ist zwischen 5.30 und 19.30 Uhr erlaubt.

In der La Perouse Bay wird Naturschutz großgeschrieben.

Oben: Blick von oben auf die mondsichelförmige Insel Molokini
Unten: Die Grüne Meeresschildkröte, früher auch »Suppenschildkröte« genannt

Perouse als erster Europäer auf Maui. Die Straße endet an einem Schotterweg.

Rund drei Meilen von der Südwestküste Mauis entfernt liegt die kleine sichelförmige Insel Molokini, die als State Marine Life and Bird Conservation District klassifiziert ist. Mit einer Fläche von gerade einmal 0,07 Quadratkilometern erhebt sich das Eiland knapp 50 Meter über die riffreichen Gewässer, die Besuchern die Möglichkeit bieten, inmitten eines wahren Kaleidoskops aus Korallen und mehr als 250 tropischen Fischarten zu schnorcheln, zu tauchen und zu staunen. Ausflüge nach Molokini werden vom nahe gelegenen Maalaea Harbor und von Lahaina aus angeboten. Die frühen Morgenstunden sind die beste Zeit für Erkundungstouren in diesem nahezu unberührten Naturschutzgebiet.

Infos und Adressen

ESSEN UND TRINKEN

Ferraro's Bar e Ristorante. Mediterrane »Cucina Rustica« mit nordamerikanischen und Südsee-Akzenten. 3900 Wailea Alanui Drive, Kihei, HI 96753, Tel. 808 874 8000, www.fourseasons.com

Gannon's. Beverly Gannon, prominente Chefin des Restaurants, überzeugt mit ihrer mehrfach ausgezeichneten Küche. 100 Wailea Golf Drive, Wailea-Makena, HI 96753, Tel. 808 875 8080, www.gannonsrestaurant.com

Kaana Kitchen. Asiatisch inspiriertes Restaurant, das hawaiianische Zutaten mit fernöstlichen Rezepten verbindet. 3550 Wailea Alanui Drive, Wailea, HI 96753, Tel. 808 573 1234, www.maui.andaz.hyatt.com

Ruth's Chris Steak House. Das berühmte »gute Stück Fleisch« steht im Mittelpunkt – hier ist es wirklich das Beste. 3750 Wailea Alanui Drive, Kihei, HI 96753, Tel. 808 874 8880, www.ruthschris.com

ÜBERNACHTEN

Andaz Maui at Wailea. Modernes Haus mit schöner Poollandschaft. 3550 Wailea Alanui Drive, Wailea, HI 96753, Tel. 808 879 1234, http://maui.andaz.hyatt.com

Grand Wailea Resort Hotel & Spa. Traumhotel inmitten tropischer Gärten. Mit Salzwasserlagune, Wasserfällen und Stromschnellen. 3850 Wailea Alanui Drive, Kihei, HI 96753, Tel. 808 875 1234, www.grandwailea.com

Hotel Wailea. Die 72 Suiten des prämierten Nobelhotels sind mit edlen Naturmaterialien gestaltet. 555 Kaukahi St., Kihei, HI 96753, Tel. 866 850 5139, www.hotelwailea.com

The Fairmont Kea Lani. Ein Traum wie aus Tausendundeiner Nacht mit 450 Suiten und 37 kleinen Villen. 4100 Wailea Alanui Drive, Wailea, HI 96753, Tel. 808 875 4100, www.fairmont.com

»Pfundige« Begrüßung: Fernando Boteros üppige Skulptur im Grand Wailea Resort Hotel & Spa

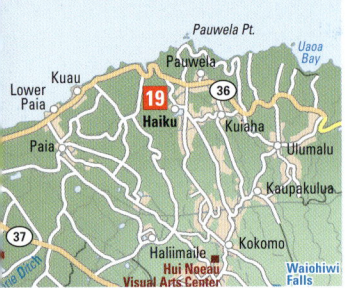

19 North Shore und Paia
Shaka im Surferparadies

Hinter dem Flughafen von Kahului beginnt das Mekka der Surfer. Mauis bekannteste Reviere zum Wellenreiten liegen im Inselnorden. Im Winter, wenn die big waves anrollen, tragen die weltbesten Champions hier ihre Meisterschaften aus. Im Frühjahr und Sommer sind lang ausrollende Wellen dann ideal für Surfer auf Normalniveau. Zum Baden eignen sich die Strände wegen der rasiermesserscharfen Korallenriffe nicht.

Seltener Gast auf Hawaii – ungewöhnliche Werbung für ein Restaurant

Mit dem Surfbrett auf dem Autodach geht es von Kahului aus erst einmal durch den kleinen Ort Spreckelsville, benannt nach dem reichen Zuckerbaron Klaus Spreckels. Der gebürtige Niedersachse hatte bereits ein Vermögen in der kalifornischen Zuckerindustrie gemacht, als er 1876 nach Hawaii kam und zum Geldgeber und Vertrauten von König Kalakaua wurde. 40 000 Hektar Land gehörten ihm, er baute Eisenbahnlinien und gewaltige Aquädukte, die Wasser von der Nordflanke des Haleakala zu den Feldern führten. Als 1893 Hawaiis Monarchie endete, musste der königstreue Spreckels seine Ländereien verkaufen und den Archipel verlassen.

Weiter geht die Fahrt durch die kleine Hippie-Gemeinde Paia, in der man sich mit Proviant und Souvenirs eindeckt – und dann erreicht man auch schon den Hookipa Beach Park, ein Surferparadies. Im Winterhalbjahr türmen sich hier die Wellen vor dem Strand höher als zehn Meter auf – bei stetigem und starkem Wind. Ideale Bedingungen, die die weltbesten Profis zu hochdotierten Wettbewerben anlocken wie »O'Neill International Windsurfing Championship« und »Maui Aloha Classic«. Vom Aussichtspunkt oben auf der Klippe hat man einen fan-

Bunter Gartenzaun aus ausrangierten Surfbrettern

tastischen Blick über die Buchten: Der rechte Teil gehört den Wellenreitern, meist Einheimische, links toben die Windsurfer. Der Einstieg ist an beiden Stellen gleichermaßen gefährlich: hohe Wellen, eine starke Strömung, und das Riff direkt unter der Oberfläche ist scharfkantig.

Surfer grüßen sich hier mit dem berühmten »Shaka«-Zeichen, jener Handhaltung mit geschlossener Faust sowie abgespreiztem Daumen und kleinem Finger, die als *hang loose* übersetzt wird. Seit den frühen 1930er-Jahren gilt der Hookipa Beach Park als Geburtsort des modernen Wellenreitens. 1935 gründeten die Brüder Donald und Teruo Uchimura den ersten Hookipa Surf Club. Während des Zweiten Weltkrieges wurde der Park ein beliebtes Ausflugsziel der US-Marinesoldaten, die in Kokomo stationiert waren. Am 1. April 1946 zerstörte ein Tsunami große Teile des Sandstrandes und der Parkanlage, eine später errichtete Ufermauer sichert seither das Areal.

Monsterwellen

Auch die Wellen am Peahi Point, einige Meilen östlich von Hookipa, stauen sich immer wieder zu

Nicht verpassen

HIPPIE-FLAIR

Paia ist ein Städtchen mit urigen Restaurants, windschiefen Fassaden, Surfläden und flippigen Typen. Auch Künstler mit ihren Ateliers sowie Galerien haben sich in den alten Häusern eingerichtet. Ein junges, lässiges Publikum aus Übersee und den USA bevölkert die Restaurants und Cafés. Am späten Nachmittag sollte man den Weg von Kahului aus allerdings meiden, dann herrscht Stop-and-go auf der einzigen Hauptverkehrsstraße, wenn die Pendler ins Upcountry und Richtung Hana nach Hause fahren. Während der Blütezeit der Zuckerrohrindustrie war Paia eine florierende Plantagenstadt. Heute decken sich die Surfer hier mit einem Fischburger auf dem Paia Fishmarket ein, bevor sie sich zum Hookipa Beach begeben, um Monsterwellen zu reiten. Ruhigere Gefilde warten im H.A. Baldwin Beach Park: Dort gibt es einen Kinderstrand an einer Lagune – garantiert wellenfrei!

Oben: Ein Paar genießt die Abendstunden am Strand.
Unten: Keinen Zweifel gibt es,
was hier auf der Speisekarte steht,
und zwar fangfrisch!

Rekordhöhen. Sind im Nordpazifik Stürme von
Japan in Richtung Aleuten unterwegs, türmen sich
die Wassermassen zum Teil bis auf 20 Meter auf –
und sind als *Jaws* längst Legende. Wagemutige Surfer lassen sich dann mit Jetskis auf die Welle ziehen.

Vom Geheimtipp zum Film-Drehort

Der Strandabschnitt am Peahi Point ist erst nach
einer rauen Fahrt durch schlammige Ananasfelder
nördlich von Haiku zu erreichen – und war lange
Zeit ein Geheimtipp. Die Windsurfer Josh Angulo
und Dave Kalama gehörten zu den Ersten, die sich
zu dem bis dahin relativ unbekannten Break auf-
machten. Robby Naish und Jason Polakow, beide
Windsurfing-Weltmeister, waren auch bald vor
Ort. Ein Bericht im Magazin *National Geographic*
im November 1998 machte Jaws dann innerhalb
der Surfergemeinde bekannt – aus dem Geheimtipp wurde ein Kultspot. Für den James-Bond-Film
»Stirb an einem anderen Tag« surften Laird Hamil-
ton, Dave Kalama und Darrick Doerner 2001 dann
als Stuntdoubles in Jaws' Monsterwellen.

Infos und Adressen

Voll Bio: Lunch im Hana Ranch Provisions

ESSEN UND TRINKEN

Café Mambo. Das Globetrotter-Ehepaar Jamie und Olga Betham serviert hier lukullische Genüsse aus aller Welt. Mit Erfolg: Ihre Burger wurden schon mehrfach von Gourmetkritikern prämiert. 30 Baldwin Ave., Paia, HI 96779, Tel. 808 579 8021, www.cafemambomaui.com

Hana Ranch Provisions. Chef Gary Johnson zaubert aus frischen Bio-Zutaten kulinarische Köstlichkeiten – ob *Pan-Roasted Local Snapper* oder *Hana Ranch Beef Tenderloin*. 71 Baldwin Ave., Paia, HI 96779, Tel. 808 868 3688, www.hanaranchprovisions.com

Paia Fish Market. Hier wurde bereits aufgetischt, als Paia noch nicht trendy war. Rustikales Ambiente und stets fangfrischer, köstlich zubereiteter Fisch. 100 Baldwin Ave., Paia, HI 96779, Tel. 808 579 8030, www.paiafishmarket.com

ÜBERNACHTEN

Maui Eco Retreat. Oase der Ruhe mit Hippie-Charme und einem Hauch von Luxus. Im Haupthaus befinden sich fünf schön eingerichtete Zimmer und eine Gemeinschaftsküche. Zwei zusätzliche Bungalows sind komplett aus Bambus erbaut. 610 Huelo Rd., Haiku, HI 96708, Tel. 808 572 6006, www.mauiretreat.com

Haiku Plantation Inn. Hier wohnte einst Mauis erster Plantagen-Arzt, heute bezaubert das 1870 gebaute Haus seine B&B-Gäste mit Historie und Liebe zum Detail. 555 Haiku Rd., Haiku, HI 96708, Tel. 808 575 7500, www.haikuleana.net

The Inn at Mama's Fish House. Wahlweise am Strand oder im tropischen Garten wohnt man hier in luxuriösen Cottages unter Kokospalmen. Elegant, naturnah und in Nachbarschaft zum berühmten Hookipa Beach. 799 Poho Place, Paia, HI 96779, Tel. 808 579 9764, www.innatmamas.com

Gemütliches Outdoor-Dining in Paia

20 Upcountry
Kakteen, Kartoffeln und Cowboys

Wäre das Bild vom »Garten Eden« nicht so überstrapaziert – hier würde es sich geradezu aufdrängen und eine malerische Landschaft beschreiben, in der es grünt und blüht. Der Boden an den westlichen Hängen des Haleakala-Vulkans ist besonders fruchtbar, die Luft, die über den Feldern weht, kühl und klar. Upcountry heißt das Paradies zwischen der Pazifikküste und der Bergwelt der West Maui Mountains.

Es duftet nach… Hustenbonbons. Genauer gesagt nach Eukalyptus. Je weiter der Haleakala Highway, der südlich des Flughafens von Kahului vom Hana Highway abzweigt, ins Innere der Insel führt, umso intensiver wird der Duft unzähliger Eukalyptusbäume. Dies ist Upcountry, eine hügelige, fruchtbare Traumlandschaft, in der auch Viehzucht betrieben wird: Mauis Obst- und Gemüsegarten mit glücklichen Kühen mittendrin.

Die Fahrt geht über Höhen, durch grüne Täler und großangelegte Felder mit fruchtbaren Böden. Und bietet immer wieder herrliche Ausblicke auf die Berge, ins Tal oder aufs Meer. Fast alle landwirtschaftlichen Produkte der Insel sprießen und gedeihen im klimatisch begünstigten Upcountry: Die berühmten süßen Maui-Zwiebeln, die *Kula Onions* heißen, Obst, Gemüse und sogar Wein wachsen hier oben. Aus den hiesigen Kartoffeln werden knusprige Maui Potatoe Chips hergestellt, die es in den örtlichen Supermärkten zu kaufen gibt. Einige Gartenbaubetriebe und Proteafarmen haben für interessierte Besucher ihre Pforten geöffnet.

Serpentinenfahrt mit grandiosen Ausblicken bis zum Meer

Rodeo mit Tradition

Einfach gut!

Aber nicht nur Ackerbaubetriebe und Gärtnereien findet man hier oben, sondern auch weitläufige Farmen mit Viehzucht. Überall stehen schwarze Rinder auf sattgrünen Weiden. Erster Halt auf der Fahrt von Kahului entlang des Highways 37 ist Makawao, ehemals Plantagenstadt und heute ein lebendiger Ort mit viel Kunst. Berühmt ist das Städtchen für seine hawaiianischen Cowboys, die *paniolos*. Seit dem späten 19. Jahrhundert treiben sie mit ihren Pferden das Vieh auf den offenen Feldern in Mauis Inselinnerem zusammen. Das »Makawao Rodeo«, das alljährlich am 4. Juli stattfindet, ist der größte *paniolo*-Wettstreit Hawaiis mit einer mehr als 50-jährigen Tradition. Auf dem Programm stehen eine Parade sowie traditionelle Rodeo-Wettkämpfe wie *barrel racing* (Fassreiten), Kälberfangen und das Reiten halbwilder Pferde ohne Sattel. Und über Grillhitze brutzelt für die Pausen manch leckeres Barbecue.

Wer nach so viel Deftigem Appetit auf eine zuckersüße Zwischenmahlzeit hat, macht es wie die Einheimischen und steht für einen der berühmten *Cream Puffs*, einer Art Windbeutel, aus dem T. Komoda Store an. Vor der kleinen Bäckerei, 1916 vom japanischen Plantagenarbeiter Takezo Komoda an der Baldwin Avenue gegründet, bilden sich schon frühmorgens lange Warteschlangen. Und da bleibt beim langsamen Vorrücken Zeit zu überlegen, ob es nicht doch eher ein *Coconut Donut* oder ein *Guave Malasada* sein soll…

Derartig gestärkt geht es zu einem Bummel durch die vielen reizvollen Geschäfte, Boutiquen, Kunstgalerien und Ateliers entlang der Hauptstraße. Hier kann man Glasbläsern, Holzbildhauern und Malern bei ihrer Arbeit über die Schulter schauen

IN VINO VERITAS

Im Süden des Upcountry liegt die Ulupalakua Ranch, 1850 als Zuckerrohrplantage gegründet. Seit den 1970er-Jahren wird hier erfolgreich Wein angebaut, vor allem die Carnelian-Traube. Gegründet wurde der Weinbaubetrieb von C. Pardee Erdman, Besitzer der Ulupalakua Ranch, und Emil Tedeschi, Spross einer alten Winzerfamilie aus Kalifornien. Bekannt unter dem Namen Tedeschi Wineyards ist es heute Hawaiis einziges kommerzielles Weingut. Auch Ananaswein und Passionsfruchtwein lässt Chefwinzerin Paula Hegele hier keltern. Jede halbe Stunde finden Führungen durch Betrieb und Weinberge statt; die Probierstube im ehemaligen Gefängnis der Ranch ist täglich von 9 bis 17 Uhr für Verkostungen geöffnet. Auch im King's Cottage kann man ein (oder auch zwei) Schlückchen probieren.

Maui Wine. 14815 Piilani Hwy., Kula, HI 96790, Tel. 808 878 6058, www.mauiwine.com

Hawaiis einziges Weingut lohnt einen Besuch.

VOM FELD AUF DEN TISCH

Geheimtipp

Direkt vom Surfbrett wagten die Sportkameraden Louis Coulombe und Stephan Bel-Robert vor 15 Jahren den Sprung in die Gastronomie und eröffneten in Lahaina zwei Restaurants. Als Befürworter kurzer Lieferwege, des Farm-to-table-Prinzips, erwarben sie bald darauf in der Nähe des Städtchens Kula fruchtbares Land, auf dem Kaffeesträucher, Obstbäume, Gemüse und in Gewächshäusern Tomaten, Kräuter und essbare Blumen angebaut wurden – kurzum alles, was seither in den Küchen des Pacific'o und des Feast at Lele verarbeitet wird. Besucher der O'o Farm können sich bei einem Rundgang informieren und Reifes selbst pflücken oder ausgraben. Und dann das frisch Geerntete von Meisterköchen in einer Outdoor-Küche zubereiten lassen.

O'o Farm. Mo–Fr 10.30–14 Uhr, 651 Waipoli Rd., Kula, HI 96790, Tel. 808 667 4341, www.oofarm.com

und etwas Dekoratives für daheim erwerben. Werke einheimischer Künstler zeigt und verkauft auch das Hui Noeau Visual Arts Center. Inmitten eines parkähnlichen Gartens liegt das pastellfarbene Ausstellungsgebäude, eine 1917 gebaute Villa im toskanischen Stil, das Architekt Charles W. Dickey (1871–1942) als repräsentatives Wohnhaus für die Familie des hawaiianischen Unternehmers und Politikers Henry P. Baldwin entwarf.

Duftender Lavendel

Weiter entlang des Highways 37 sieht man mächtige Kakteen, die an den Hängen wachsen und orangefarbene Früchte tragen. Sanfte Hügel und im Nebel versteckte Berge prägen das Landschaftsbild. Und immer wieder Felder und Weiden. Schon sehr früh begannen die Hawaiianer, auf dem Vulkanboden im Binnenland der Insel Süßkartoffeln und Taro anzubauen. Heute kann man hier während einer Farmbesichtigung selbst erleben, wie Obst und Gemüse gezogen werden, alles frisch vom Bauernhof – über den Kurzaufenthalt in Topf und Pfanne – bei Genießern auf den Tisch kommt.

Plötzlich riecht es in diesem fruchtbaren Garten mitten im Pazifik sogar ein wenig nach Südfrankreich. Und das Blau der Landschaft wird nicht vom leuchtenden Blau der Jacarandabäume bestimmt, sondern vom Lilablau duftender Lavendelfelder à la Provence, die zur Alii Kula Lavender-Farm (1100 Waipoli Rd., Kula) gehören. Der farmeigene Shop bietet natürlich alles – vom Lavendeltee über Lavendelöl und Duftkissen bis zur Seife mit dem charakteristischen Parfüm. Nachbarin der Lavendelfarm ist die Upcountry Protea Farm (58 Wahelani St., Kula), die mit ihren exotischen Blüten Floristen überall in den USA beliefert. Ursprünglich

Frischer als direkt vom Bauernhof geht es nicht.

stammt die Protea, die zur Familie der Silber-
baumgewächse gehört, aus Südafrika. Es gibt
mehr als 1400 Varianten dieser Pflanze, auf Maui
wachsen vor allem die King Protea und Queen
Protea mit ihren großen, wollig behaarten Blü-
tenständen. In Europa bilden sie vor allem den
Mittelpunkt von Trockensträußen.

Üppige Ernten

Das in der Inselmitte gelegene Städtchen Kula
gilt als Ausgangspunkt des kulinarischen Auf-
schwungs der Insel. Hier gedeihen viele jener
Produkte, aus denen die Chefs einiger der besten
Restaurants auf Maui die neue regionale Küche
zaubern. Kulas Bauern kamen schon in den
1850er-Jahren erstmals in die Schlagzeilen.
Während des kalifornischen Goldrausches schick-
ten sie so viele Kartoffeln an die Westküste der
USA, dass Kula bald den Beinamen *Nu Kaleponi*
(hawaiianische Aussprache für »New California«)
erhielt. Ende des 19. Jahrhunderts siedelten viele
Einwanderer aus Portugal und China in Kula.
Nach Ablauf ihrer Arbeitsverträge auf Mauis

Oben: Bizarre Schönheit: Blüte
einer Protea-Pflanze
Unten: Südfrankreich lässt grüßen –
auf der Alii Kula Lavender-Farm

Zuckerrohrplantagen gründeten sie auf dem fruchtbaren Boden rund um den Ort kleine Bauernhöfe. Seine ethnische Vielfalt hat sich Kula bis heute bewahrt.

Geschenke unter der Kiefer

Florale Vielfalt gibt es im Kula Botanical Gardens an der Kekaulike Avenue zu bewundern. Täglich von 9 bis 16 Uhr dürfen Besucher einen Blick auf blühende Nelken, Paradiesvogelblumen und Orchideen werfen. Und die Kukui-Bäume und die endemischen Koa-Akazien kennenlernen. Oder im Dezember einen Weihnachtsbaum kaufen – auf Hawaii legt Santa Claus die Geschenke gern unter dicht gewachsene Monterey-Kiefern (*Pinus radiata*). Auf dem Weg zum Botanischen Garten passiert man das markanteste Wahrzeichen des Ortes, die strahlend weiße, achteckige Holy Ghost Church. Die Kirche, 1894 erbaut und nur knapp acht Quadratmeter groß, war ein Geschenk des portugiesischen Königspaares an die portugiesischen Plantagenarbeiter auf Maui.

Oben: Modernes Stillleben mit Wandmalerei und Motorrad
Unten: Makawao mit seinen kleinen Läden und dem Künstler-Flair ist ein hübsches Städtchen.

Infos und Adressen

In Makawao genießt man das Leben und lässt sich auch als Ladeninhaber nicht in Hektik versetzen.

SEHENSWÜRDIGKEITEN

Hui Noeau Visual Arts Center. Kunst wird hier nicht nur gezeigt und verkauft, sondern auch unterrichtet. 2841 Baldwin Ave., Makawao, HI 96768, Tel. 808 572 6560, www.huinoeau.com

Sacred Garden of Maliko. Kleiner, japanisch inspirierter Garten mit Kieselstein-Labyrinth für kontemplative Momente. 460 Kaluanui Rd., Makawao, HI 96768, Tel. 808 573 7700, www.sacredgardenmaui.com

Sun Yat-sen Memorial Park. Der Park ist dem Revolutionär und späteren ersten Präsidenten der Republik China gewidmet, dessen Bruder als Immigrant im nahen Keokea lebte. Zwischen Mile Marker 18 und 19, Kula Highway, Kula, HI 96790

ESSEN UND TRINKEN

Haliimaile General Store. Seit 1988 wird in dem ehemaligen Kaufladen ambitionierte hawaiianische Küche in lebhafter Atmosphäre serviert. 900 Haliimaile Rd., Makawao, HI 96768, Tel. 808 572 2666, www.hgsmaui.com

Market Fresh Bistro. »Global influence – local ingredients« lautet hier die Philosophie: frische heimische Zutaten für international inspirierte Kreationen. 3620 Baldwin Ave., Makawao, HI 96768, Tel. 808 572 4877, www.marketfreshbistro.com

ÜBERNACHTEN

Lumeria Maui. Nicht nur Hotel, auch Yoga-Schule, Spa, Meditations- und Begegnungsort mit viel Naturnähe und einer Küche, die Wert auf lokale Produkte aus organischem Anbau und größtmögliche Frische legt. 1813 Baldwin Ave., Makawao, HI 96768, Tel. 808 579 8877, www.lumeriamaui.com

The Banyan Tree House. B&B mit voll ausgestatteten Cottages, Pool, Jacuzzi und Yoga-Raum. 3265 Baldwin Ave., Makawao, HI 96768, Tel. 808 572 9021, www.banyantreehouse.com

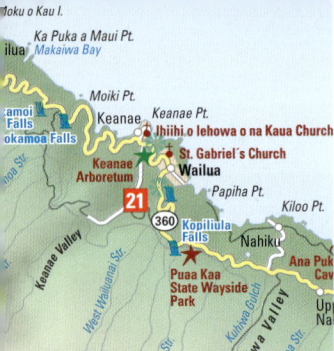

21 Straße nach Hana
»I survived the road…«

Der Weg ist hier das Ziel – als hätte Konfuzius die »Road to Hana« an der Nordküste von Maui gekannt. Auf 80 Kilometern zählt sie mehr als 600 Kurven und über 50 Brücken. Die Straße führt durch immergrüne Regenwälder, vorbei an Wasserfällen und zerklüfteten Küstenabschnitten. Einer der schönsten Punkte ist die Keanae-Halbinsel. Dort brechen sich meterhohe Wellen an messerscharfen schwarzen Lava-Brocken.

Keine der üblichen amerikanischen Highways. Nicht breit und geradeaus, sondern haarnadelkurvig und zum Teil nur einspurig befahrbar. Unter schwierigsten Bedingungen wurde die Straße nach Hana 1926 direkt aus der Steilküste gemeißelt. Und bietet seither eine Traumreise durch wilde, eindrucksvolle Landschaften. Da US-Amerikaner solche Straßen nicht gewohnt sind, berichten sie meist voller Schrecken von der Fahrt und kaufen T-Shirts mit der Aufschrift »I survived the Road to Hana«. Europäer hingegen, mit kurvigen Alpenpässen und engen Landstraßen vertraut, können darüber nur milde lächeln.

Keine Zeit für Ausblicke

Allerdings kann man für die Strecke mindestens drei bis vier Stunden einplanen, weil man an einspurigen Stellen häufig den Gegenverkehr passieren lassen muss. Und weil man immer wieder anhalten sollte, um die Panoramen zu genießen. Den meisten Besuchern fehlt dazu die Zeit, weil sie am Nachmittag die gleiche Strecke wieder zurückfahren. Kenner planen hingegen eine Übernachtung in Hana ein.

Eine Herausforderung für Autofahrer – vor allem US-Amerikaner fürchten die Straßenführung.

Schaut richtig lustig aus! :-D

Der Hana Highway führt vorbei an vielen zerklüfteten Felsenabschnitten.

Entdeckertrip
mit dem Auto nach Hana

A – Die »Road to Hana« beginnt als Highway 36 in der Nähe des Kahului Airport. Auf der Fahrt Richtung Osten passiert man die berühmten Surfspots in der Nähe von Paia, wo auch letzte Tankgelegenheit ist.

B – Am Meilenstein 9 befindet sich direkt an einem größeren Parkplatz der Hookipa Lookout oberhalb des Hookipa Beach. Hier kann man fast immer Surfer beobachten, da der Strand zu den bekanntesten Spots der Insel zählt.

C – Die Weiterfahrt nach Haiku gibt sich noch unspektakulär. So richtig auf dem Kurven-Highway fühlt man sich erst hinter dem Ort, wenn das Schild »Curvy Road next 30 Miles« auftaucht.

D – Direkt hinter Pauwela beginnt der bergige Abschnitt. Die Straße wird enger und windet sich durch tiefe Schluchten mit üppiger Vegetation.

E – Nach Meile 16 geht der Highway 36 in den Highway 360 über – die Meilenzählung wird wieder auf Null gesetzt.

F – Am Meilenstein 2 können Besucher der Twin Falls parken. Der Zugang zu den auf der Wailele Farm liegenden Wasserfällen befindet sich direkt neben dem Farmstand mit regionalen Produkten.

G – Bei Meile 10 lockt ein Spaziergang über den Waikamoi Ridge Trail Nature Walk zu den Waikamo Falls durch dichten Regenwald mit üppigem Bambus, Eukalyptus, Schlingpflanzen, Helikonien und Keulenlilien.

H – Einen knappen Kilometer nach Meilenstein 10 gelangt man über eine kurze Seitenstraße zum Garden of Eden Maui Botanical Gardens & Arboretum mit Rundwegen inmitten exotischer Pflanzen. Schöner Blick auf die Upper Puohokamoa Falls.

I – Kurz hinter Meilenstein 12: der Parkplatz des Kaumahina State Wayside Park. Vom Gelände bieten sich schöne Ausblicke auf die Küste.

J – Am Mile Marker 13 blickt man von einer Parkbucht auf die Honomanu Bay, eine Viertelmeile später führt ein Schotterweg zu den Punalau Valley Falls.

K – Am Meilenstein 14 befindet sich eine unbefestigte Straße, die hinab zum schwarzen Strand führt. Nur für Allradfahrzeuge geeignet.

L – Nach zahlreichen Kurven und Brücken zweigt links eine Seitenstraße zur Kaenae-Halbinsel ab. Diese entstand durch einen Lavafluss des Haleakala.

Eines der vielen Strecken-Highlights: der Waianapanapa State Park

Heute werden dort noch Taro und Bananenstauden wie vor hundert Jahren angebaut.

M – Kurz vor Meilenstein 17 liegen die Ching's Pond Falls, ein kleiner Wasserfall, der die natürlichen Steinbecken der Blue Saphire Pools mit eiskaltem Wasser füllt.

N – Nach Meilenstein 17 kann man am Imbiss-Stand Halfway to Hana pausieren und sich mit Proviant und Erfrischungen eindecken.

O – Bei Meilenstein 18 erreicht man den Statepark Wailua Valley State Wayside. An einer kleinen Parkbucht liegt der Aussichtspunkt auf das Keanae Valley und das Koolau Gap sowie auf Wailua Village mit seinen Tarofeldern.

P – Zwischen Meilenstein 19 und 20 rauschen in einer Biegung die Upper Waikani Falls (Three Bears Falls); geparkt werden kann gleich dahinter.

Q – Vor Meilenstein 23 ein weiterer Statepark: der Puaa Kaa State Wayside. Ein kleiner Rundweg vom Parkplatz führt zum gleichnamigen Wasserfall.

R – Kurz hinter Meilenstein 24 befinden sich die Hanawai Falls, hier gibt es nur kleine Parkbuchten.

S – Hinter Meilenstein 25 trifft man auf die Makapipi Falls, auch hier nur Parkbuchten mit wenigen Plätzen.

T – Kurz vor Meilenstein 29 bietet der Nahiku Market Place mehrere Einkehrmöglichkeiten und Läden mit Kunsthandwerk.

U – Am Meilenstein 31 führt die Ulaino Road zu zwei Sehenswürdigkeiten: Nach einer halben Meile erreicht man die Hana Lava Tube; eine Tour durch die Lavahöhle dauert 40 Minuten. Eine weitere Meile weiter liegt der botanische Kahanu Garden. Auf seinem Gelände befinden sich Reste des Piilanihale Heiau, eines großen hawaiischen Tempels.

V – Bei Meilenstein 32 biegt die Waianapanapa Road Richtung Küste ab und führt zum Parkplatz des Waianapanapa State Park. Hier lohnen der schwarzsandige Pailoa Beach sowie zwei Lavahöhlen einen Halt. Der Piilani Trail, der einem historischen Fußweg folgt, führt über fünf Kilometer bis zur Kainalimu Bay und leitet den Besucher zum alten hawaiianischen Tempel Ohala Heiau.

W – Am Meilenstein 34 erreicht man das Ziel der »Road to Hana«, die gleichnamige Ortschaft Hana.

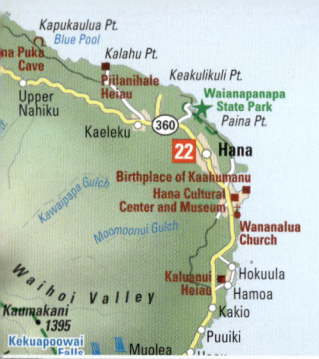

DAS KLINGT TOLL:

22 Hana und East Maui
Nix los hier – gut so!

Man muss sich anstrengen, um nach Hana zu gelangen. Wer den Ort nach dreistündiger Fahrt auf dem Hana Highway erreicht, findet ein verschlafenes Nest vor: ein paar Geschäfte, zwei überraschend noble Hotels – und ansonsten Ruhe. Hana ist einer der am ursprünglichsten gebliebenen Orte auf Maui, und sowohl die Einheimischen als auch einige betuchte, prominente Amerikaner wollen, dass das so bleibt.

Nach Hana fährt man nicht »mal eben«. Hierhin muss man wollen und ist dann angckommcn, wenn man nach kurviger Fahrt durch regenwaldgrüne Landschaften die historische St. Sophia's Church am Ortseingang erblickt. Das kleine, verträumte Städtchen – an der Hana Bay gelegen und mit angenehmem Klima gesegnet – spielt seit Jahrhunderten eine Rolle in Mauis Historie: Hier kämpften Adelige wie der mächtige Häuptling Piilani um Vorherrschaften, hier wurde Königin Kaahumanu (1768–1832) geboren, Lieblingsfrau Kamehamehas I., die ihm bei seinem Kampf um ein vereintes hawaiianisches Königreich den Rücken stärkte. Als der Gatte 1819 starb, ließ sie sich zur Premierministerin ernennen, gab sich bald den Titel »regierende Königin« und setzte sich für Frauenrechte, gegen die *Kapu*-Ordnung mit ihren zahlreichen Tabus und für die Christianisierung Hawaiis ein.

Himmlisches Hana

Ähnliche Durchsetzungskraft bewies ein Jahrhundert später der kalifornische Großindustrielle Paul Fagan. Er kaufte Land, beendete 1944 den unren-

Mitte: Junge Hawaiianerin mit traditioneller Blüte und trendiger Brille
Unten: Rostrot schimmert der Red Beach in der Kaihalua Bay.

tabel gewordenen Zuckerrohranbau und gründete die 5600 Hektar große Hana Ranch, auf deren Weideflächen seitdem Pferde und dunkle Hereford-Rinder grasen. Heute ist die Ranch neben dem Tourismus der wichtigste Arbeitgeber des Ortes. 1947 ließ der wendige Unternehmer den Kauiki Inn bauen, der später in Hotel Hana-Maui umbenannt wurde und heute Travaasa Hana heißt. Hier fiel zum ersten Mal der Begriff »Heavenly Hana«, ein Name, mit dem der Ort seitdem für sich wirbt.

Himmlisch ruhig: Wer sich vom Rest der Welt abschirmen möchte, für den ist Hana eine gute Adresse. Nicht einmal 1000 Einwohner leben hier: Hawaiianer, ewigjunge Flower-Power-Hippies und Prominente in nicht einsehbaren Residenzen. Talk-Königin Oprah Winfrey besitzt hügelan ein riesiges Anwesen, Ex-Beatle George Harrison wohnte hier. Flugpionier Charles A. Lindbergh verbrachte seine letzten Tage in Hana und ist auf dem Friedhof der Palapala Hoomau Church in Kipahulu begraben.

Bunte Strände

Wassersportler lockt das klare Blau der Bucht, in der ein vorgelagertes Korallenriff die Brandung beruhigt. Das Meer vor dem Hana Bay State Park mit seinem schwarzbraunen Sand ist eine sichere Schwimmstelle – was auch Einheimische zu schätzen wissen. Rostrot schimmert der Strand des Red Beach in der Kaihalua Bay, die nur über einen Fußweg entlang des Kauiki Head zu erreichen ist. Und einen wunderschönen schwarzen Sandstrand findet man im Waianapanapa State Park. Gleich in der Nähe liegt der Kahanu Garden, einer von fünf National Tropical Botanical Garden auf Hawaii. Er beherbergt den gut erhaltenen Hale Piilani, der als größter Tempel ganz Polynesiens gilt.

Zwei junge Frauen am Rande des Haleakala National Parks

Südlich von Hana geht es weiter auf dem Piilani Highway Nr. 31 zum Kipahulu Valley, einer breiten und tiefen Schlucht, die sich vom Ostrand des Haleakala bis zum Ozean hinzieht. Der obere Teil ist als Teil des Halekala National Park geschützt und nur mit *Permit* zugänglich. Am Parkplatz von Oheo Gulch befindet sich eine Rangerstation des Nationalparks, die von 9 bis 17 Uhr über Wetter, Wanderwege und geführte Touren informiert.

Tosende Fluten

Von einer alten Brücke, die das Kipahulu Valley überquert, blickt man in die Pools of Oheo, wo sich Wasserfälle in terrassenförmige Becken ergießen. Hier baden Besucher oder wandern über den Pipiwai Trail zu den 121 Meter hohen Waimoku Falls. Nach starken Regenfällen verwandeln sich die Wasserfälle allerdings in tosende Fluten. Wer nach dem Wandern und Schwimmen hungrig geworden ist, für den gibt es im Kipahulu Lighthouse Point Country Park einen schattigen Picknickplatz – allerdings müssen die stärkenden Leckereien mitgebracht werden.

Oben: Auf seinem Weg zum Meer stürzt der Paukea Stream in der Oheo Gulch in 24 natürliche Teiche.
Unten: Auch auf Hawaii gilt: Opa und Oma sind die Besten.

Infos und Adressen

SEHENSWÜRDIGKEITEN

Hana Cultural Center & Museum. Heimatmuseum mit historischem Gerichtsgebäude, vielen Fotos und handwerklichen Artefakten. Mo–Fr 10–16 Uhr, 4974 Uakea Rd., Hana, HI 96713, Tel. 808 248 8622, www.hanaculturalcenter.org

ESSEN UND TRINKEN

Hana Fresh. Dieser Imbiss-Stand entlang des Highways bietet Frisches in Bio-Qualität. Mo–Fr 10–14 Uhr, Hana Hwy., zwischen Mile Marker 34 und 35, Hana, HI 96713, Tel. 808 248 7515, www.hanahealth.org

Hana Ranch Restaurant. Deftige, nordamerikanische Hausmannskost ohne Schnickschnack. Gemütliches Ambiente. 2 Mill Rd., Hana, HI 96713, Tel. 808 270 5280, www.hotelhanamaui.com

Kauiki Dining Room at Travaasa Hotel. »Hana Fusion« nennt sich die Küche, die Wert auf möglichst pure Aromen und saisonale Zutaten legt. Nicht preiswert! 5031 Hana Hwy., Hana, HI 96713, Tel. 855 868 7282, www.trawaasa.com

ÜBERNACHTEN

Ekena. Luxuriöses Gästehaus mit zwei voll ausgestatteten Suiten für bis zu sechs Personen. Geschmackvolles Interieur, aber der Blick von der Terrasse übertrifft alles. Hana, HI 96713, Tel. 808 248 7047, www.ekenamaui.com

Hana Kai Maui. Direkt am Waikaloa Beach bieten diese Oceanfront Condos Meeresrauschen, Ruhe und individuell eingerichtete Apartments. 4865 Uakea Rd., Hana, HI 96713, Tel. 808 248 8426, www.hanakaimaui.com

Travaasa Hana. Mauis erstes Resort, heute ein exklusives Erlebnishotel. Gäste können hier Lei-Ketten fädeln, Netzfischen und Stand-Up-Paddling lernen. Nur Fernsehgeräte, die gibt es hier nicht. 5031 Hana Hwy., Hana, HI 96713, Tel. 808 359 2401, www.travaasa.com

Kulinarische Köstlichkeit, serviert im Restaurant des Hotels Travaasa Hana.

Einfahrt zu Mauis erstem Ferienresort, heute ein nobles Erlebnishotel

Ein Blick auf den Krater Mount Haleakal relativiert den Eindruck der eigenen Größe und Bedeutung.

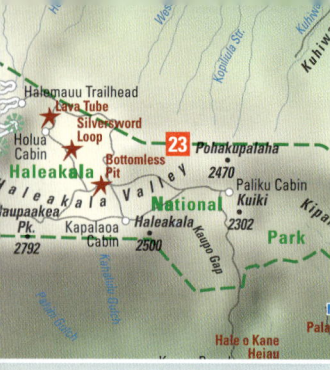

23 Haleakala National Park
Im Haus der Sonne

In einem Gebiet von 122 Quadratkilometern darf die Natur noch ganz ursprünglich sein. Doch in dünner Luft und auf kargem Boden gibt sie bald auf, zu grünen und zu blühen. Denn Mittelpunkt des Haleakala National Park ist der mächtige Schildvulkan, der dem Schutzgebiet seinen Namen gab und mit seiner Landmasse den gesamten östlichen Teil Mauis bildet. Und viel zu hoch ist für üppige Vegetation.

Als die Sonne aufgeht und ihre Strahlen den riesigen Krater vergolden, fühlt sich Mark Twain wie »... der letzte Verbliebene, zurückgelassen in der Mitte des Himmels, vergessenes Überbleibsel einer längst erloschenen Welt«. Man schreibt das Jahr 1866 und der sonst eher spöttische Schriftsteller, der als Zeitungskorrespondent von seiner Hawaii-Reise berichtet, ist hingerissen von dem »erhabensten Schauspiel«, das er jemals sah.

Haus der Sonne

Mark Twain (1835–1910) ist einer von vielen Beobachtern, die der Haleakala und sein Spiel mit dem Licht schon faszinierten. »Haus der Sonne« nennen Hawaiianer den Berg, und die Legende sagt, dass Halbgott Maui den Himmelsstern einst per Lasso einfing und ihn erst wieder frei ließ, als dieser ihm versprach, in Zukunft langsamer über die Insel zu ziehen. Heute kommen, wenn es das Wetter zulässt, vor allem morgens und abends Scharen von Naturfreunden über den Highway 378, die Crater Road, zum Rand der zwölf Kilometer langen und vier Kilometer breiten Caldera

In Liegestühlen und warm eingepackt: Warten auf den Sonnenuntergang am gigantischen Haleakala

(Kraterkessel). Sie erwarten oder verabschieden die Sonne, die eine gewaltige, karge Urlandschaft mit Farben füllt – oder sie verblassen lässt. Scheint sie nicht, kann es hier sehr kalt werden.

Gigantischer Schläfer

Er gilt als »schlafend«, aber nicht als inaktiv. Vor 200 Jahren schleuderte der Haleakala zuletzt Lava von sich. 3055 Meter misst seine Höhe ab Meeresspiegel bis zum Gipfel, dem Puuulaula Summit. Vom Boden des Ozeans gerechnet sind es sogar mehr als acht Kilometer; damit ist der Koloss einer der höchsten Berge der Erde. Dass er, weitestgehend ungeschützt von Vegetation, durch Erosion ständig schrumpft und früher noch viel höher war, nimmt ihm nichts von seiner heutigen Monumentalität. Die seinen Besuchern allerdings einiges abverlangt. Denn gleich hinter der Abzweigung vom Highway 377, zwischen den Orten Kula und Makawao, führt die gut ausgebaute, zweispurige Haleakala Crater Road in zahlreichen Windungen und Haarnadelkurven bergan in eine immer mondähnlichere Landschaft. Dabei überwindet die Straße den weltweit größten Höhenunterschied auf kürzester Distanz und obendrein in immer dünner werdender Luft. Eine Herausforderung für Reisende, die jedoch von herrlichen Ausblicken oder Ansichten der seltenen Nene-Gänse abgelenkt werden. Besonders eindrucksvolle Panoramen bieten ihnen der Leleiwei-Overlook und der Kalahaku-Overlook.

Kein Zutritt!

Am Parkplatz unterhalb des Puuulaula Summit endet die Straße. Der Gipfel, der höchste Punkt Mauis, ist erreicht, hier scheint die Welt zu Ende zu sein. In den Haleakala-Observatorien mit ihren

Oben: Kleine Schutzhütte zwischen den Hängen des Vulkans
Unten: Hoch über den Wolken ein Blick hinunter in die Ebene

Das Silberschwert wächst nur an Mauis Vulkanen.

Nicht verpassen

SILVERSWORD LOOP

Unter den seltenen Pflanzen der Erde nimmt das Silberschwert (*Argyroxiphium sandwicense*) einen Spitzenplatz ein, denn es kommt nur an Mauis Vulkanen Haleakala und Puu Kukui im Osten und Westen der Insel und dort auch nur in Höhen über 2100 Metern vor. Seine lanzettförmigen Blätter sind von silbrigen, glänzenden Härchen bedeckt, die intensive Sonnenstrahlen reflektieren. Zum Überleben genügt dem genügsamen Korbblütler der poröse, vulkanische Ascheboden. Die Pflanze kann bis zu 50 Jahre alt werden, doch sie blüht nur ein einziges Mal und bringt dann eine bis zu drei Meter hohe Blüte hervor. Danach stirbt sie ab. Besonders viele Exemplare dieser seltenen Gattung wachsen am Silversword Trail, einem kurzen, ebenen Wanderweg, der südlich der Holua-Hütte vom Halemauu Trail abbiegt und nach einem knappen Kilometer wieder auf diesen zurückführt.

schneeweißen Gebäuden, nur einen Steinwurf entfernt, untersuchen Wissenschaftler der Universität von Honolulu und der NASA die Bewegungen der Erdkruste. Wie aus einer anderen Galaxie wirken die futuristisch anmutenden Gebäude in ihrer rauen, dunklen Umgebung. Auch wenn hier Spannendes erforscht wird und mancher gern einen Blick in die Observatorien werfen würde: Ein Besuch ist Hobby-Naturwissenschaftlern nicht möglich – »No Entrance«.

Wer von hier aus weiter will, muss wandern. Zwei große Wegstrecken führen durch den Kraterkessel und treffen im Osten aufeinander: der Halemauu Trail im Norden und der Sliding Sands Trail im Süden.

Ganz unterschiedliche Nachbarn

Etwas im Schatten des Haleakala liegen zwei weitere Teile des Nationalparks: das Kipahulu Valley und Oheo Gulch. An der Küste südlich von Hana gelegen, sind sie über die Hana Belt Road zu erreichen, und mit ihrem Wasserreichtum und der üppigen Vegetation repräsentieren sie eine ganz andere Welt als ihr schlafender Nachbar.

Infos und Adressen

INFORMATION

Park Headquarters Visitor Center. Am Beginn der Crater Road gibt es Informationen und Beratung; dort kann man auch den Eintritt in den Nationalpark bezahlen. Tgl. 8–15.45 Uhr, Tel. 808 572 4459, www.nps.org

Haleakala Visitor Center. Kleine naturwissenschaftliche Ausstellung, Infomaterial und sanitäre Anlagen. Von Sonnenaufgang bis 15 Uhr geöffnet.

Wettervorhersage. Da ein Sonnenaufgang und -untergang nur bei gutem Wetter fasziniert, können sich Besucher vorab über die Aussichten erkundigen. Tel. 866 944 5025

ÜBERNACHTEN

Holua Campingplatz. Wanderer erreichen ihn nach sechs Kilometern auf dem Halemauu Trail. Die Kapazität liegt bei 25 Personen, die Anzahl der Übernachtungen ist auf drei Nächte beschränkt.

Trinkwasser gibt es nicht. Es gilt das »first-come, first-served«-Prinzip, notwendig ist in jedem Fall ein *Permit,* das kostenlos im Park Headquarters Visitor Center erteilt wird. Dort wird auch ein Kurzfilm mit Regeln und Tipps für Übernachtungen gezeigt.

Paliku Campingplatz. Von Westen kommend erreicht man diesen Platz nach 17 Kilometern Wanderung über den Halemauu Trail oder nach 15 Kilometern, wenn man auf dem Sliding Sands Trail läuft, der am Haleakala Visitor Center beginnt. Es gelten die gleichen Regeln wie für den Holua Campingplatz.

Wilderness Cabins. Kleine Holzhütten, die auf den Campingplätzen von Holua, Paliku und in Kapalaoa (neun Kilometer auf dem Sliding Sands Trail) vom National Park Service betrieben werden. Übernachtungen dort sind sehr begehrt und werden verlost. www.recreation.gov

Erde trifft Himmel – kann der Fotoapparat das festhalten?

HAWAII

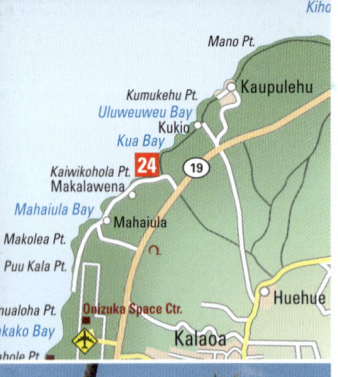

24 Die nördliche Kona-Küste
Urtümliche Landschaft

Um eine Verwechslung mit dem Namen des Bundesstaates Hawaii zu vermeiden, wird die Insel Hawaii häufig einfach »Big Island« genannt. Was für ein passender Name! Allein ihre Größe – sie ist beinahe zweimal so groß wie alle anderen Hawaii-Inseln zusammen – ist beeindruckend. Einen ersten Blick auf dieses gewaltige Eiland erhalten Besucher beim Anflug auf den Kona International Airport.

Auf Big Island reicht die Vielfalt von rauen Vulkanlandschaften und fruchtbaren Kaffeeplantagen über extravagante Resorts und fantastische Golfplätze bis hin zu hübschen Städtchen und historischen Stätten, wie zum Beispiel dem Geburtsort von King Kamehameha I. oder Hawaiis erster Missionarskirche in Kailua-Kona. Nach der Ankunft am Kona International Airport ist es nur ein (Lava-) Steinwurf bis zum nördlich benachbarten Kekaha Kai Beach Park. Eine Schotterstraße führt zu vier einsamen Stränden – eingebettet in eine riesige schwarze Lavawüste. Nur der Kaelehuluhulu-Strand ist über eine geteerte Straße, die vom Highway 19 abzweigt, zu erreichen, an die anderen gelangt man nur mit Geländewagen oder zu Fuß.

Der raue, grau durchsetzte Mahaiula Beach, größter Strand des Parks, eignet sich wegen der hier herrschenden Strömungen nicht zum Baden, aber im Winter kann man surfen und das ganze Jahr über Kajak fahren. Pittoresk zeigt sich der Makalawena Beach, ein abgelegener, gelegentlich einsamer Strand mit weißen Sanddünen und kristallklarem

Seite 146/147: Auf Hawaii zeigt sich die Schöpfung von ihrer dramatischen Seite.
Unten: Alles nur geliehen: Surfboard-und Fahrradverleih am Strand der Kailua Bay

Eine Grüne Meeresschildkröte in ihrem Element

blaugrünem Wasser. Der nördliche
Abschnitt der Bucht ist sandiger und sanfter, der südliche Teil wird als inoffizieller
FKK-Strand genutzt. Schwimmen sollte man
hier mit Vorsicht, die Brandung ist bisweilen stark.
Für Bodyboarder sind die rollenden Wellen allerdings das Paradies. Weiter Richtung Süden liegt der
Makolea Beach. Hier fehlt es an schattigen Plätzen,
außerdem erlauben scharfkantige Felsen kein Badevergnügen. Bei örtlichen Anglern sind die fischrei-
chen Gewässer allerdings beliebt. Für all jene, die
ein perfektes Fotomotiv suchen, empfiehlt sich der
Maniniowali Beach. Die sichelförmige Traumbucht
lockt mit weißem Sand und glitzerndem türkisfar-
benem Wasser zum Baden, Bodyboarden und
Schnorcheln. Am Wochenende kann es hier schon
mal etwas voller werden.

Meeresforschung

Gleich neben dem Kona International Airport sieht
man eine kleine Abzweigung zum Natural Energy
Laboratory of Hawaii Authority, einer meeresbiolo-
gischen Forschungsstätte, in der auch Führungen
angeboten werden. Hier wird kaltes Meerwasser
aus über 1000 Metern Tiefe geholt, mit dem Tem-
peraturunterschied zum warmen Oberflächenwas-

Nicht verpassen

EIN BLAUES WUNDER

Türkisfarbenes Wasser,
gesäumt von Kokospal-
men – Kiholo Bay ist eine
abgelegene Schönheit auf Big
Island. Weniger ein durchgehender
Strand als eine Reihe kleinerer
Strände, ist die Bucht die Heimat der
Hawaiian Green Sea Turtle. Und berühmt für ihre Tidenpools. Eine Landzunge trennt die Lagune am nördlichen Ende der Bucht vom offenen
Meer ab. Im Wainanalii Pond dringt
Süßwasser aus dem Boden der Lagune und durchmischt sich mit dem
bei Flut hereinströmenden Meerwasser und bildet so eine Art Meeres-
Freischwimmbad. Durch das einflie-
ßende Frischwasser strahlt die
Lagune in einem leuchtenden Türkis.
Am Strand ist ein Haus im balinesi-
schen Stil zu bewundern.

Kiholo Bay.
Ab Kona Airport Richtung Norden auf
dem Queen Kaahumanu Highway
(Hwy. 19) bis zur Abzweigung Richtung Kiholo, dort links und an der
nächsten Abzweigung rechts abbiegen.

ser eine Turbine betrieben, die Elektrizität erzeugt und eine Meerwasserentsalzungsanlage versorgt. Und im kalten Wasser werden Hummer, Krabben und Abalone gezüchtet.

Kein Privatstrand

Kaupulehu, einst ein blühendes Fischerdorf, wurde durch den Tsunami von 1946 ausgelöscht. 1965 eröffnete an gleicher Stelle das Kona Village Resort, das nach Schäden durch den Tsunami von 2011 geschlossen wurde. Unbeschadet von allen Naturereignissen blieb das 1996 eröffnete Four Seasons Hualalai – das nobelste Resort der Insel. Doch einen abgeschirmten Privatstrand hat auch diese Edelherberge nicht. Sämtliche Hotels auf »Big Island« sind nämlich gesetzlich verpflichtet, einen öffentlichen Zugang zur Küste zu gewähr-leisten – auch Nicht-Gästen. Aber so egalitär geht es nicht überall zu, stattdessen eher elitär: Auf dem von der Golflegende Jack Nicklaus entworfe-nen Four Seasons Hualalai Course finden regelmä-ßig hochklassige Turniere statt – an denen dann tatsächlich nur die Profis teilnehmen dürfen.

Oben: Ruhe vor dem Sturm: Am Wochenende kann es am Maniniowali Beach belebter werden.
Unten: Straßenszene mit üppig blühender Bougainvillea

Infos und Adressen

Poollandschaft des Kona Sheraton Hotels

SEHENSWÜRDIGKEITEN

Natural Energy Laboratory of Hawaii Authority.
Diese Außenstelle der University of Hawaii, kurz
NELHA genannt, forscht primär im Bereich erneu-
erbarer Energien. Interessierten bieten die
»Friends of NELHA« bei geführten Touren Einblick
in die spannende Suche nach neuen Technologien.
Mo–Fr ab 10 Uhr, 73-4460 Queen Kaahumanu
Hwy., 125/Ecke Makako Bay Drive, Kailua-Kona, HI
96740, Tel. 808 329 8073, www.friendsofnelha.org

Ocean Rider Seahorse Farm. Seepferdchen gehören weltweit zu den gefährdeten Tierarten. Hier
werden sie gezüchtet, aufgezogen und an Aqua-
rien verkauft. Mo–Fr 12 und 14 Uhr, 73-4388 Ilikai
Place, Kona, HI 96740, Tel. 808 329 6840,
www.seahorse.com

ESSEN UND TRINKEN

Beach Tree Bar & Lounge. Die Küche ist mediter-
ran, mit tropischen und kalifornischen Anklängen.
Freitags gibt's Barbecue am Strand und ein toska-
nisch inspiriertes Menü. Four Seasons Resort
Hualalai at Historic Kaupulehu, 72-100 Kaupulehu
Drive, Kailua-Kona, HI 96740, Tel. 808 325 8000,
www.fourseasons.com

Ulu Sushi Lounge. *Hualalai roll*, *kampachi sashimi*
und viele andere Köstlichkeiten, begleitet von
Sake und Bier aus dem Land des Lächelns im Four
Seasons Resort Hualalai, 72–100 Kaupulehu Drive,
Kailua-Kona, HI 96740, Tel. 808 325 800,
www.fourseasons.com

ÜBERNACHTEN

Hualalai Luxury Resort. Fünf-Sterne-Luxus direkt
an der Küste auf schwarzem Vulkangestein –
mit Spa, Pool und Jack Nicklaus' Golf Course.
72–100 Kaupulehu Drive, Kailua-Kona, HI 96740,
Tel. 808 325 8000, www.fourseasons.com/hualalai

»NELHA«: Experimentierstube für neue Technologien

25 Kailua-Kona
Wo Königs Urlaub machen

Kailua-Kona ist das touristische Zentrum von Big Island, nach Honolulu auf Oahu und Lahaina auf Maui drittbeliebtester Ort unter Hawaii-Besuchern. Kein Wunder, geht es im Zentrum mit seinen Bars, Restaurants und Geschäften doch ausgesprochen munter zu. Vor allem im Oktober, wenn hier der weltberühmte »Ironman« startet – der härteste Triathlon der Welt bei brütender Hitze unter gnadenlos sengender Sonne.

Der Name Kailua wird meist mit dem Zusatz Kona versehen, damit man den Ort nicht mit Kailua auf Oahu verwechselt. Das trockene Klima der Kona-Region an der Westseite von Big Island – im Windschatten der großen Vulkane – garantiert fast täglichen Sonnenschein. Wie angenehm! Das denken sich sicher auch die inzwischen fast 40000 Einwohner von Kailua-Kona, das in den vergangenen Jahren der regenreichen Hauptstadt

Mitte: Malerische Motive für Künstler bietet Big Island reichlich.
Unten: Moment mal, ist das nicht? Nein, aber Hemingway lässt grüßen.

GUT ZU WISSEN

DEEP-SEA FISHING
Einmal Hemingway-Feeling erleben! Im Hafen von Honokahau bei Kailua-Kona dümpeln – wie in allen Marinas des Archipels – jede Menge Charterboote, mit denen (und deren Kapitäns Hilfe …) man Jagd auf Merlin, Aki, Mahi Mahi oder Bonito machen kann. Die Auswahl ist gewaltig – die Preisunterschiede sind es auch. Ein Half-Day Trip kostet hier mindestens 600 bis 950 Dollar. Ein Fishing-Pier, eine geliehene Angel aus dem örtlichen Bait & Tackle-Shop und Petris Heil tun's aber auch.

Kailua-Kona

Einfach gut!

Hilo im Osten fast den Rang abgelaufen hat. Regen fällt hier – wenn überhaupt – meist in den frühen Abendstunden. In den Hängen oberhalb des Ortes regnet es dagegen häufiger, daher ist die Vegetation dort um ein Vielfaches üppiger.

Noch vor wenigen Jahren war Kailua-Kona ein verschlafenes Fischerdorf. Heute findet man entlang des Alii Drives, der Hauptstraße, die um die Bucht herumführt, viele Geschäfte, Restaurants und Hotels. Hier trifft man sich zu einem gemütlichen Bummel, zum Essen oder auf einen kleinen Schwatz im Café. Oder man schaut gemeinsam beim Sonnenuntergang dem Training der Outrigger-Kanuten in der Bucht zu. Apropos Sunset: Einige der schönsten Plätze, um den Feuerball am Abend ins Meer tauchen zu sehen, sind die Terrassen der Restaurants Huggo's und Bubba Gump Shrimp Co.

Schon König Kamehameha I. war von dem Ort verzaubert und verbrachte seine letzten Jahre in Kailua-Kona. Die hawaiianische Königsfamilie verlebte ab 1838 ihren Urlaub im Hulihee-Palast, heute ein sehenswertes Museum. Einen Besuch wert ist die aus Lavablöcken erbaute Mokuaikaua Church, eine der ältesten Missionskirchen Hawaiis. Mit ihrem 34 Meter hohen Turm war sie von Anfang an Wahrzeichen des Ortes und Orientierungspunkt für Seefahrer. Gegründet wurde die Gemeinde im Jahr 1820 von amerikanischen Missionaren, die kurz vorher mit dem Segler »Thaddeus« Big Island erreicht hatten. Das erste kleine Gotteshaus von 1823 bestand aus Holz und hielt einigen Bränden nicht stand. Das heutige steinerne Gebäude stammt aus dem Jahr 1837. Im Inneren lenken insbesondere das maßstabsgetreue Modell der »Thaddeus« und die dunklen Koa-Holzverkleidungen die Blicke auf

LEBEN IM HULIHEE-PALAST

Im Hulihee-Palast lassen sich Besucher in die Zeit der hawaiianischen Monarchie zurückversetzen. 1838 als Sommerresidenz für Hawaiis königliche Familie erbaut, ist das »Ferienhaus« heute ein Museum, in dem viktorianische Artefakte aus der Ära von König Kalakaua, Königin Kapiolani und Prinzessin Ruth (1828–1883) ausgestellt werden. Letztere war zu ihrer Zeit die reichste und in mehrerer Hinsicht mächtigste (sie wog mehr als 200 Kilogramm) Frau Hawaiis. 2006 wurde der Palast bei einem Erdbeben beschädigt, die vollständige Restaurierung im Oktober 2009 abgeschlossen. Einmal im Monat, jeweils sonntags um 16 Uhr, findet im Garten das kostenlose Hulihee Palace Concert statt. Sitzgelegenheiten sollten mitgebracht werden.

Hulihee-Palast. 75-5718 Alii Drive, Kailua-Kona, HI 96740, Tel. 808 329 1877, www.daughtersofhawaii.org

Die Mokuaikaua Church ist das Wahrzeichen Kailuas.

sich. Wer sich für die Geschichte der Kirche interessiert, sollte an einem Sonntag um 11 Uhr am Gottesdienst teilnehmen. Im anschließenden *History Talk* erfahren Besucher alles über die Vergangenheit der Mokuaikaua Church.

Triathlon-Tortur

Bis heute wirkt Kailua-Kona verträumt und unaufgeregt, doch mit der Ansiedlung einiger neuer Luxus-Hotels an der nördlich gelegenen Kohala-Küste in den 1990er-Jahren hat das Städtchen ein wenig von seiner früheren Unschuld verloren. Jedes Jahr im Oktober gibt es in Kailua-Kona allerdings kein Halten mehr. Dann, wenn hier der »Ironman«-Triathlon stattfindet. Das Rennen beginnt um sieben Uhr morgens. 3,8 Kilometer Schwimmen in den rauen Gewässern vor der Kailua Pier, 180 Kilometer Radrennen in glühender Sonne über Lavafelder und 42 Kilometer Marathonlauf verlangen von den Teilnehmern das Letzte an Kraftreserven. Auch deshalb, weil die Durchschnittstemperatur während dieser Tortur gewöhnlich zwischen 28 und 35 Grad Celsius beträgt – und das bei unangenehmen 90 Prozent Luftfeuchtigkeit! An einigen Stellen der Radrennstrecke sind Windböen bis zu 100 km/h möglich und durchaus üblich. In höchstens 17 Stunden muss das komplette Rennen absolviert sein – die Sieger brauchen meist weniger als zehn Stunden dafür. Für Kailua ist

Oben: Jedes Jahr im Oktober ist Kailua-Kona Schauplatz des »Ironman«-Triathlons.
Unten: Gemächlicher ist das Tempo beim Bummel durch den Ort.

Rundgang/Stationen

Ⓐ Hulihee Palace – Er befindet sich im Herzen des historischen Kailua-Kona, wurde 1838 erbaut und war die Sommerresidenz der hawaiianischen Königsfamilie.

Ⓑ Mokuaikaua Church – Aus Lavablöcken erbautes Gotteshaus und Hawaiis erste christliche Kirche, deren Gemeinde 1820 gegründet wurde – das jetzige Gebäude stammt aus dem Jahr 1837. 75-5713 Alii Drive

Ⓒ Ahuena Heiau – Restaurierter Tempel, gewidmet dem Fruchtbarkeitsgott Lono. Hier verbrachte King Kamehameha I. seine letzten Jahre. Am Ende der Palani Road, auf dem Gelände des Courtyard King Kamehameha's Kona Beach Hotels, dort starten auch Führungen.

Ⓓ Kailua Pier – Bei den »Ironman World Championships« im Oktober ist dies der Start- und Zielpunkt. Anfang des 20. Jahrhunderts erbaut, war der Pier früher wichtigste Verladestation für Transporte übers Meer, hier trieben *paniolos*, die hawaiianischen Cowboys, ihre Rinder auf die Schiffe. 75-5660 Palani Rd.

Ⓔ Hale Halawai Park – Auf der Uferseite des öffentlichen Parks an der Oneo Bay befindet sich einer der besten Plätze der Stadt, um einen zauberhaften Sonnenuntergang zu erleben.

Ⓕ St. Peter's Church – Pittoreske kleine Holzkirche, auch Little Blue Church genannt. Sie leuchtet seit 1889 weiß mit blauem Dach zwischen Alii Drive (nördlich des Mile Marker 5) und der Kahaluu Bay und ist als Hochzeitskirche sehr beliebt – Hollywoodstar John Wayne hat eine seiner drei Ehen hier geschlossen.

Ⓖ Kona Inn Shopping Village – Zahlreiche kleine Geschäfte bieten ihr Sortiment an. Hier kann man Ausflüge buchen, nach Souvenirs und T-Shirts stöbern oder Lebensmittel und Getränke im Supermarkt einkaufen. 75-5744 Alii Drive 286

KALOKO-HONOKO-HAU NATIONAL HISTORIC PARK

Im Nationalpark an der Küste von Kona befindet sich ein Wanderweg, der Ala Kahakai National Historic Trail. Er ist bestückt mit Hunderten archäologischer Fundstücke der Insel. Auf dem Spaziergang lernt man vier verschiedene *ahupuaa* (traditionelle Unterteilungen des Landes vom Meer bis zu den Bergen), *heiau* (heilige Tempel) und *kii pohaku* (Felszeichnungen) kennen. Im Park gibt es zwei künstlich angelegte hawaiianische Fischteiche, Zeugnisse der Baukunst früherer Einheimischer. Den Honokohau Beach charakterisiert der Kontrast des weißen Sandes zur steinigen, schwarzen Lavaküste. Wer Glück hat, sieht hier eine hawaiianische Mönchsrobbe, die sich an Land sonnt. Das Besucherzentrum informiert über Sonderprogramme und geführte Touren.

Kaloko-Honokohau National Historic Park. Queen Kaahumanu Hwy., Tel. 808 326 9057, www.nps.gov/kaho/index.htm

Einfach gut!

der Wettbewerb eine wichtige Einnahmequelle, bleibt doch jedes Jahr dank Fernsehrechten, durstigen und hungrigen Schaulustigen sowie Lizenzeinnahmen ein zweistelliger Millionenbetrag in der Stadtkasse. Über 200 000 Plastikbecher, 15 000 Bananen und 600 Tuben Sonnencreme warten auf die Ausdauer-Athleten. 5000 freiwillige Helfer sind im Einsatz, mehr als 500 Beamte sorgen für die Sicherheit von Teilnehmern und Zuschauern – ein echtes Spektakel!

Fisch am Haken

Auch für Hochseefischer sind die Gewässer vor Kailua-Kona durchaus eine sportliche Herausforderung. Am späten Nachmittag laufen hier die Hochseeangler mit ihrer Beute in den Hafen ein, anschließend wird der Fang gewogen. Inzwischen kommen viele Boote nicht mehr an der Kailua Pier an, sondern nutzen die Honokohau Marina, fünf Kilometer nördlich der Stadt, die mehr Liegeplätze zu bieten hat. Dort hängt dann so mancher ehemals stolze Schwertfisch oder prächtige Thunfisch am Haken. Und am Abend kann man in den zahlreichen Fischrestaurants die köstlichen Filets aus der Pfanne oder vom Grill genießen.

Alljährlich findet hier seit 1959 auch das »International Billfish Tournament« statt. Die Sportangler präsentieren nach dem Einlaufen in den Hafen ihre zentnerschweren Trophäen. Der Wiegemeister kommt mit seiner Kamera aus dem Büro, um den Fang ordnungsgemäß zu dokumentieren. Anschließend werden auf einer Tafel alle Daten der erbeuteten Speerfische genau festgehalten. Die Fotos kann man abends beim Bummeln in den Schaukästen der Einkaufspassage Waterfront Row an der Hauptstraße von Kailua-Kona bewundern.

Geschichtsträchtig: Wanderweg im Nationalpark

Infos und Adressen

ESSEN UND TRINKEN

Huggos Fine Dining. Fangfrische Meeresfrüchte und das legendäre Teriyaki Steak. 75-5828 Kahakai Rd., Kailua-Kona, HI 96 40, Tel. 808 329 1493, www.huggos.com

Kanaka Kava. Hawaiianischer geht's nicht: *Poi* (Tarotwurzelbrei), *Ahi Poki* (marinierter Thunfisch) – und ein frisches Kava-Getränk. 75-5803 Alii Drive 6b Kailua-Kona, HI 96740, Tel. 808 327 1660, www.kanakakava.com

ÜBERNACHTEN

Courtyard King Kamehameha Beach Hotel. Einziges Hotel in Kailua-Kona am Sandstrand. Auf dem Gelände befindet sich das Heiligtum Ahuena Heiau. 75-5660 Palani Rd., Kailua Kona, HI 96740, Tel. 808 329 2911, www.marriott.com

Honu Kai B&B. Ausgezeichnetes B&B im Plantagenstil inmitten eines prächtigen Gartens. 74-1529 Hao Kuni St, Kaiulua-Kona, HI 96740, Tel. 808 518 4276, www.honukai.com

Royal Kona Resort. Wie ein riesiges Kreuzfahrtschiff liegt das Hauptgebäude an der Lavaküste. 75-5852 Alii Drive, Kailua-Kona, HI 96740, Tel. 808 329 3111, www.royalkona.com

Vorsicht, Wellengang! – Fußweg direkt am Wasser

AKTIVITÄTEN

Big Island Country Club. Bildschöner 18-Loch-Platz nach Plänen des renommierten Golfplatz-Architekten Perry Dye. 71-1420 Mamalahoa Hwy., Kailua-Kona, HI 96740, Tel. 808 325 5044, www.bigislandcountryclub.com

Jacks Diving Locker. Hier helfen Experten beim Abtauchen. 75-5813 Alii Drive, Kailua-Kona, HI 96740, Tel. 808 329 7585, www.jacksdivinglocker.com

Whale Watching. Direkt vom Kailua Pier starten Boote zum Tauchen mit Mantarochen und zur Wal-Beobachtung. 75-5660 Palani Rd., Kailua-Kona, HI 96740, Tel. 808 331 8875, www.blueseacruisesinc.com

Giganten des Meeres, zum Greifen nah

26 Das Kona-Kaffee-Gebiet – WHAAAT ?? ₿
Kunst zwischen Farmen

Im Hinterland von Kailua-Kona – zwischen Holualoa und Kealakekua – sind Hunderte von Kaffeefarmen angesiedelt. Viele von ihnen bieten Besichtigungen an, und man kann den Werdegang des Kaffees vom Strauch bis in die Tasse verfolgen. Kunstinteressierte zieht es nach Holualoa, wo sich in den letzten Jahren immer mehr Kreative ansiedeln und ihre Ateliers und Galerien öffnen.

Es ist nur ein schmaler Landstreifen, der sich zwischen den Hängen der Vulkane Mauna Loa, Hualalai und dem Pazifischen Ozean entlangzieht. 50 Kilometer in der Länge und nur zwei Kilometer in der Breite misst das Anbaugebiet an der Westküste von Big Island. Hier, nördlich der Stadt Kona, gedeiht er: der Kona-Kaffee – Hawaiis beste Bohne. Eigentlich hat die Coffea-Pflanze hier gar nichts zu suchen, denn ursprünglich ist sie ein afrikanisches Gewächs. Irgendwann müssen die ersten Samen oder Setzlinge nach Hawaii gekommen sein, dabei mag Don Francisco de Paula y Marín (1774–1837) seine Hand im Spiel gehabt haben. Der gebürtige Spanier, Berater und Leibarzt von Kamehameha I., experimentierte in der Nähe von Honolulu mit dem Anbau von Früchten und Gemüsesorten aus aller Welt. Von Oahu brachte der Missionar Samuel Ruggles 1828 die ersten Pflänzchen der Kaffeesorte Arabica nach Kona. Das Klima der Insel behagte den kleinen Büschen, im nährstoffreichen Vulkanboden gediehen sie prächtig. Ein Anbau im großen Stil war möglich. Bald teilten sich die Betreiber von Großplantagen das Geschäft, doch im Zuge der weltweiten Kaffeekrise 1899 änderten sich die

Beste Bohne: Anbaufläche einer Kaffeefarm mit Baumreihen

Das Kona-Kaffee-Gebiet

Besitzverhältnisse grundlegend. Die Preise stürzten in den Keller, ein Gewinn war mit den Bohnen nicht mehr zu machen, viele Träume vom Wohlstand durch Kaffeeanbau verdampften. Notgedrungen parzellierten die Plantagenbesitzer ihr Land und verpachteten es an ihre Arbeiter. Die neuen Kleinbauern, vornehmlich japanischer Abstammung, übernahmen mit ihren Familienbetrieben das Zepter. Heute gibt es in Kona mehr als 700 Kaffeefarmen, die meisten mit einer Größe von gerade mal einem bis drei Hektar. Hier wird die Bohne noch immer von Hand gepflückt. Und in der Erntezeit von August bis Anfang Januar steigen alle Familienmitglieder in die Sträucher.

Surrealer Nebel

Nicht nur den Kaffeepflanzen scheint das Klima zwischen Kailua-Kona und Keauhou zu behagen. Inmitten der Hochlandfarmen und an den Hängen des erloschenen Hualalai-Vulkans gelegen, entwickelte sich der kleine Ort Holualoa in den letzten Jahren zu einer echten Künstlerkolonie. Was die Kreativen hierher zieht? Vielleicht ist es die ländliche Umgebung, vielleicht auch ein kühleres Klima als an der Küste. Oder der Nebel, der die 8000-Seelen-Gemeinde häufig in ein surreales Licht taucht. Auf einer Höhe von 427 Metern über dem Meer kann man in zahlreichen Galerien Arbeiten heimischer Künstler finden: Zeichnungen, Malereien, Keramikskulpturen und Holz-Artefakte. In der Holualoa Ukulele Gallery im historischen Postgebäude am Mamalahoa Highway werden nicht nur Instrumente von Kunsthandwerkern aller Inseln des hawaiianischen Archipels angeboten – wer genügend Zeit mitbringt, kann innerhalb eines zehntägigen Kurses seine eigene Ukulele bauen. Und Inhaber Sam Rosen gibt gerne Tipps, wie man sie zum richtigen Klingen bringt (76-5942 Mamalahoa Hwy. Holualoa, HI 96725, www.konaweb.com).

Infos und Adressen

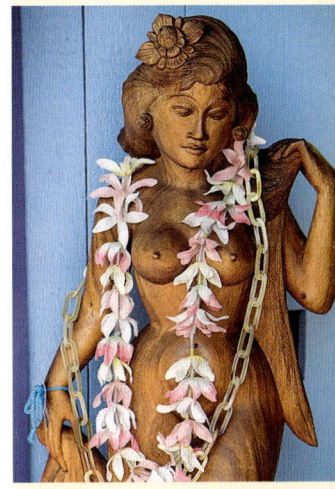

Liebevoll geschmückte Holzskulptur im Künstlerstädtchen Holualoa

KONA-KAFFEE
Schokolade, Nuss und Zimt

Die Ernte der reifen Kaffeebohnen
ist und bleibt mühevolle Handarbeit.

Schon der Schriftsteller Mark Twain lobte während seiner Hawaiireise 1865 das »reiche Aroma« des Kona-Kaffees. Heute reißen sich Luxushotels und Spitzenrestaurants in aller Welt um den Gourmetkaffee von den Pazifikinseln. Im Weißen Haus in Washington wird seit vielen Jahren »Hawaii Kona« kredenzt, eine Tradition, die auch der gebürtige Hawaiianer Barack Obama allzu gern fortsetzte.

Kenner beschreiben das Aroma des Kaffees als »gehaltvoll, intensiv, mit fruchtigem Körper, leicht schokoladig und wenig Säure, dazu eine süßliche Nussnote mit ganz dezentem Zimtgeschmack«. Ein Lobgesang! Doch nicht überall, wo Kona draufsteht, ist auch 100 Prozent Kona-Kaffee drin. Stutzig macht die Tatsache, dass weltweit fünfmal mehr Kona-Kaffee verkauft als produziert wird. Schaut man genau auf die Verpackung, steht dort häufig »Kona-Blend« – also ein billigerer Verschnitt mit lediglich zehn Prozent Kona-Kaffee-Anteil. Für Gourmets indiskutabel. Bei einer Anbaufläche von lediglich 100 Quadratkilometern sind die Erntemengen naturgemäß gering. Pro Jahr werden zwischen 17 000 bis 18 000 Säcke höchste – handgepflückte – Grand-Cru-Qualität geerntet. Damit der Kaffee sortenrein bleibt, ist der ökologische Anbau auf 750 Familienfirmen beschränkt, und nur 50 von ihnen besitzen die Auszeichnung »organisch zertifiziert«.

Wohin der Kona-Kaffee exportiert wird, ist auch übersichtlich: Hauptabnehmer sind die USA und Japan. Zum festen Kundenstamm zählt auch die NASA, die ihre Astronauten bei Reisen ins Weltall mit der guten Bohne verwöhnt. Nur ein verschwindend geringer Anteil der jährlichen Ernte auf Hawaii schafft es in europäische Kaffeetassen. Er kann pro Pfund 60 Euro und mehr kosten.

Teuer und kapriziös

Das geringe Angebot bei großer Nachfrage macht reinen Kona-Kaffee zu einer der teuersten Sorten der Welt. Zudem ist er auch einer der kapriziösesten: Die Bohnen sind so ölig, dass sie nicht für Espresso-Maschinen taugen. Experten empfehlen daher das Aufbrühen in einer Cafetière – ein gehäufter Esslöffel Kaffeemehl auf 180 Milliliter Wasser.

Jedes Jahr im November geht es für Einheimische und Touristen zum »Kona Coffee Festival«. Zehn Tage lang wird im Anbaugebiet gefeiert. Mit Tanz, Konzerten, Paraden, Verkostungen – und einer Wahl zur »Miss Kona Coffee« (www.konacoffeefest.com).

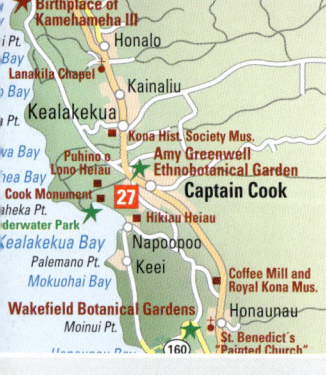

27 Die südliche Kona-Küste
Eine Bucht mit Geschichte(n)

Südlich von Kailua-Kona befinden sich historische Sehenswürdigkeiten, an denen Besucher auf dem Weg zum Hawaii Volcanoes National Park oft achtlos vorbeifahren. Zu Unrecht, denn in dem Landstrich wurde Geschichte geschrieben. Und seine ruhigen Gewässer, vom Vulkan Mauna Loa vor Winden geschützt, eignen sich hervorragend zum Schnorcheln und Tauchen oder zum Beobachten von spielenden Delfinen und paddelnden Meeresschildkröten.

Furchterregend grimassieren die riesigen Holzstatuen im Puuhonua o Honaunau National Historic Park.

Die südliche Kona-Küste

Von Kailuha-Kona aus führt der Highway 11 an Vulkanhängen entlang Richtung Süden. Unterwegs sollte man sich in einem der kleinen Orte wie Honalo oder Kainaliu Town mit frischem Obst oder Macadamianüssen direkt vom Erzeuger eindecken. In Kainaliu überrascht das 1932 erbaute Aloha Theatre, ein beige-rosafarbener Holzbau mit Jugendstilelementen. Anfangs ein Stummfilm-Kino, dient es nun als Bühne für Konzerte, Theateraufführungen und ist mit seinem Café Mittelpunkt der kleinen Gemeinde. Nach einigen Meilen erreicht man das Städtchen Captain Cook, Tor zur berühmten Kealakekua Bay – ein Meeresschutzgebiet und reich an Korallen und Tropenfischen.

Tod einer Legende

Und reich an Historie – in der Kealakekua Bay landete Captain James Cook 1778 als erster Europäer auf Hawaii. Und nur ein Jahr später wurde der englische Seefahrer genau an dieser Stelle bei einem Streit mit Ureinwohnern getötet. Ein Obelisk am Ufer des Kealakekua Bay State Historical Park erinnert an den Tod des legendären Kapitäns. Der Gedenkstein ist nur zu Fuß zu erreichen, müheloser sieht man sein leuchtendes Weiß vom Ausflugsschiff aus. Auf der Ostseite der Bucht liegen die Ruinen eines Tempels zu Ehren des hawaiianischen Gottes Lono, für den Cook zunächst von den Einheimischen gehalten wurde.

Heiliger Schutz

Südlich der Kealakekua Bay befindet sich der Puuhonua o Honaunau National Historic Park – eine Art Freilichtmuseum. Hier standen früher die königlichen Hofanlagen, einst auch Zufluchtsort für Gesetzesbrecher. *Kapu* (Tabus), die heiligen Gesetze, waren von größter Bedeutung in der

Oben: Von Gischt umwaberte Felsenküste
Mitte: Der Goldregenpfeifer ist ein ausdauernder Flugkünstler.
Unten: Entschleunigen beim Meeresrauschen

TAUCHEN ZUM TRINKEN

An Hawaiis Südspitze vorbei entlang des Highways 11 stößt man irgendwann auf den Ort Punaluu. Das Städtchen war Ende des 19. Jahrhunderts zur Blütezeit der Zuckerindustrie ein bedeutender Hafen – inklusive Eisenbahnanschluss in Richtung Hilo. Punaluu bedeutet so viel wie »tauchende Quelle«, tatsächlich sprudelt in der Bucht Süßwasser aus dem Meeresboden. Früher tauchten die Einheimischen mit Kalebassen bis zum Grund und füllten sie dort mit Trinkwasser. Am Milemarker 56 zweigt eine Straße zum Punaluu Beach Park ab. Der Strand hier eignet sich zwar nicht zum Schwimmen, ist aber mit seiner tiefschwarzen Farbe und den hohen Kokospalmen ausgesprochen malerisch. Hier kann man häufig Wasserschildkröten sehen, die sich auf den sonnenbeschienenen Felsen aufwärmen. Man sollte die Tiere aber nicht stören, sie stehen unter Naturschutz.

Schwarzer Strand mit Kokospalmen: Punaluu Beach Park

hawaiianischen Kultur, eine Verletzung bedeutete oft die Todesstrafe. Zu schweren Verbrechen gehörte es, in den Fußspuren des Häuptlings zu gehen. Wer gegen ein *kapu* verstieß, konnte nur überleben, wenn er floh und vor seinen Verfolgern einen *puuhonua*, einen heiligen Zufluchtsort, erreichte. Dort wurde eine Zeremonie der Absolution abgehalten, und der Tabubrecher konnte in die Gesellschaft zurückkehren.

Zentrum des Parks ist eine drei Meter hohe und fünf Meter dicke Mauer, die Great Wall. Grimmig dreinblickende *kiis* (hölzerne Bildnisse von Göttern) bewachen den Hale o Keawe Heiau, einen Tempel, der die Gebeine von zwei Dutzend Stammeshäuptlingen beherbergt. Mit jeder Beisetzung wuchs die Heiligkeit (*mana*) der Stätte.

Weiter entlang des Highways 11 erreicht man nach Passieren der Kipahoehoe Natural Area Reserve den Kau-Distrikt am Südende von Big Island. Nackte Lavawüste bestimmt die Szenerie, nur ein paar kleine Orte gibt es hier, darunter Naalehu, die südlichste Ortschaft der USA. Bei Milemarker 69,5 biegt die Straße Richtung Southpoint ab, südlichster Punkt der Vereinigten Staaten. Hier sollen die ersten hawaiianischen Siedler an Land gekommen sein. Etwa 200 bis 500 n. Chr. hatten sie in ihren primitiven Booten 4000 Kilometer auf dem Pazifik zurückgelegt, ehe sie Hawaii erreichten.

Grüner Sand

Unweit und nur zu Fuß zu erreichen ist der Papakolea Beach. Die grüne Farbe des Sandes stammt vom verwitterten Mineral Olivin, Bestandteil der hiesigen Lava. Badespaß haben hier wegen der gefährlichen Brandung nur Meeresrobben.

Infos und Adressen

SEHENSWÜRDIGKEITEN

Amy B.H. Greenwell Ethnobotanical Garden.
Mehr als 200 Pflanzenarten repräsentieren hier die
ursprüngliche Flora Hawaiis, ehe die Europäer ihre
Setzlinge und Samen mitbrachten. Im Insekten-
haus flattert der seltene einheimische Schmetter-
ling Pulelehua. Di–So 9–16 Uhr, 82-6160 Mamalahoa Hwy., Captain Cook, HI 96704, Tel. 808 323
3318, www.bishopmuseum.org

ESSEN UND TRINKEN

Keei Café. Frischer Fisch in zahlreichen Variationen, aber auch Fleisch- und vegetarische Gerichte.
79-7511 Mamalahoa Hwy., Kealakekua, HI 96750,
Tel. 80 322 9992, www.keeicafe.net

The Coffee Shack. Die Speisekarte beschränkt
sich auf selbst gebackenen Kuchen und Snacks.
Und auf 100 Prozent Kona-Bohne in der Kaffeetas-
se. 83-5799 Mamalahoa Hwy., Honaunau, HI
96726, Tel. 808 328 9555, www.coffeeshack.com

ÜBERNACHTEN

Kaawaloa Plantation B&B. Das weiße Haupthaus
der Kaffee-Plantage wurde zu einem luxuriösen
B&B-Gästehaus umgebaut. Kaawa Loa Plantation,
Kealakekua, HI 96750, Tel. 808 323 2686,
www.kaawaloaplantation.com

Kane Plantation Guesthouse. Ehemaliges Wohnhaus Herb Kawainui Kanes (1928–2011), berühmter
Künstler und »Vater der hawaiianischen Renaissance«. Das heutige B&B inmitten einer Bio-Obst-
plantage ist eine Mischung aus Museum, Galerie
und Himmel auf Erden. 84-1120 Telephone Ex-
change Rd., Honaunau, HI 96726-0619, Tel. 808
328 2416, www.kaneplantationhawaii.com

Manago Hotel. 1929 erbautes, kleines und gepflegtes Hotel. 82-6151 Mamalahoa Hwy., Captain
Cook, HI 96704, Tel. 808 323 2642,
www.managohotel.com

Sheraton Kona Resort & Spa at Keauhou Bay.
Direkt am Meer gelegenes Vier-Sterne-Luxus-Hotel
mit Spa, Schnorchel-Strand und dem Restaurant
Rays on the Beach, wo der Gast exzellentes Seafood genießen kann. 78-128 Ehukai St., Kailua
Kona, HI 96740, Tel 808 930 4900, www.sheraton-
kona.com, www.raysonthebeach.com

Idyllischer Platz für einen Blick nach Westen – Sonnenuntergang an Big Islands Kona-Küste

28 North Kohala
Dramatische Klippen

Im äußersten Norden Hawaiis, fernab der schillernden Resorts, Golfplätze und Lavalandschaften der Kohala Coast, liegen die saftigen, naturbelassenen Weideländer von North Kohala. Hier trifft man nicht nur auf die bezaubernden Städtchen Hawi und Kapaau und den atemberaubenden Pololu Valley Overlook, sondern lernt auch die historische Geburtsstätte von König Kamehameha I. kennen.

Es sind die Kohala Mountains, die den nordwestlichen Teil von Big Island bilden, beziehungsweise deren Überreste. Der breite Sattel ist nämlich das, was vom ältesten Vulkan der Insel übrig geblieben ist. Vor einer halben Million Jahren stieg der Kohala aus dem Meer empor. Die lang gezogene Form des Berges ist Ergebnis eines Erdrutsches, der vor rund 250 000 Jahren zum Abgang der gesamten Nordflanke führte. Die anschließende Erosion sorgte dann an der regenreichen Nordwestküste für die typischen Täler der Kohala-Küste, die nahezu vertikal abfallen.

Mitte: Strandabschnitt im Lapakahi State Historic Park
Unten: Nachbauten traditioneller Grashäuser zeigen das Leben der alten Hawaiianer.

Während das Waipio Valley von Kukuihaele aus leicht erreichbar ist, kommt man in die westlicher gelegenen Täler Waimanu Valley, Honopue Valley und Pololu Valley nur per Fußmarsch. Trotz seiner geringen Höhe ist der Kohala eine bedeutende Wetterscheide: Fallen auf dem Gipfel mehr als 3800 Millimeter Niederschlag pro Jahr, benötigt man im weniger als 20 Kilometer südwestlich gelegenen Kawaihae bei nur 130 Millimeter Regen selten den Regenschirm.

Eine der beiden Statuen von König Kamehameha I.

Fährt man von Kawaihae den Highway 270 Richtung Norden, erreicht man nach 16 Kilometern den Lapakahi State Historical Park. Ein Lehrpfad steigt vom Visitor Center hinab zu den alten Hausplattformen eines ehemaligen Fischerdorfes an der Küste und erläutert die Lebensweise der Insulaner, die über viele Generationen im Rhythmus der Gezeiten ein einfaches, aber auskömmliches Dasein führten.

Regelrecht mystisch wird es an der Nordspitze der Kohala-Halbinsel. Eine Seitenstraße führt kurz vor Hawi vom Highway 270 zum Upolu Airport, hinter dem direkt an der einsamen Küste der vermutlich um 500 n. Chr. erbaute Mookini Heiau steht. Nach der Überlieferung wurde hier König Kamehameha I. geboren – Grund für viele Hawaiianer, bis heute in der Tempelruine Opfergaben zu hinterlassen. Eine Statue des legendären Königs steht im alten Plantagenort Kapaau oben am Hang über dem Meer.

König Zuckerrohr

Es gab noch einen anderen Regenten auf Big Island: Jahrzehntelang bestimmte »King Cane«, das Zuckerrohr, das Leben. Und Hawi, der Ort im grünen Nordzipfel der Insel, war geschäftiger

Nicht verpassen

KÖNIGSSTATUE SCHAUMGEBOREN

Die Vereinigung von Hawaii durch König Kamehameha I. im Jahr 1810 war ein historischer Meilenstein. Heute ehren mehrere Statuen den Herrscher. Die berühmteste steht auf Oahu gegenüber dem Iolani Palace. Die Geschichte des Denkmals in Kapaau ist besonders faszinierend. Die 1880 in Florenz geschmiedete Statue ging auf dem Weg nach Honolulu bei einem Schiffbruch an der Küste der Falklandinseln unter. Die für immer verloren geglaubte Bronzefigur wurde durch eine originalgetreue Replik ersetzt – in Downtown Honolulu heute eine der meistfotografierten Sehenswürdigkeiten. 1912 fanden Fischer die ursprüngliche Statue jedoch auf wundersame Weise im Südatlantik wieder. Nach der Restaurierung wurde sie nahe Kamehamehas Geburtsort in Kapaau aufgestellt – der Halt am Denkmal ist ein Muss auf der Fahrt von Hawi zum Pololu Valley Lookout.

Umschlagplatz bis 1975 die Mühlen schlossen und das zuckerige Königreich mitsamt seinen arbeitslos gewordenen Untertanen verschwand.

Längst haben neue Bewohner die Lebensqualität der Kleinstadt entdeckt. Hübsche Kunstgalerien und Boutiquen, die in die farbenfrohen Gebäude ehemaliger Plantagen einzogen, bestimmen nun das Ortsbild. Das Bamboo Restaurant & Gallery bietet typische Gerichte der Inselküche, kreativ interpretiert – und wurde zum besten Restaurant auf Hawaii Island gekürt. Noch berühmter ist Hawi als Fahrradetappe der jährlich im Oktober stattfindenden »Ironman World Championships«.

Wenn man dem Highway 270 in östlicher Richtung folgt, gelangt man am atemberaubenden Pololu Valley Lookout ans Ende des Weges. Die Aussicht auf die nordöstliche Küste entschädigt für das Gerüttel auf den letzten Kilometern der Schotterpiste. Der Blick reicht über das Pololu Valley, die dramatisch ins Meer stürzenden Felsklippen und den schwarzen Sandstrand.

Oben: Grandiose Ausblicke verspricht der Pololu Valley Lookout.
Unten: Ready, set, … go!!! – Start zum »Ironman«-Triathlon

Infos und Adressen

Im Bamboo Restaurant kann man sich hawaiianische Kost schmecken lassen.

SEHENSWÜRDIGKEITEN

Ackerman Galleries. Die Galerie zeigt die farbenfrohen Werke von Gary Ackerman, einem »modernen Impressionisten«, der seit 35 Jahren auf Hawaii
lebt. 54 Akoni Pule Hwy., Kapaau, HI 96755, Tel. 808
889 5971, www.ackermangalleries.com

Kamehameha Rock. Fährt man den Akoni Pule
Highway (Hwy. 270) Richtung Osten, weist hinter
Kapaau ein Schild zum 450 Kilogramm schweren
Kamehameha Rock, einem Stein, den der Häuptling
hier hingetragen haben soll, um den Untertanen sei-
ne übermenschliche Kraft zu demonstrieren.

ESSEN UND TRINKEN

Bamboo Restaurant and Gallery. Eines der ältesten und beliebtesten Restaurants der Insel. Mit hawaiianisch inspirierter Küche und Kellnerinnen, die
gelegentlich Hula tanzen. 55-3415 Akoni Pule
Hwy., Hawi, HI 96719, Tel. 808 889 5555,
www.bamboorestaurant.info

Sushi Rock. Das Motto hier ist »Come Taste the
Love«. Mit liebevoller Sorgfalt wird in dem kleinen
Restaurant Allerfrischestes serviert. 55-3435 Akoni Pule Hwy., Hawi, HI 96719, Tel. 808 889 5900,
www.sushirockrestaurant.net

ÜBERNACHTEN

**Hawaii Island Retreat at Ahu Pohaku Ho'oma-
luhia.** Einschlafen beim Rauschen des Meeres –
in diesem Öko-Boutiquehotel mit Spa und Pool im
Grünen gehört das Hintergrundgeräusch zum Ent-
spannungsprogramm. 250 Lokahi Rd., Kapaau,
HI 96755, Tel. 808 889 6336,
www.hawaiiislandretreat.com

Puakea Ranch. Hier warten vier Bungalows auf
Bewohner, die eine authentische Umgebung,
glückliche Hühner und umweltfreundlichen Urlaub
schätzen. 56-2864 Akoni Pule Hwy., Hawi,
HI 96719, Tel. 808 315 0805,
www.puakearanch.com

Hawaiianisches Tutti-Frutti

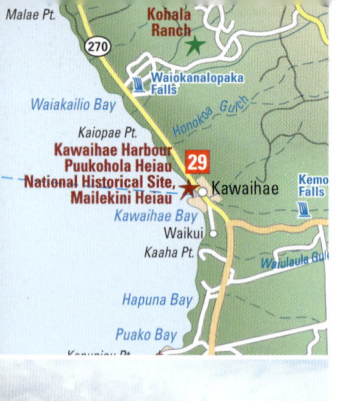

29 South Kohala
Gigantischer Luxus

**Im Süden der Kohala-Küste, im Regen-
schatten des Mauna Kea, herrscht ewiger
Sonnenschein. Nicht zuletzt deshalb haben
sich hier die großen Luxusresorts angesiedelt, umgeben von Golfplätzen und
lauschigen Palmenhainen. Der sanft ge-
schwungene Traumstrand Hapuna Beach
lohnt einen Badestopp. Und mit der Puukohola Heiau National Historic Site hat
die Region auch geschichtlich Bedeuten-
des zu bieten.**

Dass sich einige der größten internationalen
Hotelketten an einigen der schönsten Sandstrände
von Big Island angesiedelt haben, kann den
Betreibern niemand verdenken. Dennoch sind
diese Megaresorts mit ihren gigantischen Pool-
landschaften nicht jedermanns Sache. Das Hilton
Waikoloa Village etwa ist so ein riesiger Klotz.
Die Baukosten schlugen vor einigen Jahren mit
weit über 300 Millionen Dollar zu Buche. Heraus-
gekommen ist dabei eine perfekte beziehungsweise perfektionierte Urlaubsfabrik mit einem
Netz von Kanälen, elektrisch betriebenen Booten,
Wasserfällen und einer Lagune, in der man sogar
mit Delfinen schwimmen kann. Gleich nebenan
lockt mit dem Waikoloa Beach Marriott Resort &
Spa ein ähnlicher Ferienpalast mit zwei 18-Loch-
Golfplätzen, einer ganzen Armada an Restaurants
sowie Entertainment und Shopping in jeder nur
möglichen Form. Und einer der schönsten Sandstrände der Insel liegt mit dem Aneahoomalu
Beach direkt vor der Tür.

Unbedingt besuchen sollte man das Mauna Kea
Resort, in den 1960er-Jahren als erstes Luxushotel

Mitte: Der Hapuna Beach State
Park, eingerahmt von roten Blüten
Unten: Komposition in Grün: ein
»Käfer« unterwegs in Richtung
Mahukona

der Region von Laurance S. Rockefeller erbaut. Der schöne, kleine Strand ist öffentlich, nur deshalb darf man als Nicht-Gast überhaupt in die Nähe des Hotels. Tipp: Einfach am Eingang registrieren lassen und zum Strand durchfahren. Auf dem Weg lässt sich ein Blick auf die exquisiten Tennisanlagen und den manikürten, immer grasgrünen Golfplatz werfen, der es regelmäßig unter die »Top courses in America« bringt.

Wem es bis jetzt noch nicht aufgefallen ist: An der Kohala-Küste ist der solvente und anspruchsvolle Gast König. Eingebettet in pechschwarze und rostrote Lavafelder, die vor Hunderten von Jahren durch Ausbrüche des Hualalai-Vulkans entstanden sind, haben sich Urlaubsoasen der Spitzenklasse etabliert. Mit Angeboten, die aber hie und da auch ein wenig wie aus der Retorte wirken.

Die niedliche kleine Hokuloa Church, 1859 am Strand von Puako Beach erbaut und ganz eingebettet in Akazien und rote Keulenlilien, nimmt sich gegenüber den wuchtigen Hotelanlagen jedenfalls überaus bescheiden aus. Der Zahn der Zeit hatte der Holzkonstruktion so zugesetzt, dass die Gemeinde vor einigen Jahren über einen Abriss nachdachte. Doch engagierte Gläubige setzten sich für eine gründliche Restaurierung ein – und seither findet jeden Sonntag um 9 Uhr hier wieder ein Gottesdienst statt.

Wie im Reiseprospekt

Weiter nördlich an der Küste liegt der Hapuna Beach State Park, einer der größten und weißesten Sandstrände auf Big Island. Das ganze Jahr über herrschen gute Bedingungen zum Schwimmen, Schnorcheln und Bodyboarden. Im Sommer

Einfach gut!

LEBENSEREIGNISSE IN STEIN

Das Puako Petroglyph Archaeological Preserve umfasst mehr als tausend Felszeichnungen, auch *kii pohaku* genannt, die von den Ureinwohnern Hawaiis vor Jahrhunderten in das Lavagestein geätzt und geschnitzt wurden. Man nimmt an, dass die Schnitzereien als Aufzeichnung von Geburtstagen und anderen wichtigen Ereignissen im Leben der Menschen gedient haben können. Nur einen kurzen Fußmarsch (unbedingt auf festes Schuhwerk achten!) vom öffentlichen Holoholokai Beach entfernt, strahlen die Felszeichnungen menschlicher Umrisse, Kanus, Schildkröten und anderer Objekte eine mystische Faszination aus. Schilder fordern die Besucher auf, doch bitte hinter dem Geländer zu bleiben. Und das auch völlig zu Recht, da die Steine bereits bröckelig sind und durch die vielen Besucher schon gelitten haben.

Puako Petroglyph Archaeological Preserve. Holoholokai Beach Park Rd., Waimea

Mensch oder Schildkröte? Felszeichnungen der Ureinwohner

Fähre und Segelboot – eine Begegnung im letzten Licht des Tages

rollen hohe Wellen in stetem Rhythmus an den Strand, im Winter ist die See ruhiger, dafür bläst dann häufig ein kräftiger Wind. Türkisblaues Wasser, der Duft farbenprächtiger Hibiskusblüten, atemberaubend schöne Blicke auf vulkanische Landschaften mit schwarzen und roten Lavafeldern – hier präsentiert sich Hawaii wie im Reiseprospekt. Und wieder ist die Schönheit der Landschaft nicht unentdeckt von den großen Hotelbetreibern geblieben: Am Nordende der Bucht liegt das Luxushotel Hapuna Beach Prince Resort.

Nur rund zwei Kilometer weiter nördlich findet man den wohl berühmtesten Strand von Big Island, den Kaunooa Beach oder auch Mauna Kea Beach. Mit seinem feinen Sand, den Lavafelsen und kristallklarem Wasser kommt auch dieses Gestade dem Fototapeten-Hawaii sehr nahe. Hier sieht man Bodyboarder in die Brandung paddeln und auf die perfekte Welle warten.

Tödliche Einladung

Nicht nur Luxushotels und Badespaß befinden sich an der südlichen Kohala-Küste, sondern auch außergewöhnliche kulturelle Schätze. Die Puukohola Heiau National Historic Site etwa beherbergt den größten restaurierten *heiau* (Tempel) auf Hawaii. Eingeweiht im Jahr 1791 von Häuptling Kamehameha, sollte er den Kriegsgott Kukailimoku dazu bewegen, ihn bei der Vereinigung der hawaiianischen Inseln zu unterstützen. Auch ein traditionelles Menschenopfer wurde dargebracht, damit der Gott tätig wurde. »Praktischerweise« war der Bedauernswerte der Häuptling Keouakuahuula, ein politischer Rivale Kamehameas, der zur Einweihung eingeladen und dann direkt nach seinem Eintreffen ermordet wurde. Kriegsgott Kukailimoku schien dieses Gemeuchel allerdings gefal-

Traumblick vom Pololu Valley Lookout

Oben: Größter Steintempel Hawaiis
mit blutiger Vergangenheit
Unten: Korallenfund am Strand

len zu haben: 1810 wurde Kamehameha der erste König des vereinten Archipels.

Der gewaltige Steintempel wurde ohne Mörtel errichtet. Glaubt man örtlichen Historikern, stammen die für diese Konstruktion verwendeten Lavasteine aus dem 40 Kilometer entfernten Pololu Valley und wurden über eine Menschenkette von Hand zu Hand weitergereicht. Die 79 mal 30 Meter große Konstruktion ist umgeben von bis zu sechs Meter hohen Mauern und wurde sorgfältig restauriert. Sie gilt als einer der letzten heiligen Tempel, die auf den Hawaii-Inseln gebaut wurden, ehe die Einflüsse der westlichen Zivilisation alles veränderten und vieles beendeten. Auf einem Wanderweg kann das Gelände rund um den *heiau* erkundet werden, das Heiligtum selbst darf jedoch nicht betreten werden. Das Besucherzentrum zeigt Videos, faszinierende Ausstellungen und verfügt über ein kleines Museum. (www.nps.gov/puhe/index.htm) Der Hügel Puukohola (hawaiianisch für »Walberg«) ist auch ein malerischer Flecken, gerade wenn man während der Winter- und Frühlingsmonate Buckelwale vor der Küste beobachten möchte.

Das Örtchen Kawaihae, zwei Kilometer weiter nördlich, markiert den Übergang vom trockenen, Resort-dominierten Teil Kohalas zum regnerischen Abschnitt mit mehr Wohnhäusern – wobei Kawaihae selbst noch in der niederschlagsarmen Zone liegt. Der Hafen mit seinen Dieseltanks und Überseecontainern ist keine touristische Augenweide. Gleich nebenan gibt es aber dennoch ein paar nette Restaurants. Und in unmittelbarer Nachbarschaft liegt mit dem Spencer Beach Park einer der familienfreundlichsten Strände der Insel. Er ist vor allem für Kinder ideal und daher auch bei einheimischen Familien ausgesprochen beliebt.

Infos und Adressen

ESSEN UND TRINKEN

Brown's Beach House Restaurant. Hier regiert »Pacific Rim Cuisine«, die Verschmelzung hawaiianischer mit südostasiatischer Küche.
One North Kaniku Drive, Kohala Coast, HI 96743, Tel. 808 887 7368, www.fairmont.com/orchid-hawaii/dining/brownsbeachhouse

Canoe House Restaurant. Ambitionierte Küche in eleganter Umgebung. 68-1400 Mauna Lani Drive, Waimea, HI 96743, Tel. 808 885 6622, www.maunalani.com/dining/canoe-house

Kamuela Provision Company. Hier wird Bio-Dynamisches zu edlen Kreationen verarbeitet. 69-425 Waikoloa Beach Drive, Waikoloa Village, HI 96738, Tel. 808 886, www.hiltonwaikoloavillage.com/dining/kamuela-provision-company

ÜBERNACHTEN

Hapuna Beach Prince Hotel. Am besten Strand der Insel gelegen, haben die Gäste alle Annehmlichkeiten einer feinen Bleibe. 62-100 Mauna Kea Beach Drive, Waimea, HI 96743, Tel. 888 977 4623, www.princeresortshawaii.com

Hilton Waikoloa Village. Hier ist alles etwas größer: 1240 Zimmer, ein Pool, in dem Gäste mit Delfinen schwimmen. 69-425 Waikoloa Beach Drive, Waikoloa Village, HI 96738, Tel. 808 886 1234, www.hiltonwaikoloavillage.com

Mauna Kea Beach Hotel. Ältestes Resort der Insel. 252 geschmackvolle Zimmer, ein Traumstrand und der beste Golfplatz von Big Island. 62-100 Mauna Kea Beach Drive, Kamuela, HI 96743, Tel. 808 882 7222, www.princeresortshawaii.com

AUSGEHEN

Lava Lava Beach Club. Ein stimmungsvoller Platz: direkt am Strand kann man unter Kokospalmen Livemusik lauschen. 69-1081 Kuualii Place, Waikoloa Village, HI 96738, Tel. 808 769 5282, www.lavalavabeachclub.com

Zeit für ein Pläuschchen direkt am Wasser im Mahukona Beach Park

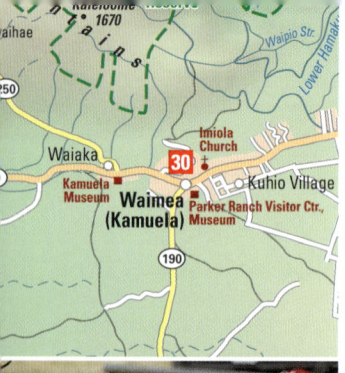

30 Waimea (Kamuela)
Cowboys und Sternengucker

Bei Waimea, das auch unter dem Namen Kamuela bekannt ist, verläuft die Wetterscheide zwischen der feuchten Ostküste und der trockenen Westküste. Fast täglich spannen sich hier leuchtende Regenbögen über die Berge. Weit verstreut liegen riesige Farmen mit prächtigen Ranchhäusern. Reiche Siedler haben sich im angenehmen Klima der Hochebene ebenso niedergelassen wie Astronomen der hiesigen Sternwarten.

Waimea wird postalisch auch Kamuela genannt, um Verwechslungen mit dem gleichnamigen Ort auf Kauai zu vermeiden. Übersetzt bedeutet der Name so viel wie »rotes Wasser« – der eisenhaltige Vulkanboden gibt dem Regenwasser seine markante Farbe. Eine Westernkulisse inmitten grüner Hügel; auf der Hochebene zwischen den Kohala Mountains und dem Mauna Kea ist die kleine Stadt umgeben von riesigen Farmen reicher Rinderzüchter. Auch viele Astronomen und Techniker, die in den Observatorien auf den benachbarten Vulkanen arbeiten, wohnen hier.

Yeehaa auf Hawaiianisch

Die ersten Rinder kamen 1793 nach Hawaii – als Geschenk des britischen Kapitäns George Vancouver an König Kamehameha I. Fünf Bullen, acht Kühe und ihre Nachkommen vermehrten sich beständig – auch ohne menschliche Hege. Der seit 1809 auf der Insel lebende John Palmer Parker aus Massachusetts wurde vom König damit beauftragt, die verwilderten Rinderbestände zu domestizieren. Parker packte diese Chance bei den Hörnern,

Mitte: Cowgirls mit Lasso und guter Laune beim Rodeo auf der Parker Ranch
Unten: Die denkmalgeschützte Anna Ranch beherbergt heute ein volkskundliches Museum.

Waimea (Kamuela)

brachte das Vieh unter Kontrolle und verdiente ein Vermögen damit, ankommende Schiffsbesatzungen mit Fleisch zu versorgen. Angesichts des florierenden Geschäfts musste der Rinderbaron irgendwann sogar erfahrene Cowboys aus Kalifornien und Mexiko anheuern, um den Hawaiianern den Umgang mit Hornochsen und Pferden beizubringen. Durch die Heirat mit Prinzessin Kipikane, einer Tochter des Königs, durfte Parker zudem Land erwerben und eigene Herden züchten. Die Einheimischen lernten schnell, es entstand die Tradition der *paniolos*, der hawaiianischen Cowboys. Die Parker Ranch ist mit 90 000 Hektar Weideland, 50 000 Rindern und 100 Cowboys auch heute noch das bedeutendste Wirtschaftsunternehmen des Ortes und beliebtes Ausflugsziel mit herbem Bonanza-Charme. Neben dem Besuch eines eigenen Museums werden hier Reitstunden und Planwagenfahrten über die Hochebene angeboten. Am 4. Juli jeden Jahres findet hier das größte Rodeo Hawaiis statt. Bullenreiten, Lassowerfen und Pferderennen ohne Sattel, Livemusik und das beliebte Wettmelken der Kühe gehören zu den rustikalen Highlights.

Kultur und gute Küche

Einer der besten Köche auf Big Island bekocht seine weltläufigen Gäste inzwischen in Merriman's Restaurant. Peter Merriman, mehrfach preisgekrönt, gilt als einer der Begründer einer neuen regionalen hawaiianischen Küche. Ein Stück Hochkultur bringt auch das dunkelgrüne Kahilu Theatre an der Lindsey Road in die Hochebene, ein 490 Sitzplätze umfassendes Pilgerziel für Theater- und Konzertfreunde. Und wer genug von der nebeligen Kleinstadt hat, genießt auf der Fahrt entlang des Highways 19 Richtung Osten den herrlichen Blick über das Waipio Valley – dann, wenn sich die hier oft zähe Wolkendecke lichtet und die hawaiianische Sonne wieder strahlt.

Infos und Adressen

SEHENSWÜRDIGKEITEN

Kamuela Museum. Mit Exponaten von Hawaii bis Kanada zeigt das Privatmuseum ein amerikanisches Potpourri. 66-1655 Kawaihae Rd., Waimea, HI 96743, Tel. 808 885 4724, www.kamuelamuseum.com

ESSEN UND TRINKEN

Merriman's. Chefkoch Peter Merriman ist stolz auf seine führende Rolle als Mitinitiator einer neuen regionalen hawaiianischen Küche. 65-1227 Opelo Rd., Waimea, HI 96743, Tel. 808 885 6822, www.merrimanshawaii.com

Red Water Café. Fisch in Bananenblättern gedünstet, Thunfisch- und Krabben-Tempura – ein überzeugender Mix hawaiianischer und asiatischer Genüsse. 65-1299 Kawaihae Rd., Waimea, HI 96743, Tel. 808 885 9299, www.redwatercafe.com

ÜBERNACHTEN

Waimea Gardens. Zwei liebevoll eingerichtete Cottages und ein Studio inmitten der grünen Ausläufer der Kohala Mountains. 65-1632 Kawaihae Rd., Waimea, HI 96743, Tel. 808 885 8550, www.waimeagardens.com

Im Merriman's wird eine neue regionale Küche serviert.

31 Mauna Kea und die Saddle Road
Über den Wolken

Die Saddle Road, jene Straße von Kailua-Kona nach Hilo, die zwischen den Gipfeln des Mauna Kea und des Mauna Loa verläuft, war lange Zeit das Schreckgespenst der Autovermieter. Der Straßenzustand sei katastrophal, warnen auch heute noch viele Reiseveranstalter. Dabei trifft das schon lange nicht mehr zu. Wer es versäumt, diese Vulkanpiste entlangzufahren, verpasst einige der schönsten Ausblicke.

Der Mauna Kea ist mit 4205 Metern der höchste Berg Hawaiis. Ein gewaltiger Klotz: Vom Meeresgrund bis Normalnull sind es etwa 6000 Meter – ergibt insgesamt eine Höhe von mehr als 10 000 Metern. Und da er aufgrund seines Gewichts in den Meeresboden eingesackt ist, liegt sein Fuß sogar unter dem Grund des Pazifiks. Von dort bis zum Gipfel ist der Vulkan über 10 000 Meter hoch – dagegen nimmt sich der Mount Everest wie ein Winzling aus.

Atemberaubende Kulisse

Mehr als eine Million Jahre alt soll der Mauna Kea sein, und anders als sein Nachbar Mauna Loa ist er seit 4500 Jahren nicht aktiv. Ganz nahe heran an den ruhenden Riesen kommt man bei einer Fahrt über den Highway 200, die sogenannte Saddle Road. Sie ist von Kailua-Kona bis Hilo 85 Kilometer lang, bergig und hat viele, nicht einsehbare Kurven. Aber um schnellstmöglich von A nach B zu gelangen, fährt ohnehin niemand hierher. Sondern wegen der atemberaubenden Kulisse. Von ihrem einstigen Schrecken hat die Saddle Road einiges

Sonnenuntergang über den Wolken am Mauna Kea

verloren. Heute ist sie komplett geteert und größtenteils zweispurig ausgebaut. Und bleibt doch ein Abenteuer.

Man fährt zunächst vorbei an sattgrünen Weiden, dann durch ausgedehnte graue und schwarze Lavafelder. Am Pass der Saddle Road auf 2200 Metern Höhe befindet sich die Abzweigung zum Gipfel des Vulkans. Wer diese nicht wählt, für den geht es weiter über die zwar steile, aber mit normalen Autos zu befahrene Manua Kea Access Road zum Onizuka Center for International Astronomy Visitor Information Station – Namensgeber Ellison Onizuka, 1946 auf Big Island geboren, starb 1986 als Astronaut bei der Explosion der »Challenger«. Ab dem Onizuka-Center bis zum Gipfel, dem John Burns Way, empfiehlt sich dann aber tatsächlich ein Fahrzeug mit Allradantrieb. Oder wanderfestes Schuhwerk. Wer bei keiner geführten Gipfelkarawane mitmachen will, kann natürlich auch auf eigene Faust den Gipfel »erfahren«. Die 40-minütige Reise über die Schotterpiste führt vorbei am »Moon Valley« wo Apollo-Astronauten in den 60er-Jahren mit dem Mond-Rover trainierten. Und auch vorbei am Lake Walau, in dessen heiliges Wasser sogar moderne Hawaiianer ein Stück der Nabelschnur ihrer Neugeborenen werfen, weil es die Kinder stark wie ein Berg werden lässt.

Nicht ohne Kontroverse

Für Hawaiianer hat der Mauna Kea, der »weiße Berg«, spirituelle Bedeutung. Er ist der Wohnsitz dreier Gottheiten, eine von ihnen ist die Schneegöttin Poliahu, Schwester der Göttin Pele. Doch immer mehr Observatorien wurden und werden ohne Zustimmung der *locals* auf dem Berg errichtet. Anhaltende Proteste haben den Bau eines 30 Meter langen Riesenteleskops vorerst gestoppt. Fortsetzung folgt.

Infos und Adressen

SEHENSWÜRDIGKEITEN

Onizuka Center for International Astronomy Visitor Information Station. Das Besucherzentrum liegt 2800 Meter hoch über dem Meeresspiegel auf dem Mauna Kea und bietet Sternbeobachtungsprogramme und Gipfeltouren. Tgl. 9–22 Uhr, Tel. 808 961 2180, www.ifa.hawaii.edu/info/vis

W.M. Keck Observatory. Nicht auf Massentourismus, aber auf wenige interessierte Gäste ist die Visitor's Gallery am Gipfel des Vulkans eingestellt, die mit einer Ausstellung über laufende Forschungen informiert. Auch ein Blick auf das Keck I-Teleskop ist möglich. Mo–Fr 9–16 Uhr, Tel. 808 885 7887, www.keckobservatory.org

TOUREN

Arnott's Lodge and Hiking Adventures. Ein Hotspot für Weltenbummler, die keinen Wert auf Luxus, dafür mehr auf Gleichgesinnte legen. Hier findet man ein Angebot an Touren und Wanderungen, außerdem gibt es Leihfahrräder. Rustikale Unterkunft ohne Zivilisations-Schnickschnack, zum Teil in Mehrbettzimmern; im Garten darf das eigene Zelt aufgeschlagen werden. 98 Apapane Rd., Hilo, HI 96720, Tel. 808 339 0921, www.arnottslodge.com

Hawaii Forest & Trail. Zwei wärmende Imbisse, komfortable Allradfahrzeuge – die Zutaten für ein Abenteuer auf Hawaiis höchstem Gipfel sind bewährt und setzen nicht auf Risiko. Doch jede Tour Richtung Sternenhimmel ist auch hier ein einzigartiges Erlebnis. Tel. 808 331 8505, www.hawaii-forest.com

32 Hamakua Coast
Malerische Küstenroute

Im Nordosten von Hawaii Island liegt die Hamakua Coast. Diese regenreiche Region ist bekannt für den Hamakua Heritage Corridor Drive. Die Fahrt entlang der Küste führt vorbei an üppigen Regenwäldern, Wasserfällen und bezaubernden Meereslandschaften. Und am Ende der Straße 240, die vom Drive abbiegt, wartet mit dem Waipio Valley Lookout einer der malerischsten Ausblicke Hawaiis.

Am Morgen des 1. April 1946 erschütterte ein starkes Erdbeben die Inselgruppe der Aleuten, anschließend wälzte sich ein mächtiger Tsunami auf die Küste von Hamakua zu. Die Kinder trafen gerade an der Schule in Laupahoehoe ein, als das Meer plötzlich zurückwich. Neugierig liefen Schüler und Lehrer zum Strand. Dann kehrte die See als neun Meter hohe Wasserwand wieder. 24 Menschen erreichten die Schule nicht mehr. Sie wurden ins Meer gerissen und ertranken.

Heute werden die hawaiianischen Inseln durch ein hochmodernes Frühwarnsystem geschützt. Es gibt am Strand Sirenen und Wellenbrecher, tiefer liegende Gebiete wurden nicht wieder bebaut. Wegen der sich verschiebenden tektonischen Platten, die das Pazifische Becken umgeben, sind Tsunamis immer möglich.

Es grünt so grün …

Doch sollte man seinen Blick auf die Schönheiten entlang der Hamakua Coast richten: die schroffen Meeresklippen, die verschwenderisch bewachsenen Täler und tropischen Regenwälder.

Onomea Falls im Hawaii Tropical Botanical Garden

Grandioser Weitblick vom Waipio Valley Lookout

Der malerische Hamakua Heritage Corridor Drive, der Highway 19, beginnt in Hilo und endet am Waipio Valley Lookout. Er führt vorbei an alten Plantagenstädten und gigantischen Wasserfällen.

Nördlich von Hilo biegt man auf den Onomea Scenic Drive (Old Mamalahoa Highway) ab. Es geht durch eine üppiggrüne Landschaft zum Ausblick auf die Onomea Bay und weiter zum Hawaii Tropical Botanical Garden. Der Park liegt etwas versteckt in der Nähe des Dorfes Papaikou und beheimatet tropische Pflanzen aus aller Welt.

Wieder zurück auf dem Highway und weiter entlang der Küste biegt in Honomu die Straße zum Akaka Falls State Park mit seinem berühmten, 135 Meter hohen Wasserfall ab. Zurück geht es dann weiter auf dem Highway 19 Richtung Norden zu den World Botanical Gardens. In diesem Urwaldgarten gedeihen mehr als 5000 Arten hawaiianischer und tropischer Flora – stets mit Sicht auf den großen Mauna Kea. Hier stürzen die Umauma Falls in drei Wasserkaskaden herab.

Als nächster Halt empfiehlt sich im Point County Park am Meer der Laupahoehoe Point, ein Aus-

Nicht verpassen

WIE AUS DEM BILDERBUCH

Der Akaka Falls State Park befindet sich an der nordöstlichen Hamakua Coast. Erfreulich für Fußlahme: Hier kann man schon auf einer kurzen Wanderung zwei herrliche Wasserfälle bewundern. Der einen halben Kilometer lange und nur leicht ansteigende Pfad führt durch einen üppigen Regenwald mit wilden Orchideen, Bambushainen und herabhängenden Farnen. Nach kurzer Zeit erblickt man die 30 Meter hohen Kahuna Falls. Folgt man dem Rundweg weiter bis zur nächsten Biegung, gelangt man zu den hoch aufragenden Akaka Falls, die hier tief in eine Schlucht hinabstürzen – ein beeindruckendes Naturschauspiel. Actionfans können mit einer Zipline (einer Seilrutsche) über die Schlucht sausen – ein Erlebnis, das garantiert für Herzklopfen sorgt.

Skyline Eco Adventures. 281710 Honomu Rd., Honomu, HI 96728, Tel. 808 518 4189, www.zipline.com/bigisland

sichtspunkt mit herrlichem Blick auf die dramatischen Klippen und den Pazifik. Das Laupahoehoe-Zugmuseum ist der Hawaii Consolidated Railway gewidmet, auf der früher Güter und Passagiere an der Hamakua Coast befördert wurden. Gleich dahinter bietet die Kalopa State Recreation Area Wanderwege sowie einen Zeltplatz zum Verweilen.

Spirituelles Zentrum

Drei Kilometer weiter nördlich, im hübschen ehemaligen Plantagenstädtchen Honokaa, findet jeden Samstagmorgen ein *Farmers Market* statt. Hier, an der Mamane Street, ist seit 1930 auch das Honokaa People's Theater zu Hause. Heute bietet es dem Hawaii International Film Festival und dem Hamakua Music Festival eine Bühne. Am Ortseingang des Städtchens biegt die Honokaa-Waipio Road (State Highway 240) ab. Sie endet am Waipio Valley Lookout. Das Waipio-Tal war den Ureinwohnern heilig; im Valley of the Kings verbrachte King Kamehameha I. seine Jugend. Wer will, kann mit einer organisierten Kleinbus-Tour, bei einer Wanderung, einem geführten Ausritt zu Pferd oder in der Maultierkutsche das Tal erkunden.

Oben: Für manchen Waggon der »Hilo Railroad« endet hier die Fahrt.
Unten: Hüter der Gleise: So sahen Streckenwärter anno dazumal aus.

Infos und Adressen

SEHENSWÜRDIGKEITEN

Laupahoehoe Train Museum. Die Zeit der »Hilo Railroad« an der Hamakua-Küste begann 1899 und dauerte bis 1946, als ein gigantischer Tsunami Gleise und Einrichtungen zerstörte. Das kleine, liebevoll ausgestattete Museum zeigt Fotos und Exponate aus vergangenen Tagen. Do–So 10–17 Uhr, Mo–Mi nach Anmeldung. 36-2377 Mamalahoa Hwy., Laupahoehoe, HI 96764, Tel. 808 962 6300, www.thetrainmuseum.com

ESSEN UND TRINKEN

Tex Drive In. Bescheidenheit steht hier nicht ganz oben auf der Speisekarte. Denn die *Malasadas*, die himmlisch süßen Gebäckstücke nach portugiesischem Rezept, sollen *world famous* sein. Nun – köstlich sind sie auf jeden Fall. Ebenso wie das *ono Kine grindz*, die hawaiianische Küche, die hier seit 1969 serviert und geschätzt wird. 45-690 Pakalana St./Hwy. 19, Honokaa, HI 96727, Tel. 808 775 0598, www.texdriveinhawaii.com

ÜBERNACHTEN

The Palms Cliff House Inn. Ein Traum in Weiß, den Gäste in neun Suiten mitträumen können. Mehrfach ausgezeichnet, liegt das Hotel auf einem zwei Hektar großen Privatgrundstück direkt am Meer. Und auch noch so romantisch, dass hier auch gern geheiratet wird.
28-3514 Mamalahoa Hwy.,
Honomu, HI 96728,
Tel. 808 963 6076,
www.palmscliffhouse.com

AKTIVITÄTEN

Umauma Falls & Zipline Experience. Adrenalin pur, wenn man sich an einer dem Flying Fox ähnlichen *Zipline* übers Wasser gleiten lässt. Oder im Umauma River kajakt und schwimmt. Oder beim sogenannten Zip N Dip alles miteinander kombiniert. 31-313 Old Mamalahoa Hwy., Hakalau, HI 96710, Tel. 808 930 9477, www.umaumaexperience.com

Der Pazifische Goldregenpfeifer kann Strecken von mehreren Tausend Kilometern zurücklegen.

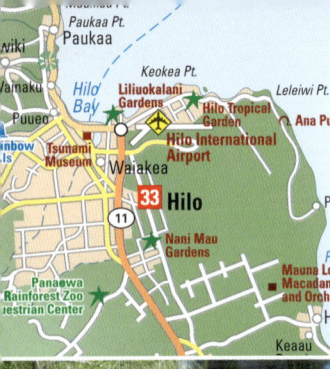

33 Hilo
Faszinierender Schrecken

Zuerst die schlechte Nachricht: Hilo ist die regenreichste Stadt Hawaiis. Und die einzige, die gleich von vier Naturkatastrophen bedroht ist: den Lavaströmen eines hochaktiven Vulkans, dazu Starkregen, Erdbeben und Tsunamis. Und touristisch gesehen hat es auf den ersten Blick auch nicht viel zu bieten. Außer vielleicht den Flughafen und jede Menge Shopping. Stimmt alles – und dann doch wieder nicht.

Was an Hilo abschrecken mag, macht es andererseits zur Attraktion. Beispiel Regen: Mit bis zu 4000 Millimeter Niederschlag im Jahresdurchschnitt ist die Stadt eine der regenreichsten Gemeinden Hawaiis. Dafür wird der Besucher aber von Abermillionen herrlich blühender Orchideen entschädigt. Die Königin der Blumen liebt's halt feucht. Oder die Bedrohung durch Vulkane: Natürlich mag die Nähe zum Kilauea, dem aktivsten Vulkan Hawaiis, manchem Einwohner Sorge bereiten. Für Touristen aber ist der mächtige Feuerspucker eine Hauptattraktion. Und die 47 000-Einwohner-Stadt der ideale Standort, wenn man einen Ausflug zum Hawaii Volcanoes National Park plant.

Lauschige Parks

Lange Zeit war Hilo ein bedeutender Umschlagplatz für Waren aller Art. Nach der Vereinigung des Inselreiches durch König Kamehameha I. diente der Ort sogar sechs Jahre lang als Hauptstadt. Das von den Amerikanern Anfang des 19. Jahrhunderts eingeführte Zuckerrohr führte zu einem wirtschaftlichen Boom. Hilos historische, wellblechgedeckten Gebäude erinnern an diese goldene Ära.

Lauschiges Plätzchen:
die Liliuokalani Gardens

In den Jahren 1946 und 1960 wurde die Stadt an der »Mondsichelbucht« beinahe von zwei Tsunamis verschluckt. Im Anschluss daran verzichteten die Stadtoberen darauf, an einem Teil der Bucht Gebäude zu bauen. Heute gibt es dort lauschige Parks wie die Liliuokalani Gardens mit Fischteichen, Pagoden und Felsgärten. Das grüne Refugium wurde zu Ehren der ersten japanischen Immigranten errichtet, die auf den Zuckerrohrfeldern arbeiteten. Und benannt nach der letzten Königin Hawaiis, Queen Liliuokalani (1838 bis 1917), die auch eine begnadete Komponistin war: Sie schrieb mehr als 100 Lieder, darunter das weltberühmte »Aloha 'Oe«.

Beginnen sollte man einen Stadtspaziergang entlang der Kamehameha Avenue. Es geht vorbei an hübschen Kunstgalerien und Läden zum beliebten Hilo Farmers Market, auf dem Bauern und Handwerker täglich frische Früchte, Pflanzen und Kunsthandwerk anbieten. Vom benachbarten Wailoa River State Park grüßt die höchste der vier Kamehameha-Statuen des Archipels.

Nur über eine Fußgängerbrücke erreichbar ist das kleine, vorgelagerte Coconut Island, heute ein Ausflugsziel mit Park und winzigen Stränden. Früher stand hier ein Tempel, in dem rituelle Heilungen stattfanden. Der nahe Banyan Drive, der die Waiakea Peninsula umfährt, verdankt seine Allee der Idee, Berühmtheiten als Gärtner einzuspannen: Präsident Franklin D. Roosevelt, Regisseur Cecil de Mille, Footballspieler »Babe« Ruth und andere Promis durften hier einen Banyanbaum pflanzen.

Im Westen von Hilo liegt der Wailuku River State Park. Hier stürzen die 30 Meter hohen Rainbow Falls in ein rundes Felsenbecken, über dem ein Gischtschleier wabert. Bei Sonnenschein ist ein herrlicher Regenbogen zu sehen.

Infos und Adressen

SEHENSWÜRDIGKEITEN

Imiloa Astronomy Center. Ein Planetarium bietet Wissenswertes aus fernen Sternenwelten. Di–So 9–17 Uhr, 600 Imiloa Place, Hilo, HI 96720, Tel. 808 969 9700, www.imiloahawaii.org

Pacific Tsunami Museum. Die Dokumentation früherer Tsunamis wird hier begleitet von Aufklärung über Vorsorge und Verhalten im Notfall. Di–Sa 10–16 Uhr, 130 Kamehameha Ave., Hilo, HI 96720, Tel. 808 935 0926, www.tsunami.org

ESSEN UND TRINKEN

Café Pesto. Allein das Ambiente des historischen Hata-Buildings lohnt den Besuch. Gutes italienisches Essen und großartiger Kaffee. 303 Kamehameha Ave. 101, Hilo, HI 96720, Tel. 808 969 6640, www.cafepesto.com

ÜBERNACHTEN

Shipman House Bed and Breakfast Inn. Einziges original viktorianisches B&B auf Big Island. Antiquitäten im Haus und Mangobäume im Garten. 131 Kaiulani St., Hilo, HI 96720, Tel. 808 934 8002, www.hilo-hawaii.com

Blick von der Hilo Bay zum Banyan Drive

34 Puna District
Gefräßige Lava

Die Ostspitze von Big Island hat ihren ureigenen Charakter. Farmer leben hier neben Althippies und Aussteigern. Nichts wird für die Ewigkeit gebaut, können die Lavaströme des Kilauea doch jederzeit im Vorgarten vorbeischauen. Vom Städtchen Pahoa aus geht die Rundfahrt über Kapoho nach Kaimu. Sehenswert: die Klippen im MacKenzie State Park und die frisch erstarrten Lavaströme bei Kalapana.

Hollywood-Regisseur George Lucas und sein Team hätten sich kaum eine bessere Kulisse für ihren Indiana Jones-Film »Das Königreich des Kristallschädels« aussuchen können. Eine besonders eindrucksvolle Szene spielt im Puna District am Fuß des Vulkans Kilauea. Eine wahrhaft fotogene Landschaft aus üppigen Regenwäldern, schwarzen Sandstränden, erstarrten Lava-Bäumen, Meeresthermalbecken und erkalteten wie aktiven Lavaströmen.

Im Städtchen Pahoa, bekannt für seine Orchideen- und Anthurienfarmen, reihen sich auf einer einladenden Promenade Läden und Restaurants aneinander. Hier steht das 1917 gebaute Akebono-Theater, das gern für Rock- und Reggaekonzerte genutzt wird. An einem Wochenende lohnt sich ein Abstecher zum *Makuu Farmers Market* an der Keaau-Pahoa Road, wo man Bananen, Macadamianüsse, Mangos und Papayas kaufen kann.

Vor ein paar Jahren erreichte ein Lavastrom vom Kilauea die kleine Ortschaft. Mit rund 1000 Grad Celsius war die Lava heiß genug, um Straßen und Gebäude einzuäschern. Die Bewohner von 50 Häu-

Oben: Badespaß in den geschützten Kapoho Tide Pools
Unten: Unablässig »nagt« die Brandung an der Küste.

Christusfigur vor der Sacred Heart Church

sern wurden evakuiert, viele verließen
ihr Zuhause jedoch nur widerwillig.
Unaufhaltsam bewegte sich der Lavastrom mit einer Geschwindigkeit von bis zu
20 Metern pro Stunde auf den Ort zu, ehe er zum
Stillstand kam. Den Friedhof hatte er allerdings
unter einer dicken Gesteinsdecke begraben.

Wohltemperierter Badespaß

Am östlichsten Ende von Hawaii Island liegt Cape
Kumukahi – hier kann man in landschaftlich reiz-
voller Umgebung wandern und die angeblich sau-
berste Luft der Welt atmen. Das Cape Kumukahi
Lighthouse wurde bei einem Ausbruch des Kilauea
im Jahr 1960 von Lavaströmen verschont; als
hätte Moses das Meer geteilt, floss die glühend
heiße Masse rechts und links an dem Stahlgerüst
vorbei. Rund 1,5 Kilometer in südlicher Richtung
liegt die Kapoho Bay, wo vulkanisch gewärmte
Gezeitenbecken, die Kapoho Tide Pools, Bade- und
Schnorchelspaß versprechen.

Weiter entlang der Küste lohnt sich ein Abstecher
zur Mackenzie State Recreation Area. Hier donnern beeindruckende Brecher an die Steilküste.
Schwimmen ist sehr gefährlich, einige Kreuze

Einfach gut!

WERKSTATT DER VULKANGÖTTIN

Viele Bewohner Hawaiis
behaupten, dass Puna die
Werkstatt der stürmischen Vulkangöttin Pele ist, von wo aus sie
das Land immer wieder neu er-
schafft. Oder auch die Zeit zu Stein
werden lässt. So wie im Lava Tree
State Park, wo sich ein rund ein Kilometer langer Pfad durch die im
18. Jahrhundert durch einen Lavafluss hinterlassenen Baumstammab-
drücke windet. Es waren einheimische Ohia-Bäume – mit botanischem
Namen *Metrosideros polymorpha* –
die sich damals stoisch der glühend
heißen und klebrigen Masse in den
Weg stellten. Ohne Chance und ohne
Erfolg, wie man sich nur unschwer
vorstellen kann. Immerhin: Ihre Ab-
drücke wurden so in einem wunder-
samen Skulpturengarten konserviert.
Zu bewundern sind sie rund vier Kilometer südöstlich von Pahoa.

Lava Tree State Park. An der
Pahoa-Pohoiki Road (Hwy. 132),
Tel. 808 961 9540

für verunglückte Surfer zeugen von vergangenen Dramen. Sicherer sind da die vom Vulkan gewärmten Wasserbecken im Ahalanui Park an der Kalapana-Kapoho Road. Der benachbarte Kehena Beach ist ein abgeschiedener schwarzer Sandstrand mit bizarren Felsformationen, an denen sich krachend die Brandung bricht.

Glühend heißer Wasserkocher

Das meistbesuchte Ziel der Puna-Region ist Kalapana. Im Jahr 1990 begrub ein Lavastrom Teile der historischen Stadt und den schwarzen Sandstrand von Kaimu unter einer meterhohen Lavadecke. Pele, die Göttin des Vulkans, hatte sich wieder einmal von ihrer destruktiven Seite gezeigt. Es gab keine Toten, jedoch wurden 182 Häuser und Hawaiis ältester Tempel *(heiau)* zerstört. Heute ist hier ein gänzlich neuer Küstenstreifen entstanden. Vom Kalapana-Aussichtsareal am Ende des Highways 130 in Puna kann man beobachten, wie ein paar Kilometer entfernt extrem heiße Lava ins Meer fließt – das Wasser kocht in Sekundenschnelle und verdampft in weißen Rauchfahnen.

Oben: Direkt an der Küste entlang geht es auf dem Highway 137.
Unten: Ein Baumdach über einer Straße im Puna District

Infos und Adressen

Hawaiianisches Lebensgefühl kommt im Aloha-Haus auf …

ESSEN UND TRINKEN

Kaleo's Bar & Grill. Auszeichnungen zeugen vom Ehrgeiz der ambitionierten Crew und ihrer hawaiianisch geprägten Küche. 15-2942 Pahoa Village Rd., Pahoa, HI 96778, Tel. 808 965 9990, www.kaleoshawaii.com

Spoonful Café. Kulinarische Mischung aus Thai und Hawaii. Das passt wunderbar – nicht nur, weil es sich reimt. 16-569 Old Volcano Rd., Keaau, HI 96749, Tel. 877 755 6983

ÜBERNACHTEN

Coconut Cottage. Hübsches B&B in einem tropischen Garten. Mehrfach ausgezeichnet, liegt es günstig zu vielen Sehenswürdigkeiten. 13-1139 Leilani Ave., Pahoa, HI 96778, Tel. 866 204 7444, www.coconutcottagehawaii.com

TOUREN

Aloha-Haus. Schönes Gästehaus unter einem riesigen Banyanbaum. Von hier aus organisiert die deutschsprachige Autorin Lisa Biritz Touren zum Delfinschwimmen und bietet schamanische Heilseminare – New Age at it's best! Tel. 808 345 4808, www.lisarainbow.com

Kapohokine Adventures. Täglich geht es von Kona und Hilo aus zu Abenteuertouren – Vulkane inklusive. 224 Kamehameha Ave. 106, Hilo, HI 96720, Tel. 808 964 1000, www.kapohokine.com

Lava Ocean Adventures. Fachkundige Führungen bei Vulkan-Touren, Lava-Wanderungen oder Bootsfahrten entlang der Puna-Küste. Isaac Hale Beach Park, Pohoiki Bay, Pahoa, HI 96778, Tel. 808 965 3137, www.lavaocean.com

Paradise Helicopters. Naturgewalten von oben: mit dem Helikopter zu den Vulkanen und Wasserfällen von Big Island. Flughafen Hilo (ITO), 1363 Mokuea St., Hilo, HI 96720, Tel. 808 969 7392, www.paradisecopters.com

… auch Delfinschwimmen wird hier angeboten.

Der Hawaii Volcanoes National Park
gehört zum UNESCO-Weltnaturerbe.

35 Hawaii Volcanoes National Park
Feuer frei aus allen Kratern

Hier kann man Gott beim Schöpfungsakt auf die Finger schauen: live und in 3-D. Der Hawaii Volcanoes National Park beheimatet mit dem Kilauea einen der aktivsten Vulkane der Welt. Die Gelegenheit, am ursprünglichen Prozess der Schaffung und Zerstörung einer Landschaft teilzuhaben, macht den Park zu einem Besuchermagneten. Und zu einem heiligen Ort für die Ureinwohner des Inselarchipels.

Ein Ausflug zum Hawaii Volcanoes National Park gehört zweifellos zum touristischen Muss auf Big Island. Der 1916 gegründete, mehr als 1000 Quadratkilometer große Nationalpark erstreckt sich vom Gipfel des Mauna Loa bis zum Pazifik. Hier finden Besucher Vulkankrater, verbrannte Wüsten, Regenwälder und begehbare Lavaröhren. Und mit dem Kilauea den heißesten Vulkan der Welt. Ein Laboratorium der Schöpfung, sozusagen. Mit Auszeichnungen und Sternchen: 1987 wurde der Park von der UNESCO offiziell zum Weltnaturerbe erklärt.

Wenn man am Parkeingang den Eintritt von 15 Dollar pro Fahrzeug entrichtet hat, steht ein Besuch des Visitor Centers als Allererstes auf der To-do-Liste. Die Park Ranger hier sind kompetente Ansprechpartner für alle Fragen. Kartenmaterial bekommt man ebenso wie Informationen zu Wanderwegen und zu Fauna und Flora. Permits für Aufenthalte über Nacht auf einem der Campingplätze ebenfalls. Nicht verpassen sollte man den kurzen Film, der stündlich im

Unruhige Feuerspucker faszinieren die Besucher des National Parks.

Volcanoes National Park

kleinen Kino läuft. Er zeigt beeindruckende Aufnahmen von den jüngsten
Ausbrüchen des Kilauea. Was man dabei
lernt? Dass der Feuerspucker 1220 Meter
hoch ist und noch immer wächst. Dass der Name
in der Sprache der hawaiianischen Ureinwohner
so viel wie »viel speien« bedeutet. Dass hier im
Park dichter Regenwald direkt an junge Lavaströme grenzt. Und dass im Krater Halemaumau
der Legende nach die Feuergöttin Pele ihren
Sitz hat.

Wilde Lavaformen

Eine Landschaft der Gegensätze: Der Regenwald
auf der windzugewandten Seite des Kilauea
weicht der kahlen, windigen Wüste auf dem heißen, trockenen Südwesthang. An der Küste formen Meereswellen schroffe Felsen. Periodische
Ausbrüche erzeugen frische Lavaströme, die das
Meer in riesige Dampfwolken hüllt. Wandernd
kann man hier ein vulkanisches Wunderland ent-
decken. Über 200 Kilometer rauer Pfade führen
durch blanke Lava in wild verdrehten Formen,
Schlackenkegeln und offenen Spalten, durch
subtropische Wälder oder bis zum Kraterrand
des Mauna Loa. Bei langen Wanderungen stehen
für Besucher einige Hütten und Unterstände für
die Nacht bereit. Für ihre Benutzung sind eine
Genehmigung und Reservierung bei der Parkver-
waltung erforderlich.

Ansonsten stehen die drei kleinen Campingplätze
Kamoamoa, Kipuka Nene und Namakani Paio
Besuchern das ganze Jahr über zur Verfügung –
auch ohne Reservierung. Wer eine mehrtägige
Tour unternehmen möchte, sollte an eine ausrei-
chende Wasserversorgung denken. Im Sommer
bieten die Ranger geführte Wanderungen durch
den Park an.

Einfach gut!

ZWISCHEN KREATIVEN UND FORSCHERN

Nur fünf Minuten vom Ein-
gang des Hawaii Volcanoes National Park am Highway 11 gelegen,
ist Volcano Village mehr als nur ein
Zwischenstopp auf dem Weg zu den
großen Feuerspuckern. Hier leben
Glasbläser, Maler und Töpfer zwischen hohen Kiefern und Ohia-Bäu-
men ihre kreativen Energien aus.
Vulkanologen und Farmer haben sich
das Städtchen ebenfalls als Wohnort
gewählt. Ein Hauch von Hippie-Flair
liegt in der Luft. Hübsche Galerien
und kleine Restaurants sind allemal
einen Besuch wert. Man trifft sich
am Sonntagmorgen zum Bauernmarkt im Cooper's Center an der
Wright Road, um frische Blumen,
Gemüse der Region und köstliche
Backwaren zu kaufen. Wer die Vulkane erkunden oder das monatliche
»After Dark in the Park« miterleben
möchte, deckt sich hier mit Sandwi-
ches, Wasser, Sonnenschutzmittel
und Taschenlampen ein.

Glühende Fontänen aus flüssigem
Gestein in der Nähe von Puu Oo

Entlang des Crater Rim Drive hat man vom eigenen Fahrzeug aus aber ebenfalls spektakuläre – und weitaus sohlenschonendere – Ausblicke auf die Caldera des Kilauea, des Kilauea Iki und des Halemaumau (bedeutet auf Hawaiianisch »Farnhaus«). Anstelle einer schroffen Spitze besitzt der Kilauea an seiner höchsten Stelle ein abgerundetes Plateau mit einer von Felsen begrenzten Einbuchtung.

Gewaltiger Krater

Diese ist zwischen drei und fünf Kilometer breit und an der Nordseite etwa 120 Meter tief. Entstanden ist dieser gewaltige Krater nicht durch langsames Absinken, sondern infolge von plötzlichen Einbrüchen, die von schweren Erdbeben begleitet wurden. Der Kraterboden sackte dabei mehrmals dramatisch ab. Dann folgten Jahrhunderte, in deren Verlauf sich die abgesunkene Caldera wieder auffüllte, der letzte große Einsturz am Kilauea geschah im Jahr 1790. Als der englische Missionar William Ellis 1823 den Kilauea als erster Nicht-Hawaiianer besichtigte, war der Krater des Vulkans noch doppelt so tief wie heute.

Oben: Rauchwolke des Vulkans im goldenen Abendlicht
Mitte: Eingang zur Lavahöhle – vom Regenwald in die Unterwelt
Unten: Bogen aus erkaltetem Magma an der Chain of Craters Road

GUT ZU WISSEN

KRACHEN, DAMPFEN UND SPEIEN

Der Hawaii Volcanoes National Park, so lernt man im Besucherzentrum, sei trotz der lebensfeindlichen Landschaft Heimat einer ganz erstaunlichen Fauna und Flora. Experten sprechen von »außerordentlicher Biodiversität«. Manche endemische Pflanzen und Tiere seien jedoch wehrlos fremden Arten ausgesetzt. Das mag bedauerlich sein. Aber die meisten Besucher kommen hierher, um es krachen, dampfen und speien zu sehen. Für botanische Studien ist dann anderswo mehr Zeit und Muße.

Rundtour durch den Park

A Kilauea Visitor Center – Stündlicher Informationsfilm über den Park. Buchung von Touren und Karten. Tgl. 7.45–17 Uhr

B Crater Rim Drive – 17 Kilometer lange Straße führt direkt zu den Hauptattraktionen: Kilauea Overlook, Jaggar Museum, Halemaumau Crater, und Thurston Lava Tube.

C Thomas A. Jaggar Museum – Geologische Ansichten, Karten und Videos. Tgl. 8.30–17 Uhr

D Halemaumau Crater – 1967 war der dampfende Krater noch mit Lava gefüllt, die jedoch nach und nach abfloss.

E Thurston Lava Tube (Nahuku) – Wandern durch eine 500 Jahre alte Lavahöhle, die entstand, als die Außenseiten eines Lavastroms schneller erkalteten als das Innere.

F Puu Oo Vent – Hier fließt die Lava ins Meer. Zu beobachten am Ende der Chain of Craters Road oder am neuen Aussichtspunkt in Kalapana außerhalb des Parks.

G Chain of Craters Road – Zweigt in Richtung Süden vom Crater Rim Drive ab und endet nach einem Kilometer an einem Lavafluss, der die Straße über schwappt hat. Rangerstation tgl. 10–21 Uhr

H Volcano House – Seit 1846 in Betrieb mit Ausblick auf den Halemaumau Crater.

I Sulphur Banks (Schwefelbänke) – Vulkanische Gase treten aus dem Boden.

J Kilauea Iki – Durch Regenwald geht es hinab in einen Krater über einem erstarrten Lavasee, der seit der Eruption 1959 immer noch dampft. Vom Parkplatz am Kilauea-Iki-Aussichtspunkt aus verläuft der Rundweg gut sechs Kilometer.

K Puu Huluhulu Cinder Cone (Aschekegel) – Wandern über Lava zu einem Aussichtspunkt auf dem 45 Meter hohen Aschekegel.

L Puuloa Petrolyphs (Petroglyphen) – Ein Wanderweg führt zu den kunstvoll in Stein geritzten Zeichnungen. Der Rundgang (2,5 km) beginnt an der Puuloa-Petroglyphs-Parkbucht.

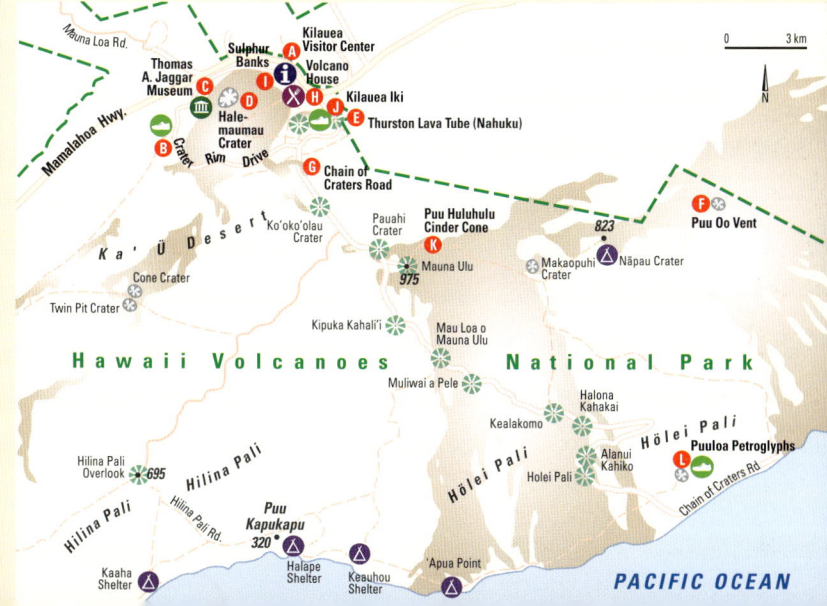

Einfach gut !

Später widmete der Geologie-Professor Thomas A. Jaggar (1871 bis 1953) seine Arbeit der Erforschung des Kilauea. Er machte den Vulkan zu einem der am besten erforschten Feuerberge weltweit – und erreichte zudem, dass das Gebiet rund um den Vulkan zum Nationalpark erklärt wurde.

Kein Pech, aber Schwefel

Einen brodelnden Vulkan mit eigenen Augen zu sehen, ist nicht nur für Wissenschaftler ein faszinierendes Erlebnis. Aus sicherer Entfernung beobachten tagtäglich zahlreiche Besucher vom Halemaumau Overlook aus die Feuerbrunnen und die glühenden, talwärts strömenden Lavaflüsse. Die Magma ist hier nicht nur außerordentlich heiß, sondern auch besonders dünnflüssig. Wer sich allerdings dem Krater des Halemaumau nähert, darf wegen der konzentrierten Schwefeldämpfe nicht an Asthma, Atemwegserkrankungen oder Herzbeschwerden leiden. Doch auch als gesunder Mensch sollte man sich hier nicht stundenlang aufhalten. Es riecht nach faulen Eiern, überall am Wegrand um den Krater dampft es, und gelbe Schwefelkristalle lagern sich an der Oberfläche ab. Ist die Konzentration in der Luft zu hoch, wird der Aussichtspunkt geschlossen.

Im Reich von Pele

Der Halemaumau-Krater ist der Wohnsitz von Pele, heißt es. Die Einheimischen bringen der Göttin der hawaiianischen Vulkane auch heute noch Opfergaben an den Rand der Caldera. Während der alljährlichen »Aloha-Week« werden auf dem Kraterrand formelle Kultfeiern mit traditionellen Hula-Tänzen und Gesängen zelebriert. Wer sich Ende September und Anfang Oktober hier aufhält, kann dieses mystische Schauspiel live miterleben.

Spaziergang auf den skurrilen Formen kalter Lava

Infos und Adressen

SEHENSWÜRDIGKEITEN

Hawaii Volcanoes National Park. Informationen über den Park findet man unter www.nps.gov/havo. Täglich aktualisierte Informationen zu Ausbrüchen des Kilauea unter Tel. 808 967 7328

ESSEN UND TRINKEN

Thai Thai Restaurant. Ob es unbedingt authentisch ist, thailändisch dort zu essen, wo Hawaii am hawaiianischsten ist? Wenn es allerdings eine so überzeugende Qualität hat wie hier – warum nicht? 19-4084 Old Volcano Rd., Volcano, HI 96785, Tel. 808 967 7969, www.lavalodge.com/thai-thai-restaurant.html

The Rim at the Volcano House. Spektakulärer geht es nicht: Während man hier die gehobene hawaiianische Küche genießt, blickt man quasi in die Caldera, den »Kochtopf« des Kilauea. Crater Rim Drive, Volcano, HI 96718, Tel. 808 756 9625, www.hawaiivolcanohouse.com/dining

ÜBERNACHTEN

Hawaii Volcano House. Seit 1846 beherbergt Hawaiis ältestes Hotel Gäste, die den fantastischen Ausblick auf den Halemaunau Crater genießen. 33 Zimmer und Übernachtungsmöglichkeiten auf dem nahen Namakanipaio-Campingplatz. Crater Rim Drive, Hawaii National Park, HI 96718, Tel. 808 756 9625

Volcano Mist Cottage. Eine hinreißende Mischung aus Sternehotel und Bio-Ferienapartments, eingebettet in einen grünen Regenwald. 11-3932 9th St., Pahoa, HI 96778, Tel. 808 895 8359, www.volcanomistcottage.com www.hawaiivolcanohouse.com

Kilauea Lodge. Was 1938 als Pfadfindercamp begann, hat sich zu einem elegant-gemütlichen Landgasthaus entwickelt mit behaglichen Suiten und Cottages. 19-3948 Old Volcano Rd., Volcano, HI 96785, Tel. 808 967 7366, www.kilauealodge.com

Glühendes Gestein, Wolken und Meer – ein Laboratorium der Schöpfung

NIIHAU UND KAUAI

Niihau 36

36 Niihau
»Do not disturb«

Eine karge Insel, von schäumender Brandung umgeben. Vom Hubschrauber aus erkennen Besucher ein paar Häuser, dürre Vegetation auf roter Erde – ansonsten viel Sand. Niihau, die »Verbotene Insel«, ist ein vom Tourismus weitgehend unberührter kleiner Archipel im äußersten Nordwesten Hawaiis von gerade einmal 180 Quadratkilometern mit einer ebenso interessanten wie verstörenden Geschichte.

Am Anfang stand eine Immobilientransaktion: 1864 verkaufte König Kamehameha V. die kleine Insel für 10 000 Gold-Dollar an Elizabeth Sinclair (1800–1892), Witwe des Royal Navy-Kapitäns Francis W. Sinclair. Die Schottin hatte mit ihrem Mann in Neuseeland gesiedelt und lebte nach seinem Tod mit ihren Kindern auf Hawaii. Damals soll es auf dem Eiland mehr als 300 Menschen und 20 000 Schafe gegeben haben. Sehr bald zeigte sich jedoch, dass Niihau nicht das Klima für eine lohnende Landwirtschaft besaß. Die Familie Robinson, Nachkommen Elizabeth Sinclairs, entschied sich, auf ihrer privaten »Arche Noah« bedrohte Tiergattungen und Pflanzenarten zu bewahren, aber auch Kultur und Sprache der Eingeborenen zu konservieren. Konsequent ist seit 1915 der Zugang zur Insel blockiert. Seit Hawaii 1959 der 50. US-Bundesstaat wurde, sind die Einwohner Niihaus zwar Bürger der Vereinigten Staaten, doch als Alleinbesitzer behalten sich die Robinsons vor, Menschen, Fauna und Flora in völliger Isolation zu belassen. Nur selten werden Einsatzübungen der US-Navy gewährt oder Jagdgruppen geduldet. Gegen Bezahlung, versteht sich.

Seite 198/199: Kauai aus der Luft betrachtet, mit Blick auf Berge, Küste und Meer
Unten: Abendstimmung am palmengesäumten Strand von Niihau

Nach Gutsherrenart

1991 wurde die einzige Farm der Insel aufgegeben. Seitdem bestreiten die Brüder Keith und Bruce Robinson, die zu den zehn wichtigsten hawaiianischen Großgrundbesitzern gehören, alle Kosten für Lebensunterhalt und Krankenversorgung der mittlerweile 160 Bewohner. Traditionelle Lebensweise statt Fortschritt und Technologie, so lautet hier die gutsherrenartige Devise. Erboste Kritiker sprechen sogar von einem »Menschengehege«. Wie auch immer: Niihau ist eine Welt ohne Strom, Telefon und Auto. Gefischt wird mit Speeren, bezahlt mit Muscheln. Schnaps und Zigaretten sind verpönt und Pferde das Transportmittel. Mittlerweile gibt es im Schulhaus von Puuwai, dem einzigen Ort des Eilands, allerdings einen Computer, der mit Solarenergie betrieben wird.

Wer einen Blick auf die »Verbotene Insel« werfen möchte, bucht einen Helikopterflug, der von Kauai startet und Niihau überfliegt. Zusätzlich werden auch Bootstouren angeboten, bei denen auf Niihau ein Stopp zum Schnorcheln eingelegt wird. Ohne Kontakt zu den Einheimischen.

Einmal jedoch setzte die Weltgeschichte ihren Fuß auf das Eiland. Ungewollt, als Notlandung. Der japanische Pilot Nischikaischi flog die Insel an, nachdem sein Flugzeug beim Angriff auf Pearl Harbor am 7. Dezember 1941 von der amerikanischen Flakabwehr getroffen wurde. Die Bewohner Niihaus wussten nichts von dem Bombardement und erwiesen dem vom Himmel gefallenen Fremden ihre traditionelle polynesische Gastfreundschaft. Dann jedoch gab es Streit – und der Japaner bedrohte Einheimische mit seiner Pistole. Eine Woche später wurde er von einer Hawaiianerin mit einem Stein erschlagen.

Infos und Adressen

TAGESAUSFLÜGE

Holo Holo Charters. Mit dem Katamaran zum Tagestripp über den Kaulakahi Channel nach Niihau und ausgedehnte Möglichkeit zum Schnor-cheln im kristallklaren Wasser. 53 Waialo Rd., Eleele, HI 96705, Tel. 808 848 6130, www.holoholokauaiboattours.com

Niihau Helicopters. Überflüge über Hawaiis »Verbotene Insel« inklusive Geschichtsunterricht und – so es der Wind erlaubt – Landung an einem abgelegenen Strand zum Schnorcheln und Relaxen. Und zum Beobachten von Riffhaien. 12550 Kaumualii Hwy., Kaumakani, HI 96747, Tel. 877 441 3500, www.niihau.us/heli.html

Niihau Safaris Ltd. Die Besitzer der Insel bieten Interessierten die Möglichkeit, auf geführten Safaris zu jagen. Zum Abschuss stehen wilde Schafe und Wildschweine, Nachfahren importierter Haustiere, die sich hier überreichlich vermehren. Tel. 877 441 3500, www.niihau.us/safaris.html

Auf der »Verbotenen Insel« wird traditionell mit Muscheln gezahlt.

Paralleles Tosen: die beiden
Kaskaden der Wailua Falls

37 Lihue
Sprungbrett ins Paradies

20 Minuten dauert der Flug von Honolulu nach Lihue. Wer von der Inselhauptstadt pulsierendes Leben erwartet, wird enttäuscht. In dem 6500-Seelen-Nest geht es betulich zu. Wegen Nightlife und Remmidemmi kommt ohnehin niemand nach Kauai. Eher wegen der dramatischen Naturkulisse. Das wissen auch Hollywood-Regisseure: Die Insel war Drehort der Filme »Jurassic Park«, »King Kong« und »Indiana Jones«.

Lihues unspektakuläres Stadtzentrum konzentriert sich um die Rice Street mit ihren Restaurants,

Einfach gut!

Shops, Banken und dem Postamt. Gleich um die Ecke liegt Kauisais größtes Einkaufszentrum, das Kukui Grove Shopping Center, mit mehr als 50 Geschäften. Ansonsten: keine Megaresorts und Gebäude nur bis zur Palmen-Obergrenze. Kauai ist die ursprünglichste und am wenigsten überlaufene Insel Hawaiis. Ihr Verwaltungssitz Lihue ist bis heute keine eindrucksvolle Stadt – mit dem Flughafen und einem Terminal für Kreuzfahrtschiffe eher Ausgangspunkt für Ausflüge auf Kauai.

Kalte Winde und Zuckerrohr

Der Name »Lihue« leitet sich von den kalten Winden ab, die hier gelegentlich vom Pazifik pusten. Der Ort lebte einst vom Zuckerrohranbau, heute vom Tourismus. Zu seinen Sehenswürdigkeiten zählt das Kauai Museum. Hier erfahren Besucher Wissenswertes und Skurriles über die Entstehung des Archipels, das Leben der Einheimischen und die Ankunft von Captain Cook an Kauais Küste im Jahr 1778. Und über deutsche Plantagenarbeiter, die 1881, nach sechsmonatiger Fahrt um Kap Hoorn, hier ankamen. 1885 bauten sie die erste lutherische Kirche Hawaiis, in Erinnerung an die gefahrvolle Schiffsreise, innen wie ein Schiff gestaltet. Bis in die 1960er-Jahre wurden Gottesdienste in deutscher Sprache gefeiert.

Ein Besuch des Grove Farm Homestead Museum bietet Einblicke in die blühende hawaiianische Zuckerindustrie des späten 19. Jahrhunderts mit ihrem Ursprung auf Kauai. Die Grove Farm, eine der ersten Zuckerplantagen, wurde 1864 gegründet. Etwas außerhalb, am Highway 50, liegt das Kilohana Estate, das im Stil der 30er-Jahre wiedererrichtet wurde. Es vermittelt einen Eindruck vom Leben auf einer Plantage und zeigt eine Sammlung lokaler, asiatischer und pazifischer Kunst.

PLANTAGE IM TUDORSTIL

Westlich von Lihue ermöglicht die restaurierte Kilohana-Plantage einen Einblick in das Leben der 1930er-Jahre. Der ehemalige Wohnsitz der Wilcox', einer der berühmtesten Familien der Insel, bietet einen malerischen Hintergrund im Tudorstil für Ausflüge und theatralische *Luau*. Gepflegte Rasenflächen säumen das Anwesen, in dem sich heute das Restaurant Gaylord's at Kilohana und eine Reihe einzigartiger Läden wie die Koloa Rum Company niedergelassen haben. Der ehemalige Mittelpunkt einer großen Zuckerplantage war früher Zentrum des kauaianischen Geschäfts-, Kultur- und Gesellschaftslebens. Heute fährt die »Classic Kauai Plantation Railway« Besucher durch tropische Gartenanlagen; Pferdefreunde genießen stilvolle Kutschfahrten.

Kilohana Plantation. 3-2087 Kaumualii Hwy., Lihue, HI 96766, Tel. 808 245 9593, www.gaylordskauai.com

Stilvolles Plantagenhaus im englischen Tudorstil

Freizeitspaß bieten die Strände in der Region Lihue. Am geschäftigsten geht es am Kalapaki Beach zu. Windsurfen, Schwimmen, aber auch Golfen im Kauai Lagoons Golf Club lassen Sportlerherzen höherschlagen. Am Ninini Beach steht seit 1932 ein automatisierter schneeweißer Leuchtturm, dessen hölzerner Vorgänger seit 1897 in Betrieb war.

Geheimnisvolles Zwergenvolk

An der Maalo Road nördlich der Stadt liegen die Wailua Falls. Die tosenden Wassermassen, die in zwei Kaskaden rund 25 Meter in die Tiefe donnern, sind als Kulisse aus vielen Filmen und TV-Serien bekannt. Das Wasser kommt vom Vulkan Walaleale und fällt in die Wailua-Schlucht hinab. Die beste Zeit, die Fälle zu besichtigen, ist der frühe Morgen, wenn die Sonne über dem Wasser steht. Geradezu mystisch wird es am Alekoko Menehune Fishpond, Den Teich sollen fleißige Zwerge in nur einer Nacht angelegt haben, indem sie über eine Strecke von 40 Kilometern eine Menschenkette bildeten und die Steine von Hand zu Hand reichten.

Oben: Ein emsiges Zwergenvolk soll laut Sage den Alekoko Menehune Fishpond angelegt haben. **Unten:** Auf der Grove Farm gibt es die schönsten Pflanzenarten.

Infos und Adressen

Oase am Strand: das Aqua Kauai Beach Resort

Hamura Saimin. Frische Teigwaren, köstliches Schweinefleisch und kräftige japanische Nudelsuppe stehen auf der Speisekarte. Das seit 1951 bestehende Restaurant ist bei den Einwohnern sehr beliebt. 2956 Kress St., Lihue, HI 96766, Tel. 808 245 3271

ÜBERNACHTEN

Aqua Kauai Beach Resort. Laut Eigenwerbung eine »magische Oase« direkt am Strand und unweit des Flughafens. 4331 Kauai Beach Drive, Lihue, HI 96766, Tel. 808 245 1955, www.kauaibeachresorthawaii.com

Kauai Marriott Resort. Unlängst für 50 Millionen Dollar renoviert, bietet dieses Resort am Strand der Kalapaki Bay alle Annehmlichkeiten, die anspruchsvolle Gäste erwarten. 3610 Rice St., Lihue, HI 96766, Tel. 808 245 5050, www.marriott.com/hotels/travel/lihhi-kauai-marriott-resort

SEHENSWÜRDIGKEITEN

Grove Farm Homestead Museum. 1864 vom Missionarssohn George Wilcox mitten im ersten Zuckerboom Hawaiis gegründet. Seine Nachfahren bauten die Plantage zu einem imposanten Anwesen aus. Besichtigung nach telefonischer Anmeldung. Mo, Mi, Do 10–15 Uhr, 4050 Nawiliwili Rd., Lihue, HI 96766, Tel. 808 245 3202, www.grovefarm.org

Kauai Museum. Dioramen zeigen Momente der Geschichte Hawaiis, traditionelle Artefakte erzählen vom Leben der Inselbewohner. Mo–Fr 9–16 Uhr, Sa 10–16 Uhr, 4428 Rice St., Lihue, HI 96766, Tel. 808 245 6931, www.kauaimuseum.org

ESSEN UND TRINKEN

Gaylord's. Inmitten der historischen Plantage überzeugt eine preisgekrönte Küche in edlem Ambiente. Kilohana Plantation, 3-2087 Kaumualii Hwy., Lihue, HI 96766, Tel. 808 245 9593, www.gaylordskauai.com

Das Kauai Museum in Lihue – ein imposanter Bau

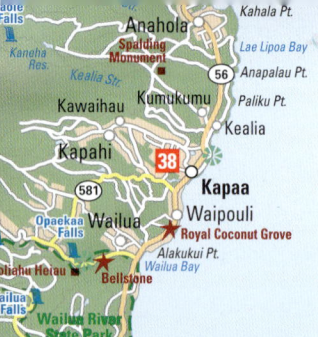

38 Kapaa und der Osten
Grotte hinter Kokoshainen

Verstädterung? Nicht ganz, aber fast: In den letzten Jahren wurde entlang des Highways 56 kräftig gebaut, die Stadt Kapaa verschmolz mit dem kleineren, etwas südlich gelegenen Wailua. Kleine Shoppingcenter, Wohngebiete und Hotels schossen hier aus dem Boden. Und das, obwohl die Strände der Ostküste schmaler und nicht so schön sind wie die weißen Beaches im Norden und Süden der Insel.

Die Ostküste von Kauai ist bekannt für ihre dichten Kokoshaine, deshalb nennt man den Abschnitt zwischen Lihue und Kapaa auch »Coconut Coast«. Nördlich von Lihue führt der Kuhio Highway 56 durch endlose Reihen von Hotels, Condominium-Anlagen, Restaurants und Shops. Die Orte Hanamaulu, Wailua und Kapaa sind so zu einem einzigen großen Ferienort zusammengewachsen. Ab und an durchbricht ein Golfplatz das immergleiche zersiedelte Bild.

Kapaa ist ein lohnendes Ziel für Shopper und Souvenirjäger. Das Kinipopo Shopping Village lockt mit einer Vielzahl interessanter Läden und Restaurants. Hier findet man Geschäfte für den Wassersportbedarf. Gleich daneben gibt's mit Aloha-Hemden und funkelndem Modeschmuck das ganze Panoptikum des typisch hawaiianischen Tourismus-Kitsches.

Mitte: »Sleeping Giant« auf der Westseite des Highway 56
Unten: Ausschau nach Walen und Delfinen vor dem Kealia Beach

Einflüsse aus Ost und West

Niveauvoller geht es auf dem Coconut Marketplace zu, wo man nach Antiquitäten und Kunsthandwerk stöbert. Kapaa selbst ist durchaus sehenswert –

Mexikanische Küche serviert das Mariachi's.

Einfach gut!

man bummelt vorbei an alten Fassaden und urigen Shops, Restaurants und Cafés. Schön bemalte Häuserfassaden und Geschäfte geben dem ehemaligen Plantagenstädtchen ein eigenes Flair. Im alten Zentrum befindet sich das als Kulturdenkmal eingetragene Seto Building. Das aus Holz gebaute, grüne Gebäude wurde 1929 als erster Lebensmittelladen auf Kauai errichtet. Hier trifft westliche Architektur, wie große Fenster im Erdgeschoss, auf asiatische Stilelemente, wie das pagodenähnliche Dach. Unmittelbar an der Kapaa Public Library steht die Kapaa Stone Lantern, eine etwa viereinhalb Meter hohe Betonlaterne. Erbaut wurde sie von der japanischen Gemeinde 1915 zum Gedenken an den Russisch-Japanischen Krieg. Während des Zweiten Weltkriegs wurde sie vorsichtshalber vergraben, erst 1972 wiederentdeckt, renoviert und 1987 wieder aufgestellt.

Schlafende Riesen und Zwergenstämme

Auf der Westseite des Highways bilden die Berge kurz vor Kapaa die Form einer gigantischen Gestalt, die auf der Seite liegt. Nach einer alten Legende hatte der Riese Nounou bei einem Luau

ROLLENDE GARNELEN

Die Opaekaa Falls gehören zu den Wasserfällen der Insel, die leicht zu erreichen sind. Vom Highway 56 fährt man drei Kilometer auf der Kuamoo Road (Route 580), bis ein Hinweisschild auf den Aussichtspunkt an der rechten Straßenseite auftaucht. Hier kann man das Auto abstellen, um den faszinierenden Blick auf die zwölf Meter tief hinabstürzenden Fluten zu genießen. Opaekaa bedeutet »rollende Garnelen« – und tatsächlich waren Shrimps, die ihre Eier am Fuß der Fälle legen, früher in Massen vorhanden. Eine einsame Angelegenheit ist der Besuch meist nicht; der Highway darf auch von großen Bussen befahren werden, für die hier ein Parkplatz eingerichtet wurde. Wer Lust hat, ein paar Schritte zu tun, den erwartet nach einem kleinen Anstieg vom Opaekaa-Aussichtspunkt aus auf der anderen Straßenseite ein herrlicher Blick auf das Tal des Wailua River.

zu viel gegessen, legte sich hier hin – und stand nie wieder auf. Den *Sleeping Giant* kann man vom Milemarker 7,7 bei Kapaa aus am besten erkennen.

Bei Wailua führt der Highway 580 ins Landesinnere, vorbei am Wailua River. Früher standen an den Ufern Wohnhäuser der hawaiianischen Königsfamilie. Der Name Wailua bedeutet übersetzt »Heiliges Wasser«. Hier wurden sieben Heiligtümer am Fluss verehrt. Am Hafen von Wailua geht es meist recht rummelig zu, eine halbe Million Besucher kommt jedes Jahr zur größten Attraktion Kauais, der Fern Grotto.

Zauberhafte Grotte

Die einstündige Flussfahrt endet an der über und über mit tropischen Pflanzen bewachsenen Grotte aus Lavanaturstein, die eine fantastische Akustik besitzt. Früher durften nur hawaiianische Adelige die Höhle betreten, heute wird dort typische Touristen-Folklore geboten und die Möglichkeit, zu den Klängen des »Hawaiian Wedding Song« den Bund fürs Leben zu schließen.

Oben: Kealia Beach punktet mit seinem hellen, feinen Sandstrand.
Unten: Das Mermaid's Café in Kapaa ist vor allem für seine Wraps bekannt.

Infos und Adressen

SEHENSWÜRDIGKEITEN

Smith's Tropical Paradise. Ob ein *Luau* im Grünen, ein Spaziergang durch den Botanischen Garten oder eine Hochzeit inmitten tropischer Pflanzen – hier ist es möglich. Kanutouren zur Fern Grotto können ebenfalls gebucht werden. 3-5971 Kuhio Hwy., Kapaa, HI 96746, Tel. 808 821 6895, www.smithskauai.com

Steelgrass Chocolate Farm. Ein Erlebnis für die Sinne verspricht diese dreistündige Tour auf Kauais größter Schokoladenfarm. Hier gilt es, tropische Gewürze und Früchte kennenzulernen, bevor schließlich die besten dunklen Schokoladen Hawaiis verkostet werden. Mo, Mi und Fr 9–13 Uhr (zwei Tage im Voraus anmelden), Tel. 808 821 1857, www.steelgrass.org

ESSEN UND TRINKEN

Bull Shed Restaurant. Ein ambitioniertes Steakhouse ohne Pomp und Schnörkel, dafür mit atemberaubendem Meerblick und einer ausgezeichneten Küche, die allein schon die Anreise lohnt – allerdings nicht für Vegetarier. 4-796 Kuhio Hwy., Kapaa, HI 96746, Tel. 808 822 3791, www.bullshedrestaurant.com

Kintaro Japanese Restaurant. Es ist nicht unbedingt das Interieur, das den Gast entzückt. Aber die Frische von Sushi und Sashimi überzeugen jeden Abend ab 17.30 Uhr Touristen und Einheimische. Reservierung empfohlen. 4-370 Kuhio Hwy., Kapaa, HI 96746, Tel. 808 822 3341

ÜBERNACHTEN

Kauai Coast Resort at the Beachboy. Nur Palmen, Pool und Sonnenterrasse trennen den Gast hier von Strand und Meer. Ob man selbst kochen oder lieber essen gehen möchte, bleibt jedem selbst überlassen. 520 Aleka Loop, Kapaa, HI 96746, Tel. 808 822 3441, www.wyndham.com

Veganer schätzen das Caffe Coco in Wailua.

Pool-Spaß im Outrigger Kauai Beach Resort

Mitte: Weiterhin sichtbar ist das
Kilauea Point Lighthouse.
Unten: Schattenplätze sind auch
bei den Bewohnern einer Ziegen-
farm in Kilauea begehrt.

39 Princeville und Kilauea
Zwischen Guaven und Guano

**Das luxuriöse Princeville und das beschau-
liche Kilauea an der Nordküste Kauais
sind idyllische, tropische Paradiese inmitten majestätischer Berge, weiten Weide-
landes, malerischer Dörfer, der bildschö-
nen Bucht und des Tales von Hanalei.
Mit einem echten Highlight für Golfer:
Das Princeville Resort bietet wohl einen
der spektakulärsten Plätze aller hawaiianischen Inseln.**

Lieblich gibt sich Kauai rund um den Urlaubsort
Princeville mit seinen Golfplätzen und Traum-
buchten. Und auch ein bisschen künstlich. Das
war nicht immer so. Angefangen hat der Ort als
Zuckerrohrplantage und Rinderranch. Dort, wo
früher Wiederkäuer grasten, erholen sich heute
Luxustouristen auf 4500 Hektar im Princeville
Resort, einer gigantischen Ferienanlage mit
Luxushotel, zehn Condominium-Anlagen, einem
Shoppingcenter, vielen Restaurants und einem
vom bekannten Architekten Robert Trent Jones jr.
entworfenen 18-Loch-Green inklusive Hubschrau-
berlandeplatz. Wer sich von alldem manikürten
Luxus schließlich verabschiedet, fährt entlang
schöner und oft einsamer Strände Richtung Nordosten nach Kilauea.

Hauptstadt der Guaven

Der Ort ist eine alte Plantagensiedlung, hier
wurde um 1860 mit dem Anbau von Zuckerrohr
begonnen. Heute ist die Region für ihre Guaven
berühmt. Amerikanisch-bescheiden nennt sich
Kilauea auch gleich »Guava Capital of the World«.

Princeville und Kilauea

Dicht am Ort liegt die Guava Kai Plantation mit Besucherzentrum und botanischem Garten. Jedes Feld produziert jährlich zwischen 18 und 27 Tonnen der schmackhaften Früchte. Natürlich kann man hier auch Gelee, Saft, Sirup und andere Guaven-Produkte kaufen. An Kilaueas Kolo Road warten zwei hübsche kleine Kirchen auf Besucher. In der achteckigen katholischen St. Sylvesters Church hat sich der französische Künstler Jean Charlot (1898–1979) mit Malereien verewigt. Die Christ Memorial Episcopal Church wurde 1914 aus Lavasteinen erbaut, ihre filigranen Bleiglasfenster stammen aus England.

Made in France

Hinter Kilauea führt eine kleine Straße zum Anini Beach Country Park. Sein Strand ist durch ein vorgelagertes Riff geschützt. Den nördlichsten Punkt der bewohnten Hawaii-Inseln markiert der Kilauea Point. Er wird von dem 1913 gebauten, 16 Meter hohen Daniel K. Inouye Kilauea Point Lighthouse markiert. In der Spitze des Leuchtturms sorgt eine riesige Linse von fast vier Tonnen Gewicht für Helligkeit. Diese Muschellinse war damals die weltweit größte und kostete die gewaltige Summe von 12 000 Dollar. Konstruiert hatte sie der französische Physiker Augustin Fresnel. In den 1970er-Jahren wurde die alte Öldampflampe durch ein automatisches Licht ersetzt – der Turm blieb eine der beliebtesten Touristenattraktionen der Insel. Um den Leuchtturm herum liegt das Kilauea Point National Wildlife Refuge, ein 64 Hektar großes Vogelschutzgebiet mit einem Aussichtspunkt 61 Meter über dem Meer. Richtung Nordwesten erstreckt sich das Hawaii Islands National Wildlife Refuge mehr als 1500 Kilometer in den Pazifik. Seine Inseln sind der Öffentlichkeit nicht zugänglich. Früher wurde auf ihnen Vogelkot, Guano, gesammelt – ein gefragtes Düngemittel.

Infos und Adressen

SEHENSWÜRDIGKEITEN

The Kong Lung Historic Market Center. 1892 gründete der Chinese Kong Lung Koo einen Gemischtwarenladen, heute ein hübsches Einkaufszentrum mit kleinen Kunstgewerbelädchen, Galerie und Cafés. Hauptattraktion ist »Daphne«, ein schneeweißer, sprechender Kakadu. 2484 Keneke St., Kilauea, HI 96754, Tel. 808 828 1822, www.konglungkauai.com

ESSEN UND TRINKEN

Kauai Grill. Feinschmeckerrestaurant des Michelin-dekorierten Küchenchefs Jean-Georges Vongerichten. Allerfeinster Genuss mit Blick auf die Hanalei Bay und den pyramidenförmigen Berg Bali Hai, auch Makana Peak genannt. 5520 Ka Haku Rd., im St. Regis Resort, Princeville, HI 96722, Tel. 808 826 9644, www.kauaigrill.com

ÜBERNACHTEN

Hanalei Bay Resort. Individuell eingerichtete Apartments inmitten eines tropischen Gartens. Mit großzügigem Lagoon-Pool, Wasserfällen, Spa, Tennisplätzen, nur wenige Minuten vom Strand entfernt. 5380 Honoiki Rd., Princeville, HI 96722, Tel. 808 826 6522, www.hanaleibayresort.com

St. Regis Princeville Resort. Fünf-Sterne-Luxus – von A wie Außenpool über G wie Gourmetrestaurants, S wie Strandlage bis zu Z wie Zimmer mit allem Komfort. Erstklassiger Service. 5520 Ka Hakku Rd., Princeville, HI 96722, Tel. 808 826 9644, www.stregisprinceville.com

FLORA UND FAUNA
Arche Noah mit Hindernissen

Üppig grüne Natur – viele der Pflanzen, die auf Hawaii wachsen und blühen, sind »Einwanderer«.

Vor 70 Millionen Jahren entstand eine Kette vulkanischer Inseln inmitten des Pazifischen Ozeans. Eine anfangs heiße, dampfende und unbewohnte Arche Noah, die sich nur langsam mit Leben füllte und dabei sehr spezielle Formen hervorbrachte bis der Mensch den Archipel entdeckte und neue »Bewohner« mitbrachte. Die infolge das ökologische Gleichgewicht störten und bis heute so manche Art bedrohen.

Der fruchtbare Vulkanboden bot den allerersten »Einwanderern« eine gute Lebensgrundlage. Es waren nur wenige Spezies, die mit dem Wind oder Meeresströmungen Hawaii erreichten – Wissenschaftler gehen davon aus, dass lediglich alle 50 000 Jahre eine neue Art die gigantische Wasserbarriere des Pazifik überwand. So entwickelten Flora und Fauna zwar zahlreiche Variationen und Unterarten, doch blieb die Artenvielfalt begrenzt.

Die Opulenz der Vegetation täuscht: Nur ein Teil ist heute noch endemisch. Ahinahina zählt dazu, das Silberschwert (*Argyroxiphium sandwicense*) sowie sein naher Verwandter, das Grünschwert (*Argyroxiphium virescens*). Und Ohialehua, der Eisenholzbaum (*Metrosideros polymorpha*), Hawaiis häufigste Baumart, gefolgt von der majestätischen Koa-Akazie (*Acacia koa*). Neun der zehn Naupaka-Arten (*Scaevola*), die zur Gattung der Fächerblumen gehören, gibt es nur auf Hawaii,

ebenso wie einige Hibiskusarten. Letztere haben es nicht nur als Muster auf Hawaii-hemden, als Blüte ins Haar der Hula-Tänzerinnen oder aufgefädelt zu Lei-Ketten gebracht, sondern in der gelben Variante gar zum Rang einer »National-blume«.

Den Pflanzen folgten irgendwann die Tiere in die sechs unterschiedlichen Vege-tationszonen (Küste, Regenwald, Gebirgs-regenwald, subalpine Zone, alpine Zone, Trockengebiet) – während gleichzeitig der Ozean mit seinen Tiefen, Korallenbänken und schützenden Lagunen freundliche Bedingungen für marines Leben bot – vom *Humuhumunukunukuapuaa*, dem Wappenfisch Hawaiis, bis zum giganti-schen Buckelwal. Die Mönchsrobbe wurde bald hier heimisch, gemeinsam mit der *Opeapea*, der weißgrauen Fledermaus, die einzigen Säugetierarten des Archipels. Zahlreiche Vögel hatten den Flug über das Meer geschafft, darunter die Vorfah-ren der Nene-Gans (*Branta sandvicensis*), der Alala-Krähe (*Corvus hawaiiensis*), der Pueo-Kurzohreule (*Aseo flammeus sand-wichensis*), der Laysan-Ente (*Anas lasa-nensis*), des Akekee-Vogels (*Loxops cae-ruleirostris*) und des Oo-Vogels (*Moho*).

Blinde Passagiere

Als die Polynesier mit ihren Kanus anlandeten, brachten sie Schweine, Rat-ten und Fliegen mit. Die Walfänger hatten Kakerlaken, Mäuse und Moskitos als blinde Passagiere mit an Bord, spä-tere Einwanderer importierten Ziegen, Rinder, Hunde und Katzen. Alle Tiere eroberten blitzschnell eine Welt, die ihnen nicht gewachsen war. Mungos, zur Bekämpfung von Ratten ausgesetzt, dezimierten gemeinsam mit verwilderten Katzen und Hunden bodenbrütende und flugunfähige Vogelpopulationen bis hin zur Ausrottung. Fliegen und Moskitos verbreiteten bislang unbekannte, töd-liche Krankheiten.

Auch die Flora Hawaiis wurde durch den Menschen nachhaltig beeinflusst. Brotfruchtbäume, Kokospalmen, Bana-nen, Taro, Bambus, Ingwer und die Ti-Pflanze hatten schon die Polynesier im Gepäck. Spätere Einwanderer brachten Mangos, Guaven, Papaya, Zuckerrohr, Reis, Lychees und Kaffee auf die Inseln. Mehr als 5000 fremde Arten überrollten die Inselgruppe in den letzten 200 Jah-ren. Auch die Ananas – Sinnbild für den hawaiianischen Archipel – ist eine Zugereiste und wurzelte erst ab 1880. Für den Anbau von Nutzpflanzen wur-den Urwälder gerodet und einheimische Spezies verdrängt. Heute sind nur noch in sehr abgeschiedenen Tälern von Kauai und in den Farnwäldern von Big Island die ursprüngliche Vegetation und Tierwelt zu sehen.

40 Hanalei und Napali Coast
Grüne Riesen im Nebel

Westlich von Princeville liegt an Kauais Nordküste das friedliche Städtchen Hanalei, ein Ort Nest mit knapp 600 Einwohnern, einigen historischen Plätzen und hübschen Kunstgalerien. Weiter westlich ist die atemberaubende Napali Coast Balsam für geschundene Zivilisationsseelen. Der berühmte, fast 30 Kilometer lange Küstenstreifen hinterlässt mit seinen smaragdgrünen Gipfeln einen majestätischen Eindruck.

Mit seinen alten Holzhäusern, Geschäften und Restaurants entlang der Hauptstraße war Hanalei, ehemals Walfänger- und Handelshafen, in den 1960er-Jahren das Paradies vieler Aussteiger aus Kalifornien – Hippies, die vom Verkauf ihrer Malereien und Skulpturen lebten. Den freigeistigen, etwas einsiedlerischen Charme besitzt Hanalei noch heute, auch dank der altersschwachen, einspurigen Brücke am Highway 56, die weder Touristenbusse noch allzu großen Andrang zulässt.

Filmreife Kulisse

Der historische Hanalei Pier aus dem Jahr 1892 wurde weltberühmt, als er 1957 im 20th-Century-Fox-Filmmusical »South Pacific« als Kulisse diente. Heute starten gleich nebenan jeden Morgen Schlauchbootfahrten an die abgelegene Napali Coast. Der Name Hanalei bedeutet »sichelförmige Bucht«, vom Strand aus blickt man auf eine traumhafte Bergkulisse. Am Fuß der nebelverhangenen, grünen Riesen sind

Mitte: An einen Flickenteppich erinnern die Taro-Felder am Fuße der Berge.
Unten: Wanderweg an der Napali Coast

Hanalei und Napali Coast

Einfach gut!

üppige Taro-Felder wie in einem Flickenteppich angelegt. Dieses knollige Aronstabgewächs gedeiht in Sumpfregionen und wird zur Herstellung von *Poi* verwendet, einer Paste, die auf keinem *Luau* fehlen darf. Die Taro-Farmen befinden sich in Privatbesitz und dürfen nur bei geführten Rundgängen betreten werden.

Zwischen Hanalei und Kee Beach liegt der malerische Lumahai Beach, bekannt aus den Filmen »South Pacific« und »Verdammt in alle Ewigkeit« und angeblich der meistfotografierte Strand der Welt. Zwischen immergrünen Schraubenbäumen führt ein steiler Weg vom Aussichtspunkt zum etwa zwei Kilometer langen Strand. Schwimmen sollte man hier wegen der tückischen Strömungen allerdings nicht. Weiter im Norden ist der Haena Beach besonders im Winter ein Surfmekka für Könner. Und der ruhige Ort Haena ein Hideaway für Prominente.

Naturschauspiele

Die weiter westlich gelegene Napali Coast bietet malerische Aussichten auf den endlosen Pazifik und samtgrüne Klippen sowie Wasserfälle, die in tiefe, enge Täler stürzen. Hier treffen die Wellen nach vielen Hundert Seemeilen zum ersten Mal wieder auf Land. Bis zu zwölf Meter hohe Giganten donnern in den Wintermonaten an die Felsen – ein eindrucksvolles Schauspiel, das man bei einer Wanderung entlang des Kalalau Trail bewundern kann. Der 18 Kilometer lange Wanderweg startet am Kee Beach, führt durch fünf Täler und klingt am Kalalau Beach aus. Er gilt durch regennasse und enge Passagen als schwierig und in den Wintermonaten kaum zu bewältigen. Die Küste grenzt an die Vulkane Waialeale und Kawaikini, die höchsten Erhebungen Kauais. Ihre Gipfel hüllen sich fast immer in Regenwolken –

Graugrünes Gotteshaus und Wahrzeichen: Waioli Huiia Church

die Nordosthänge des Kawaikini-Vulkans zählen mit 11 000 Millimetern Niederschlag zu den regenreichsten Gebieten der Erde.

Aus der Vogelperspektive

Man kann die Landschaft der Napali Coast allerdings auch per Boot erkunden. Etwa von Hanalei im Norden und Port Allen im Süden aus. In den Sommermonaten gibt es bei geführten Kajakfahrten herrliche Aussichten auf die Meeresklippen. Noch dramatischere Perspektiven bieten Helikopterflüge, bei denen man sogar jene Gebiete bestaunen kann, die weder über den Landweg noch über das Meer zu erreichen sind.

Nicht ungefährlich ist das Schwimmen, Surfen, Tauchen und Schnorcheln an den Stränden der Napali Coast. Es gibt gefährliche Strömungen, die auch geübte Schwimmer überfordern können. Und im Winter macht die gewaltige Brandung Wassersport zu einem Risiko. Seltener kommt es auch zu Tsunamis, bei denen es nur ein Motto gibt: schnell weg vom Wasser in höheres Gelände.

Oben: Spaziergänge mit atemberaubenden Ausblicken sind hier garantiert.
Unten: Die Schamadrossel ist ein sangesfreudiger Einwanderer aus Asien.

Infos und Adressen

Farbenfroher Imbiss-Stand in Hanalei

SEHENSWÜRDIGKEITEN

Hanalei's Community Center. Jeden Samstag werden hier von 9.30 bis 12 Uhr auf dem *Farmers Market* erntefrische Produkte angeboten. Freitags um 16 Uhr und sonntags um 15 Uhr gibt es Gitarren- und Ukulele-Konzerte. 5-5200 Kuhlo Hwy/Malolo Rd., HI 96714, Tel. 808 826 101, www.halehalawai.com

Limahuli Garden. Eingebettet in das eindrucksvolle Gebirge von Nord-Kauai bemüht sich der Botanische Garten um den Erhalt einheimischer Pflanzen. 5-8291 Kuhio Hwy., Hanalei, HI 96714, Tel. 808 826 1053, www.ntbg.org/gardens/limahuli.php

Maniniholo Dry Cave. Ein schaurig-schönes Höhlenerlebnis südöstlich vom Haena Beach. Die riesige Grotte befindet sich direkt am Mile Marker 9 des Kuhio Highways.

ESSEN UND TRINKEN

Bar Acuda Kauai. Nach Jahren in Südeuropa und San Francisco lädt Maitre Jim Moffat, einer der besten US-Küchenchefs, in sein hawaiianisches Restaurant ein. Man sollte dieser Einladung unbedingt folgen … Hanalei Center, 5-5161 Kuhio Hwy., HI 96714, Tel. 808 826 7081, www.restaurantbaracuda.com

Mediterranean Gourmet. Im beliebten Restaurant des libanesischen Ehepaares Beydoun treffen Rezepte des Mittelmeeres auf solche aus Hawaii – eine aromatische Mischung. 5-7132 Kuhio Hwy., Hanalei, HI 96714, Tel. 808 826 9875, www.kauaimedgourmet.com

ÜBERNACHTEN

Hanalei Colony Resort. Zwischen Bergen und Strand schmiegen sich die Apartments in eine paradiesische Umgebung. Ohne TV und Telefon sollen sich die Gäste wie im Garten Eden fühlen. 5-7130 Kuhio Hwy., Hanalei, HI 96714, Tel. 808 826 6235, www.hcr.com

Einladend: der Pool des Hanalei Colony Resort

Vulkane, Regenwald, Küste
und Meer: Der hawaiianische
Archipel hat viele Facetten

41 Waimea Canyon und Hanapepe
Kleiner Bruder

Einer der Höhepunkte einer Reise nach Kauai ist ein Besuch des Waimea Canyon, vom amerikanischen Schriftsteller Mark Twain während seines Hawaii-Aufenthaltes im Jahr 1866 begeistert als »Grand Canyon des Pazifik« bezeichnet. Am schönsten leuchten die Felswände am Nachmittag, wenn die Sonne schräg vom Westen einfällt. Und im Westen der Insel sind auch die Orte Waimea und Hanapepe einen Besuch wert.

Mitte: Am Waimea Canyon will sogar ein Fotograf nur noch gucken.
Unten: Zackige Kante: der Mount Waialaale

Weder von der Größe noch vom Alter kann der Waimea Canyon mit seinem Pendant in Arizona mithalten – doch er ist mindestens ebenso spektakulär. Der »kleine Bruder« ist ein Naturwunder von 22 Kilometern Länge, anderthalb Kilometern Breite und 1000 Metern Tiefe mit Lookouts, die den Betrachter angesichts der Berge, Felsspalten und Schluchten sprachlos werden lassen. Hauptaussichtspunkt ist der Waimea Canyon Overlook, zu dem der Waimea Canyon Drive führt. Hier hat der Besucher eine fantastische Aussicht auf das grüne Innere der Insel. Wer auf der Straße weiter in die Berge fährt, gelangt zum Kokee State Park, einem mehr als 17 Quadratkilometer großen Gebiet, 1280 Meter über dem Meeresspiegel. Bei Wanderungen entdeckt man im tropischen Geäst farbenprächtige Vögel wie Apapane, Iwi und Moa. Informationen zum Park, zu seinem Wegenetz und den Wildtieren gibt es im Kokee Natural History Museum. Und Quartier obendrein: Hinter dem Museum befinden sich mit der Lodge at Kokee zwölf rustikale Blockhütten, in denen bis zu 50 Personen übernachten können.

Waimea Canyon

Am Grunde der Schlucht

Geheimtipp

Unten in der Talsohle des Canyon fließt der Poomau River, mit 32 Kilometern Kauais längster Fluss, gespeist von zahlreichen Wasserfällen der umliegenden Felswände. Zugang zum Grund des Canyon hat man nur über den Kukui Trail, er beginnt vier Kilometer nach dem Zusammentreffen der beiden Zufahrtsstraßen Kokee Road und Waimea Canyon Drive.

Der erste Europäer

Das Hinterland wird geprägt von den Alakai Swamps, einer seit 1964 unter Naturschutz stehenden Hochebene mit 36 Quadratkilometern Hochmoor und zahlreichen endemischen Pflanzen und Vögeln. Der nahe Mount Waialaale gilt als einer der niederschlagsreichsten Orte der Erde.

An der Küste liegen die beiden Städtchen Waimea und Hanapepe. Am 20. September 1778 setzte Captain Cook in der Waimea Bay als erster Europäer Fuß auf die hawaiianischen Inseln; eine Statue in der Stadtmitte erinnert an diesen historischen Moment. Aus der Pionierzeit sind einige schöne alte Holzhäuser erhalten. In der Waimea Christian Hawaiian Church, 1870 aus Holz erbaut, wird sonntags ein Gottesdienst in hawaiianischer Sprache gefeiert. Der Name Waimea, »gerötetes Wasser«, kommt von der eisenhaltigen roten Erde, die hier jedes Gewässer intensiv verfärbt. Aus der Not, die Wäsche kaum je blütenweiß zu bekommen, hat man eine Tugend gemacht: »Red Dirt T-Shirts« sind ein besonderes Souvenir, das man überall auf Kauai findet. Der Ort Hanapepe gilt als »Kauais größte Kleinstadt«. Seine historischen Gebäude machten ihn zu einem beliebten Drehort für Film- und TV-Produktionen.

VERSCHWIEGENE AUFFAHRT

Vom Kaumualii Highway entlang der Südküste aus führen zwei Straßen zum Waimea Canyon hinauf, die sich erst nach etwa einem Drittel der Strecke wieder vereinigen. Die erste Abzweigung liegt gleich in Waimea (nicht besonders ausgeschildert). Nach wenigen Kilometern durch Zuckerrohrfelder steigt die Straße in zwei Serpentinen steil eine schroff aus der Ebene ragende Felsstufe hinauf und windet sich dann kurvenreich am Canyonrand entlang. Die meisten Touristen nehmen wegen der geringeren Steigung den zweiten, ausgeschilderten Weg über Kekaha, so hält sich der Verkehr in Grenzen, man kann langsam fahren und die Aussicht genießen. Die »offizielle« Straße nimmt man dann besser auf dem Rückweg. Vorsicht: Neuerdings gibt es Fahrradtouren, die »Downhill Biking« in der Gruppe anbieten – mit Bikern im Höchsttempo ist zu rechnen.

Statue des Entdeckers Captain James Cook in Waimea

Abblätternder Charme

Der Ort Hanapepe gilt als »Kauais größte Klein-stadt«, noch in den frühen 1950er-Jahren war er Militärstützpunkt. Seine historischen Gebäude machten ihn zu einem beliebten Drehort für Filme wie »Die Dornenvögel«. Hölzerne Bürgersteige und abblätternde Farbe versprühen einen eher morbi-den Charme. In manchen Häusern im Plantagenstil befinden sich jedoch hübsche Läden, Restaurants mit lokaler Küche und Kunstgalerien. Seine Künst-ler feiert Hanapepe jeden Freitag von 18 bis 21 Uhr wenn Maler, Bildhauer und Kunsthandwerker die Türen ihrer Galerien und Ateliers öffnen. Außerdem erlebenswert ist die schwingende Fußgängerbrücke über den Hanapepe River. Einige Kilometer hinter Hanapepe liegen im Historical State Park die Rui-nen des russischen Forts Elizabeth. Erbaut wurde es 1815 auf Initiative des Deutschen Georg Anton Schäffer, eines schillernden Abenteurers, der im Dienste des russischen Zaren stand und mit den 38 Kanonen des Forts den Anspruch Russlands auf Kauai geltend machen wollte. Als dies 1846 schei-terte, verfiel das Fort. Heute hat man von hier einen herrlichen Blick auf Waimea.

Oben: Im Kokee State Park können Wanderer in Blockhütten übernachten.
Unten: Wasserlauf durch Waimeas eisenhaltige rote Erde

Infos und Adressen

Warum nicht auch den Drahtesel mit Blumen schmücken? So gesehen in Waimea.

ESSEN UND TRINKEN

Little Fish Coffee. Kleines, kunterbuntes Bistro. Hier schmecken hausgemachte Snacks, vieles ist vegetarisch oder vegan. 3900 Hanapepe Rd., Hanapepe, HI 96716, Tel. 808 335 5000, plus.google.com

Wrangler's Steak House. Rindfleisch bestimmt hier die Speisekarte, auf Wunsch begleitet von Hummer und umrahmt von frischem Gemüse und Salat. 9852 Kaumualii Hwy., Waimea, HI 96796, Tel. 808 338 1218, www.wranglersrestaurant.com

ÜBERNACHTEN

The Lodge at Kokee. Rustikale Hütten bieten Platz für insgesamt 50 Personen. Es gibt weder Telefon noch TV, aber eine Cocktail-Lounge und ein Restaurant. Waimea, HI 96796, Tel. 808 335 6061, www.thelodgeatkokee.net

Waimea Plantation Cottages. Inmitten ausgedehnter Kokoshaine vermittelt eine restaurierte Plantagensiedlung das Hawaii-Gefühl des 19. Jahrhunderts – kombiniert mit den Annehmlichkeiten unserer Tage. 9400 Kaumualii Hwy., Waimea, HI 96796, Tel. 808 338 1625, www.coasthotels.com/hotels/hawaii/waimea/waimea-plantation-cottages

TOUREN

Kokee Natural History Museum. Wer die 80 Kilometer lange Strecke durch den Waimea Canyon, den Waialae Canyon, den Koiae und den Poomau Canyon wandernd erkunden möchte, muss sich hier anmelden und erhält ein Permit sowie Informationsmaterial. Tgl. 9–16 Uhr, 3600 Kokee Rd., Waimea, HI 96796, Tel. 808 335 9975, www.kokee.org

Safari Helicopter. Die Hubschrauber bringen ihre Fluggäste dorthin, wo kein Wanderweg oder Pfad hinführt. Fantastische Panoramen garantiert. 3225 Akahi St., Lihue, HI 96766, Tel. 808 246 0136, www.safarihelicopters.com

42 Poipu und die Südküste
Königlicher Sommersitz – köstliches Eis

Kauais Südküste hat viele Facetten. Gleich neben der historischen Ortschaft Koloa liegt das luxuriöse Resortgebiet Poipu und bietet damit sowohl Geschichtsunterricht als auch elegante Unterkünfte und zahlreiche Freizeitaktivitäten. Da ist Planung gefragt. Ein denkbares Tagespensum ist zum Beispiel eine Wanderung auf dem Koloa Heritage Trail am Morgen und eine Runde Golf am Nachmittag.

Fährt man von Lihue aus gen Westen und folgt dem Kaumaulii Highway, biegt irgendwann die Maluhia Road Richtung Poipu und Koloa ab. Kurz nach der Abzweigung ist die erste Sehenswürdigkeit bereits erreicht: der Tree Tunnel, eine dichte Allee duftender Eukalyptusbäume, die einst als Setzlinge aus Australien kamen. Leider pustete Hurrikan »Iniki« hier im September 1992 kräftig durchs Geäst, einige der hundertjährigen Bäume überlebten den Wirbelsturm nicht. Doch die Natur arbeitet unermüdlich daran, Lücken im Alleedach mit Blattwerk zu verschließen.

In Poipu haben sich direkt am Strand einige sehr noble Hotels etabliert, die mit Vorliebe von Japanern gebucht werden. Denn wenn es im Norden von Kauai regnet, scheint hier am Poipu Beach Park meist die Sonne – die Strände liegen im Windschatten der Berge. Der östliche Abschnitt des Poipu Beach Park wird auch »Baby Beach« genannt, weil er durch eine Steinbarriere vor hohen Wellen geschützt wird. Im kristallklaren

Mitte: Klippen am Poipu Beach Park, dem Strand mit Sonnengarantie …
Unten: …dessen Wärme auch diese Hawaii-Mönchsrobbe genießt.

Poipu und die Südküste

Einfach gut!

Wasser leben viele farbenprächtige Fische, darunter auch das Wappentier Hawaiis mit Namen *Humuhumunukunukuapuaa*. Übersetzt bedeutet das: Drückerfisch mit einem Maul wie ein Schwein. Aber auch die *honu* genannten großen, Grünen Meeresschildkröten haben hier ihr Revier. Sie können gut einen Meter lang und 150 Kilogramm schwer werden. »Star« am Poipu Beach ist aber die vom Aussterben bedrohte Hawaii-Mönchsrobbe. Und von Dezember bis Mai kann man von hier aus Ausschau nach Buckelwalen halten.

Brüllende Echse

Ganz in der Nähe liegt der berühmte Spouting Horn, ein Geysir, aus dem das Salzwasser mehr als sechs Meter hoch in die Luft spritzt. Die Brandung fließt hier in einen natürlichen Lavaschlot, aus dem bei hohem Wellengang die Wasserfontäne schießt, begleitet von Zischen und Grollen. Die Ureinwohner Hawaiis glaubten, dies seien das Gebrüll und die Atemluft der riesigen Echse Kaikapu, die alle auffraß, die ihr zu nahe kamen.

GUT ZU WISSEN

TOURISTENRUMMEL AM SALZWASSERGEYSIR

Wenn im Reiseführer steht, eine bestimmte Destination sei »eine der meistfotografierten auf ganz Hawaii«, darf man sicher nicht auf Einsamkeit hoffen. Auch nicht beim berühmten Salzwassergeysir im Spouting Horn Park: Kein Tourbus, der hier nicht stoppt. Verkaufsstände bieten kitschige Souvenirs an. Trotz des Touristenrummels: Gesehen haben sollte man die sechs Meter hohe Fontäne schon. Und dann rasch weiterfahren, an einen einsameren Strandabschnitt, ein paar Kilometer weiter.

FREILUFT-GESCHICHTSSTUNDE

Der Koloa Heritage Trail an Kauais Südküste ist ein 16 Kilometer langer Entdeckungspfad mit kulturell, geschichtlich und geologisch wichtigen Sehenswürdigkeiten. Informationstafeln beschreiben, was jeden der insgesamt 14 markierten Orte auszeichnet. Am Regenbaum im Zentrum von Old Koloa Town etwa steht das Sugar Monument: Eine Bronzestatue stellt die acht wichtigsten Nationalitäten dar, die einst in der Zuckerindustrie arbeiteten und sie prägten: Hawaiianer, Deutsche, Puertoricaner, Chinesen, Koreaner, Japaner, Portugiesen und Filipinos. Eindeutiger Höhepunkt des lebendigen Geschichtsunterrichts der Gegend ist allerdings die alljährliche »Koloa Plantation Days Celebration« im Juli, wenn zehn Tage lang mit Musik, Vorträgen, Verkaufsständen und Tanzdarbietungen an die Plantagenvergangenheit der Insel erinnert wird.

Einfach mal vorbeischauen – neugieriger Hahn an einer Tankstelle

Ein paar Meilen weiter leistet der National Tropical Botanical Garden mit seinen zwei Parks einen grünen Beitrag zu Kauais Beinamen »Garteninsel«: Der McBryde Garden hegt eine überwältigende Vielfalt hawaiianischer und anderer Pflanzen. Der benachbarte kleinere Allerton Garden, ehemaliger Sommersitz von Queen Emma und später im Besitz eines Chicagoer Kunstmäzens, ist ein ausgefeilter Gartenbauentwurf, beschattet von großblättrigen Feigenbäumen.

Erfrischung unterm Regenbaum

Im Hinterland von Poipu liegt Koloa. Hier wurde 1841 die erste Zuckermühle errichtet, das Koloa History Center informiert über die süße Vergangenheit der Kleinstadt. Der 1500-Seelen-Ort, früher geschäftiges Handelszentrum, ist heute ein eher verschlafenes Westernstädtchen mit Kauais ältester Plantagensiedlung, der weißen protestantischen Koloa Church, der katholischen St. Raphael's Church und dem buddhistischen Hongwanji Temple. Nach einem Bummel entlang liebevoll restaurierter Fassaden erfrischt man sich im Schatten riesiger Regenbäume mit einem Eis aus dem Lappert's Ice Cream Store. Das Eis des Österreichers Walter Lappert ist seit 1983 auf Kauai und dem ganzen Archipel Kult zu den beliebtesten Sorten gehören *Heavenly Hana*, *Big Island Inspiration* und *Kauai Pie*.

Oben: Kleiner Heiau mit geschnitzten Holzstelen in der Nähe Poipus
Unten: Echsengebrüll am Geysir »Spouting Horn«

Infos und Adressen

Kleine Läden mit buntem Sortiment in Old Koloa

Mutig: Klippenspringer am Poipu Beach

ESSEN UND TRINKEN

Dondero's – Grand Hyatt Kauai Resort & Spa. Italienische Küche auf Hawaii? Geht das gut? Delizioso! 1571 Poipu Rd., Koloa, HI 96756, Tel. 808 240 6456, www.kauai.hyatt.com

Josselin's Tapas Bar & Grill. Küchenchef Jean-Marie Josselin serviert Gerichte im Tapas-Stil aus heimischen Zutaten. 2829 Ala Kalanikaumaka St., Koloa, HI 96756, Tel. 808 742 7117, www.josselins.com

The Beach House Restaurant. Hier besticht die Lage unter Palmen, die Frische der Zutaten und die Kunst, aus diesen lukullische Köstlichkeiten zu zaubern. 5022 Lawai Rd., Koloa, HI 96756, Tel. 808 742 1424, www.the-beach-house.com

ÜBERNACHTEN

Grand Hyatt Kauai Resort & Spa. Eingebettet in einen Palmengarten am Strand bietet das 602-Zimmer-Resort höchsten Komfort. 1571 Poipu Rd., Koloa, HI 96756, Tel. 808 742 1234, www.kauai.hyatt.com

Poipu Kapili. Private Apartments, individuell eingerichtet. Dazu Tennisplätze, Pool und Meeresrauschen. 2221 Kapili Rd., Koloa, HI 96756, Tel. 800 443 7714, www.poipukapili.com

Whalers Cove. Ansprechende Apartments mit großen Terrassen und fantastischem Meerblick. 2640 Puuholo Rd., Koloa, HI 96756, Tel. 808 742 7571, www.whalerscoveresort.com

AKTIVITÄTEN

CJM Country Stables. Hoch zu Pferd die Küste entlang oder auf Pfaden durch die Mahaleapu Area. Koloa, HI 96756, Tel. 808 742 6096, www.cjmstables.com

Poipu Bay Golf Course. Einputten mit Blick auf Berge und Ozean – einfach traumhaft auf diesem Top-Course. 2250 Ainako St., Koloa, HI 96756, Tel. 808 742 8711, www.poipubaygolf.com

VOM GLÜCK,
auf Hawaii zu leben

Klippenspringen im Abendlicht –
eine ganz besondere Zeremonie

Hawaii boomt. Jedes Jahr reisen mehr als sieben Millionen Touristen auf die Inseln am äußeren Rand der Tropen, auf der Suche nach einem der letzten Paradiese der Welt. Und so mancher bleibt. Andere kommen gleich mit dem festen Plan, auf einer der Inseln ihren Lebensunterhalt zu verdienen – in einem sonnigen, milden Klima ohne ausgeprägte Jahreszeiten. Doch nicht alle Träume werden wahr.

Das Wort »Hawaii« ist polynesisch und bedeutet »Heimat«. Und boomt als solche seit Jahrzehnten. 1983 wurde die Eine-Million-Einwohner-Marke überschritten, heute gibt es rund 1,5 Millionen Menschen auf dem Archipel. Tendenz steigend. Einheimische, deren Vorfahren als Polynesier, weiße Missionare oder japanische Plantagenarbeiter nach Hawaii kamen, leben hier ihren Alltag. Mit den Vorzügen der lässigen nordamerikanischen Lebensart und der Herzlichkeit der Südsee. Seite an Seite mit später Hinzugezogenen, die im Tourismusbereich Arbeit fanden, die sich als Künstler verwirklichen, nach ihrer Zeit bei der Army dablieben, die mit einer guten Idee einen Laden oder ein Bed & Breakfast eröffnen oder versuchen, von und mit ihrer Lieblingssportart zu leben, die mit unternehmerischem Mut etwas Neues riskieren oder als Pensionäre endlich das tun, was sie im Leben eigentlich schon immer vorhatten. Umgeben vom »Aloha spirit«, der hawaiianischen Philosophie von Harmonie, Liebe und Respekt.

Andere flüchten sich als »Teilzeit-Hawaiianer« für Monate in ein Condominium, in dem sie sicher sind vor den frostigen Wintern des Nordens. Zahlreiche Luxus-Bürger residieren im eigenen Nobeldomizil, in ihrem Zweit-Dritt-Viert-Wohnsitz auf Oahu oder Lanai, bis irgendwo auf der Welt die Saison für ein »must-be-there« beginnt und man sich dort sehen lassen muss. Um dann wieder zu kommen.

Teurer Trend

Hawaii ist angesagt. Waren es lange Zeit vor allem wohlhabende Japaner, die teure Immobilien auf- und an Landsleute weiterverkauften, entwickelte sich der Archipel in den vergangenen Jahren zunehmend zur »Spielwiese« reicher Milliardäre aus dem kalifornischen Silicon Valley. Larry Ellison, Milliardär und Gründer von Oracle, gehören seit 2012 rund 98 Prozent der Insel Lanai. Mark Zuckerberg, Mitbegründer von Facebook, erwarb 2015 zwei Grundstücke auf Kauai für mehr als 100 Millionen Dollar.

Hollywood ist schon seit jeher vertreten: Ben Stiller, Pierce Brosnan und Bette Midler besitzen Villen auf Kauai. Auf Maui verfügen Oprah Winfrey und Woody Harrelson über repräsentative Immobilien. Hawaii ist »in« – und Promi-Nachbarn setzen Trends, machen die Inselkette noch attraktiver für andere Schwerreiche, noch interessanter für Touristen – und teuer für alle. Das Paradies hat ein Preisschild: Im Vergleich liegen die Lebenshaltungskosten um 30 Prozent über denen des US-Festlandes. Das liegt an der höheren Mehrwertsteuer, an gesalzenen Mieten und Immobilien-preisen und an der Tatsache, dass Löhne und Gehälter nicht entsprechend hoch sind. Was das Leben für den Durch-schnitts-Hawaiianer finanziell nicht un-bedingt leichter macht. Und für manche unbezahlbar.

Drei Einwanderer aus Asien: Reisfinken

Mit dem Anstieg der Einwohner- und Touristenzahl verschärften sich in den letzten Jahren auch die Probleme, die dieses »immer mehr« mit sich bringt. So muss sich Hawaii zunehmend Fragen des Autoverkehrs mit seinen Begleiterschei-nungen wie Staus, Lärm, Emissionen und überall in der Landschaft vor sich hin rostenden Wracks stellen. Und was ist mit fehlenden öffentlichen Verkehrsmit-teln? Auch die Müllentsorgung muss überdacht werden, bestehende Deponien sind fast voll, und wo gibt es im »Garten Eden« Platz für neue?

Rührender Versuch

Herausforderungen, denen sich der Bundesstaat stellen muss. Dazu gehören auch diejenigen, die es nicht geschafft haben, ein sicheres Leben aufzubauen. 6000 Obdachlose gibt es auf den Inseln, die teils in selbst gebauten Unterkünf-ten, teils am Strand übernachten oder da, wo man sie lässt. Hilfsprogramme wurden für die Bedürftigen eingerichtet, doch es fehlt an bezahlbaren Wohnun-gen, psychologischen Einrichtungen und Mitteln für den Kampf gegen zerstöre-rische Drogen, vor allem Crystal Meth. Fast rührend wirkt der Versuch der hawaiianischen Regierung, mit dem Angebot kostenloser Flugtickets in einen »Bundesstaat Ihrer Wahl« Sozialkosmetik zu betreiben und das Problem aufs Fest-land zu verlagern. Kaum einer der Ob-dachlosen ist darauf eingegangen. Warum auch? Die Menschen auf Hawaii sind freundlich und entspannt. Das Wetter ist warm – auch jemand ohne Bleibe

Nach der Arbeit geht's zum Wellenreiten auf den Pazifik …

muss nicht frieren. Die Touristen sind in Ferienstimmung und spendabel. »Ich will hier nicht weg. Ich lebe dort, wo andere Urlaub machen.«

Ein Paradies also, auch für jene, die ungewollt dauerhaft unter freiem Himmel leben. Für alle anderen sowieso: Hier wird nach der Arbeit das Surfbrett aufs Auto geschnallt und eine Runde auf den Wellen geritten, bevor es dunkel wird. Oder mit dem Kollegen in der Mittagspause unter Palmen eine Partie Tennis gespielt. Hier kann man sich rund ums Jahr mit Freunden draußen zum Picknick treffen oder mit den Kindern am Wochenende schwimmen gehen, an Stränden, die zu den schönsten der Welt zählen. Oder man beobachtet, mit etwas

Glück, Buckelwale beim Spielen. Und erkundet auf Wanderungen die Faszination der Vulkane. Natur erleben ohne Zaun und Eintrittskarte. Lebensqualität nennt man so etwas, trotz allem. Und die Sonne scheint ohnehin für jeden. Was für ein Glück, auf Hawaii zu leben!

… oder zum Eisessen bei Matsumoto's in Haleiwa.

MOLOKAI, LANAI UND KAHOOLAWE

43 Kaunakakai
Beharren auf Beschaulichkeit

Zugegeben: Molokai ist nicht gerade der Nabel der Welt. In Kaunakakai, dem einzig echten Ort der Insel, gibt es nicht einmal eine Verkehrsampel, geschweige denn Zerstreuungsmöglichkeiten wie Kino oder Theater. Das macht aber nichts, denn Molokai ist »die freundliche Insel« des Hawaii-Archipels. Mit netten Menschen, ungezwungener Atmosphäre und atemberaubender Natur. Das macht so einiges wieder wett.

Während auf den Nachbarinseln der Tourismus boomt, ist die Wirtschaft von Molokai von der Landwirtschaft geprägt. Kokosnüsse, Ananas, Wassermelonen und Saatgut, friedliches Landleben und eine beschauliche Hauptstadt regieren die Insel. Dabei war und ist Molokai tief mit den hawaiianischen Traditionen verbunden, stammt von hier schließlich der Hula. Auch die Hulagöttin Laka soll hier geboren worden sein. Noch heute hat Molokai den höchsten Prozentsatz polynesischer Ureinwohner aller Inseln und gilt als »the most Hawaiian Island«.

Schwatz mit Fremden

Kaunakakai an der Südküste ist der beste Ausgangspunkt für die Entdeckung des Eilands – auch, wenn die wenigen Mietwagen des 3000-Seelen-Nests meist ausgebucht sind. *Hitchhiking* ist aber kein Problem, allzu lange muss man nicht warten, bis man aufgefordert wird, auf die Ladefläche eines Pick-ups zu springen. Über ein Schwätzchen mit Fremden freuen sich die Insulaner immer.

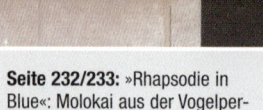

Seite 232/233: »Rhapsodie in Blue«: Molokai aus der Vogelperspektive
Unten: Manae Goods and Grindz: kleiner Supermarkt und Restaurant zugleich – und ein Lächeln gibt's gratis.

Katamaran vor der Küste Molokais

Keine Chance den Massen

Einfach gut!

Um sich ihr authentisches Lebensgefühl zu bewahren, hat die Insel den finanziellen Verlockungen, die der Tourismus mit sich bringt, bis heute widerstanden. Selbst milliardenschwere Investoren, die Nobelresorts für die Superreichen aus dem Boden stampfen wollten, wimmelte man mit kämpferischen Bürgerbewegungen ab. Das einzige Luxushotel Molokais musste vor einigen Jahren seine Tore schließen – zu wenige Touristen verirrten sich hierher. Schlecht für Molokais Wirtschaft, gut für den, der Ruhe und Abgeschiedenheit sucht.

In Kaunakakai wird man derweil in frühere Zeiten zurückversetzt. In der »Stadt der Paniolos« – so ihr Spitzname wegen der hier ansässigen hawaiianischen Cowboys – geht alles seinen gemächlichen Gang. Auch am Kaunakakai Harbor, von dem aus sich die längste Mole des Inselstaates bis auf das vorgelagerte Riff erstreckt. Sie wurde Ende des 19. Jahrhunderts aus den Steinen eines zerstörten Tempels, eines *heiau*, erbaut. Hier ist man meist allein mit einheimischen Fischern, einigen Kanuten und dem Tuckern der Bootsmotoren.

SIEBEN IN EINER REIHE

Auf Molokai ist man Religionen und Konfessionen gegenüber sehr tolerant. Jede Glaubensgemeinschaft mit ein paar Anhängern bekommt seit jeher eine Parzelle zugeteilt, um ihr jeweiliges Gotteshaus zu errichten. Deshalb gibt es hier auch besonders viele Bethäuser, eindrucksvoll dokumentiert in der »Church Row« gegenüber dem Coconut Grove von Kaunakakai. Die Reihe besteht aus sechs kleinen Kirchen und einer Bibelschule, von denen einige schon im späten 19. Jahrhundert gebaut wurden. Adventisten, Baptisten, Lutheraner, Katholiken oder die Zeugen Jehovas durften sich hier ansiedeln – und ihren Glauben ohne Angst vor Verfolgung ausleben. Und spätestens am Sonntag, wenn aus den bunten Holzkirchen, jede in einer anderen Farbe gestrichen, die alten hawaiianischen Kirchenlieder ertönen, fühlt man sich ins 19. Jahrhundert zurückversetzt.

235

Ofenfrische Brote

Die Ala Malama Avenue, Hauptstraße von Kaunakakai, wurde nach dem nahe gelegenen Sommerhaus benannt, das von König Kamehameha V. in den 1860er-Jahren bewohnt wurde, von dem jedoch kaum etwas übrig geblieben ist. Schön ist ein Bummel durchs Geschäftsviertel. Läden und Restaurants wie der Friendly Market, Mrs. K's Lunch Counter, Imamura's Store, Outpost Natural Foods, Pascua's General Store, der Kalele Bookstore und das Molokai Pizza Café sind zwar keine Top-Shopping- oder Dining-Destinationen, aber durchaus von Reiz. Empfehlenswert ist die auch beliebte Kanemitsu's Bakery: Die Schlange vor der Bäckerei ist lang, hier warten Kunden geduldig auf eines der ofenfrischen süßen Molokai-Brote oder das *Lavosh*-Brot mit Sesam, Taro, Zwiebeln, Parmesankäse und *Jalapeno*. Ein Genuss für die Sinne ist auch der Bauernmarkt am Samstag, wo die Farmer ihre erntefrische Ware verkaufen. Neben bekanntem und exotischem Gemüse und Obst gibt es auch Inselspezialitäten wie *Hawaiian Springroll* und das köstliche »Schweinefleisch in Blätterteig« zu probieren.

Vorsicht, Kokosnuss!

Ein absolutes Muss ist der Besuch des Kapuaiwa Coconut Beach Park, eines alten Kokoshains, der unter König Kamehameha V. angelegt wurde. Der Monarch besaß in der Nähe ein Sommerhaus, dessen Überreste noch heute erkundet werden können. Mit Hunderten von Kokospalmen ist der angelegte Hain, drei Kilometer westlich von Kaunakakai, eine der bekanntesten Sehenswürdigkeiten Molokais. Doch Vorsicht: So manchem Besucher ist hier schon eine Kokosnuss vor die Füße – oder schlimmer: auf den Kopf gefallen!

Oben: An den Strand gespülte Kokosnuss
Mitte: Eine hawaiianische Beauty
Unten: Süßes Früchtchen: Die Ananas ist eine »Zugereiste«.

Infos und Adressen

Direkt am Strand: Kepuhi Beach Resort

SEHENSWÜRDIGKEITEN

Kaunakakai Wharf. Hier legt zweimal täglich die Fähre nach Maui an und ab. Im Hafenwasser dümpeln private Jachten und Ausflugsschiffe, die zu Inselumrundungen, Angeltouren und Schnorchelausflügen starten oder Walbeobachtungen anbieten.

ESSEN UND TRINKEN

Kanemitsu's Bakery & Coffee Shop. Hier gibt's nicht nur das berühmte frische Brot, sondern auch kleine Snacks und Gerichte. 79 Ala Malama Ave., Kaunakakai, HI 96748, Tel. 808 553 5855

Molokai Burger. Kein Restaurant für Kalorienzähler. Umso mehr für jene, die US-amerikanische Hausmannskost mit einem Tick Hawaii schätzen. Und: einziger Drive-Thru der Insel. 20 Kamehameha V Hwy., Kaunakakai, HI 96748, Tel. 808 553 3533, www.molokaiburger.com

Paddlers' Inn. Rustikaler Treff für Fremde und *locals* gleichermaßen. Deftige Küche, offener Gast-

raum, Tropical Bar – und regelmäßig spielen einheimische Bands auf. Sehr relaxed – sehr Hawaii. 10 Mohala St., Kaunakakai, HI 96748, Tel. 808 553 3300, www.molokaipaddlersinn.com

ÜBERNACHTEN

Hotel Molokai. Inmitten eines gepflegten Gartens mit vielen duftenden Frangipanibäumen liegen die Bungalows des Hotels im Stil eines polynesischen Dorfes. 1300 Kamehameha V Hwy., Kaunakakai, HI 96748, Tel. 808 660 3408, www.hotelmolokai.com

Molokai Shores. Ganz wie daheim soll sich der Gast der Apartment-Anlage fühlen. Ob Pool, Grilloder Picknickplätze – alles ist entspannt und familiär. Und der Blick übers Meer Richtung Lanai ist atemberaubend. Kamehameha Hwy., Star Route, Kaunakakai, HI 96748, Tel. 808 553 5954, www.castleresorts.com

Ein blechernes »Schätzchen« unter Palmen

Molokais Fischteiche wurden
vor Hunderten von Jahren von
den Polynesiern angelegt.

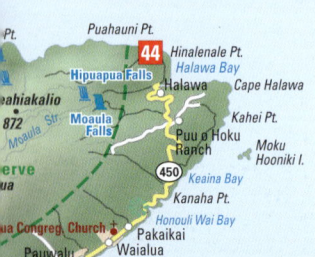

44 Der Osten Molokais
Urzeitlicher Regenwald

Wie alle hawaiianischen Inseln wurde auch Molokai von Vulkanen geformt. Mit 1515 Metern geriet der Kamakou in dieser Schöpfungsgeschichte zum höchsten Berg der Insel. Das tropische Klima schuf an seinen steilen Abhängen einen undurchdringlichen Dschungel. Bäche plätschern Richtung Meer, seltene Tierarten wie die weißgraue Fledermaus sind hier daheim. Für viele Vögel ist dieser Inselteil das Paradies.

Die Region ist von felsigen, engen Tälern durchzogen, die mit Moos und Farnen bewachsen sind. Ein Tagesausflug führt über den Kamehameha V-Highway Richtung Osten. Links der Straße blickt man auf den wuchtigen Kamakou, rechts liegt Hawaiis längstes durchgehendes Saumriff, rund 45 Kilometer lang. Dagegen nimmt sich das Menschenwerk bescheidener aus: Im Örtchen Kaluaaha steht die protestantische Kaluaaha Church, die erste christliche Kirche der Insel aus dem Jahr 1833, und ihr katholisches Gegenstück, die 1874 von Father Damien gebaute »Our Lady of Seven Sorrows« mit ihrem Friedhof im Schatten von Kokospalmen. Etwa einen Kilometer hinter der Kirche führt ein kleiner Fußweg zum Tempel Iliiliopae Heiau. Diese Kultstätte ist eine der ältesten in Hawaii, dort wurden der Kriegsgott Ku und der Erntegott Lono verehrt.

Pittoreskes Kleinod

Am Murphy Beach finden Schnorchler ideale Bedingungen, und der Halawa Beach Park am Ende

Hoch hinaus und (hoffentlich) schwindelfrei an Molokais Südküste

Wanderer im Halawa Beach Park

der Straße ist ideal für ein Picknick. Von hier aus starten auch geführte Wanderungen ins Halawa Valley. Historiker gehen davon aus, dass sich die Polynesier schon 650 v. Chr. in diesem üppigen Tal niederließen. 1957 musste die Besiedlung nach einem Tsunami aufgegeben werden. In den folgenden Jahrzehnten war Halawa wegen seiner Abgeschiedenheit ein beliebter Rückzugsort für Aussteiger. Doch in den 1990er-Jahren begannen die Behörden, die Hippies zu vertreiben und das pittoreske Tal als Touristenattraktion zu bewerben. Sie wussten warum: Das einen Kilometer breite und sechs Kilometer lange Valley mit vielen versteckten *heiau* und tosenden Wasserfällen ist ein Kleinod der Natur.

Die Molokai Fish and Dive Company bietet fünfstündige Wanderungen durch das Tal und zu den 152 Meter hohen Hipuapua Falls an. Nach drei Kilometern Fußmarsch stößt man bereits auf die benachbarten Moaula Falls. Es heißt, man solle ein Blatt der Ti-Pflanze ins Wasser werfen, ehe man in das Becken am Fuß des Wasserfalls eintaucht. Denn laut Legende lebt dort die riesige Echse Moo. Geht das Blatt unter, ist das Ungetüm nicht für Besuch aufgelegt. Schwimmt es, ist das Eintauchen ins Wasser sicher. Die mittelschwere Wanderung sollte

Nicht verpassen

NAUTISCHE GENIES
Die Polynesier seien »die größten Seefahrer« gewesen, jubelte der hawaiianische Forscher Nainoa Thompson. Und ließ originalgetreue Boote nachbauen, mit denen er ab 1976 die vermuteten Routen seiner Ahnen befuhr, die es bis nach Hawaii schafften. Dazu hatte er Beschreibungen der alten Boote studiert und Berichte europäischer Segelschiffkapitäne ausgewertet, die einst die Südsee erkundeten. »Treibgut, Wellenformen und das Verhalten der Delfine geben dir Hinweise darauf, wohin du steuern musst«, lernte Thompson von polynesischen Navigatoren. Wer heute in der Halawa Bay am östlichsten Zipfel von Molokai steht – nach Erkenntnissen von Archäologen einer der ersten Orte, an denen die polynesischen Seefahrer einst anlandeten –, bekommt ein Gefühl dafür, welche Wagnisse die ersten Siedler eingingen, um übers Meer nach Hawaii zu gelangen.

nur mit einem Führer unternommen werden,
da der Weg über Privatgrundstücke führt.

Ebenfalls sehenswert im Osten von Molokai ist das
Kamakou Preserve, Heimat seltener Flora und Fauna. Mehr als 200 endemische Pflanzenarten sind
hier zu finden, wie der Baumfarn *hapuu*. Wer sich
Zeit nimmt, kann den Amakiki-Vogel beobachten
oder dem Gesang der Molokai-Drossel lauschen.
Eine Wanderung auf dem engen Kamakou-Bohlenweg führt über fünf Kilometer durch den Regenwald – am Ende bietet der Waikolu Overlook einen
atemberaubenden Blick auf das fruchtbare Tal.
Hoch auf dem Bergrücken liegt der Kawela Battleground, Schauplatz von Triumph und Tragödie in
Molokais Geschichte. Es war das Schlachtfeld, auf
dem König Kamehameha I. die Krieger Molokais
auf seinem Weg zur Eroberung Oahus vernichtend
schlug. In der Nähe befindet sich ein *puuhonua* –
ein Tempel, in dem die Besiegten Zuflucht suchten.
An der nordöstlichen Küste stürzen die gewaltigen
Klippen von North Shore Pali in den tosenden
Pazifik hinab – mit bis zu 1200 Metern die höchsten Meeresklippen der Welt.

Oben: Father Damien baute 1874
die Kirche Our Lady of Seven
Sorrows in Kaluaaha.
Unten: Treibholz am Strand
des Halawa Valley

Infos und Adressen

Traumblick auf einen Abschnitt der Küste von Molokai

ESSEN UND TRINKEN

Manae Goods & Grindz. In diesem Teil der Insel ist das gastronomische Angebot überschaubar. Daher ist das Lokal in der Nähe von Pukoo (nahe des 16-Mile-Markers) konkurrenzlos »the place to be«. Bestellt wird an einem Schalter, gespeist unter freiem Himmel. Keine Koch-Finessen, sondern deftige Hausmannskost steht auf der kleinen Speisekarte – bei Molokaianern wie Touristen gleichermaßen beliebt. Im kleinen Lädchen nebenan gibt's ein gutes Angebot an allem, was lebensnotwendig ist. 8615 Kamehameha V Hwy., Kaunakakai, HI 96813, Tel. 808 558 8186

ÜBERNACHTEN

Puu O Hoku Ranch. Eine familiengeführte Ranch, die auf 57 Quadratkilometern nicht nur biologisch-dynamische und organische Landwirtschaft, Rinderzucht und ein Gestüt betreibt, sondern sich auch dem Schutz bedrohter Tierarten verschrieben hat. Und Gästen die Möglichkeit gibt, diesen Teil Molokais bei einem Aufenthalt in komfortablen Ferienhäusern auf dem »Sternenhügel«, so die Übersetzung des Namens, kennenzulernen. Ein einzigartiges Naturerlebnis. P.O. Box 1889, Kaunakakai, HI 96748, Tel. 888 573 7775, www.puuohoku.com

AKTIVITÄTEN

Molokai Fish & Dive. Ob Wal-Beobachtungstouren, Ozean-Kajaking, Angel-Turns, Schnorchel- und Tauchausflüge oder Wandertouren durch das Halawa Valley – hier wird alles organisiert und professionell durchgeführt. Kaunakakai, HI 96748, Tel. 808 553 5926, www.molokaifishanddive.com

45 Die Mitte Molokais
Fischfang ohne Hektik

Molokais zentrales Plateau ist Ausgangsstation für Ausflüge zu den Inselsehenswürdigkeiten. Hier landen Besucher am Flughafen von Hoolehua, gleich nebenan breiten sich riesige Macadamianuss- und Kaffeeplantagen sowie die berühmten Fischteiche aus. Im Süden träumt die Hauptstadt Kaunakakai vor sich hin, im Norden bietet der abgelegene Kalaupapa National Historical Park lebendigen Geschichtsunterricht.

Kinderleicht: junge Mädchen beim Angeln in einer Lagune vor Kaunakaki

Aquakultur auf Hawaiianisch: Eine der größten Leistungen der Polynesier waren ihre angelegten Fischteiche. Auf Molokai sind viele dieser über 700 Jahre alten Anlagen gut erhalten. Ihre ebenso simple wie geniale Technik verblüfft noch heute: Aus Lavafelsen und Korallen wurden halbkreisförmige Teichwände direkt am Pazifik gebaut. Durch kleine Öffnungen gelangten die Fische mit dem Meerwasser in die Teiche, wo sie ausreichend Nahrung fanden. Durch das natürliche Wachstum wurden sie dann zu groß, um ihr Zuhause wieder zu verlassen und konnten von den Hawaiianern mühelos aus den Becken geangelt werden. Lange Zeit durften nur die königlichen *alii*, die Häuptlinge und Könige, diese Fische essen, später kamen auch gewöhnlichere Mitglieder der Gesellschaft in den Genuss. Etwa 60 dieser Aquakulturen waren einst an der Süd- und Südostküste von Molokai in Betrieb. Einen knappen Kilometer vor dem One Alii Beach Park etwa liegt der Alii-Fischteich. Weiter entlang des Kamehameha V-Highways wurden zwei alte Zuchtanlagen sogar zu nationalen historischen Stätten ernannt: die Keawanui- und Ualapue-Fishponds.

Die Mitte Molokais

Viel lernen über die Vergangenheit der Insel und seiner Bewohner kann man im Molokai Museum in Kualapuu. Und wer noch mehr Geschichte kennenlernen möchte, der erfährt gleich nebenan in der R.W. Meyer Sugar Mill Wissenswertes über den Zuckerrohranbau. Die Zuckerrohrmühle wurde vom deutschen Einwanderer Rudolf W. Meyer Ende des 19. Jahrhunderts gebaut, dann renoviert und liefert nun historische und aktuelle Fakten rund ums Zuckerrohr – damals wie heute einer der bedeutendsten Wirtschaftsfaktoren der Insel.

Köstlicher Kaffee

Mit wunderschöner Natur besticht der Palaau State Park am Highway 470; mehr als 40 verschiedene Baumarten wachsen hier. In gewissem Sinne auch zur Natur gehört ein phallusähnlicher Monolith, der Phallic Rock, der hier inmitten eines Kasuarinen-Waldes standfest aus dem Boden ragt. Blieb ihr Kinderwunsch zu lange unerfüllt, pilgerten Hawaiianerinnen einst zu diesem steinernen Männlichkeitssymbol, von dem sie sich durch Fürbitten Hilfe erhofften.

Malama aina, die Fürsorge für das Land, ist gebürtigen und zugezogenen Hawaiianern besonders wichtig. Davon überzeugen kann man sich in Molokai auf einigen Farmtouren. Etwa auf der Kaffeeplantage Coffees of Hawaii. Die Betreiber kredenzen Besuchern zunächst einen köstlichen Kaffee auf einer schattigen Veranda, anschließend geht es auf eine informative Tour über die Felder. Ebenfalls empfehlenswert ist der Besuch der Purdy's Macadamia Nut Farm. In diesem kleinen Familienbetrieb spaziert man vorbei an endlosen Reihen von Nussbäumen und erfährt Interessantes über Anbau und Ernte. Anschließend steht eine Kostprobe der schmackhaften Kerne und des Macadamia-Blütenhonigs auf dem Programm.

Infos und Adressen

SEHENSWÜRDIGKEITEN

Molokai Museum & Cultural Center. Hübsches, kleines Museum, das mit Fotografien und Kurzfilmen Einblicke in die Geschichte der Insel, über Land und Leute gibt. Schöne Muschelsammlung. Mo–Sa 10–14 Uhr, Kalae Highway (Hwy. 470), Mile Marker 4, Kualapuu, HI 96757, Tel. 808 567 6436

R.W. Meyer Sugar Mill. In unmittelbarer Nachbarschaft zum Museum liegt die älteste Zuckerrohrmühle Hawaiis. In Spitzenzeiten konnten hier bis zu 50 Tonnen Zucker gewonnen werden. Wohnhaus und Friedhof können allerdings nicht besichtigt werden, hier leben die Nachfahren Meyers und seiner Frau, einer hawaiianischen Adligen.

ESSEN UND TRINKEN

Coffees of Hawaii. Hübsches Café mit großer Holzveranda, das zu einer Kaffeeplantage gehört. Dienstagsmorgens Livemusik. 1630 Farrington Ave., Kualapuu, HI 96757, Tel. 808 567 9490, www.hawaiicoffeeassoc.org

Kualapuu Cookhouse. Rustikales und beliebtes Restaurant. Neben deftigen Genüssen für Magen und Gaumen gibt es im Gastraum heimische Kunst und Fotografie fürs Auge. 102 Farrington Ave., Kualapuu, HI 96757, Tel. 808 567 9655s

ÜBERNACHTEN

Ka Hale Mala. Gemütliches B&B nahe der Südküste mitten im Grünen. Zum Frühstück gibt es Früchte aus dem eigenen Garten. Kamakana Place, Kaunakakai, HI 96748, Tel. 808 553 9009, www.molokai-bnb.com

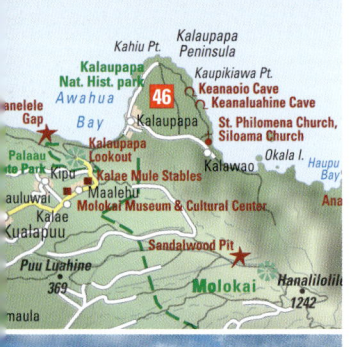

46 Kalaupapa National Historic Park
Elend ohne Exit

Hier scheint wirklich die Welt zu Ende zu sein. Die flache Halbinsel Kalaupapa ist vom Rest Molokais isoliert und nur über einen schmalen Fußweg an einer steilen Klippenwand erreichbar. Durch diese Lage war Kalaupapa im 19. Jahrhundert besonders geeignet, leprakranke Hawaiianer vom Rest der Bevölkerung auszugrenzen. Heute ist der Ort ein Nationalpark, gewidmet einem wahren Heiligen aus Belgien.

Wenn man die Menschen Molokais auf die Halbinsel Kalaupapa anspricht, verdüstern sich ihre sonst so heiteren Gesichter noch immer. Auch wenn die ehemalige Leprakolonie 1969 offiziell aufgelöst wurde: Die Angst sitzt tief. Als »Aussatz«, wie Lepra schon seit biblischen Zeiten bezeichnet wird, Mitte des 19. Jahrhunderts auf Hawaii ausbrach, ließ König Kamehameha V. all jene, die nur den kleinsten Ausschlag aufwiesen, auf Kalaupapa aussetzen. Auf dieser Halbinsel – von drei Seiten vom Pazifik umgeben – waren die Kranken abgeschnitten von der Außenwelt und ohne medizinische Hilfe ihrem Schicksal überlassen. Zeitweise lebten mehr als 1000 dem Tod geweihte Menschen in der Kolonie, zunächst in der Siedlung Kalawao an der Ostküste, später im Dorf Kalaupapa an der Westküste. Um das Elend ein wenig zu lindern, kamen protestantische und katholische Geistliche, mormonische Kirchenälteste und Familienangehörige der Patienten freiwillig nach Molokai, um zu helfen. Dank ihrer Bemühungen verwandelte sich dann die isolierte Gemeinde nach und nach von einem erbarmungslosen Ort des Sterbens in eine Stätte der Heilung. Besonders selbstlos kümmerte sich der belgische

Mitte: Abweisend: die Berghänge der Halbinsel Kalaupapa
Unten: Auf Mauleseln geht es in Serpentinen entlang der Klippen.

Die ehemalige Leprakolonie auf Kalaupapa

Priester, Father Damien, um die Erkrank-
ten. Der als Joseph de Veuster 1840 in
Belgien geborene Ordensmann wurde 1863
als Missionar auf die Sandwich-Inseln ent-
sandt. In Honolulu wurde er zwei Monate später in
der Cathedral of Our Lady of Peace zum Priester
geweiht.

Nach acht Jahren auf Hawaii Island hörte Father
Damien vom Schicksal der Kranken. Der Geistliche
war 33 Jahre alt, als er 1873 auf der abgelegenen
Halbinsel ankam. Drei Monate wollte er bleiben –
es wurden 16 Jahre – bis zum Ende seines Lebens.
Neben der Verbreitung des Glaubens und der
Betreuung der Kranken half er tatkräftig beim
Bau von Häusern und der Errichtung eines Was-
sersystems. Er legte einen Maultierpfad an, damit
die Kolonie auch über den Landweg versorgt werden konnte. Bis heute ist dieser Pfad der einzige
Zugang zu dem Dorf, in dem noch einige der ehemals kranken Bewohner leben.

Vom Wohltäter zum Heiligen

Father Damiens enger Kontakt zu den Kranken
führte dazu, dass er sich selbst mit Lepra ansteckte.
1889 starb er mit nur 49 Jahren. Auf Molokai erin-

Nicht verpassen

RITT ENTLANG DER KLIPPE

Der Kalaupapa National
Historic Park kann heute
noch über jenen schmalen Pfad
von rund fünf Kilometern Länge erreicht werden, den Father Damien
einst angelegt hatte. 1969 wurde
die Quarantänestation geschlossen,
einige Kranke blieben jedoch auf
der Halbinsel und verbringen dort
ihren Lebensabend. Um die Privat-
sphäre der Einwohner zu bewahren,
darf man sich innerhalb der ehemaligen Kolonie nur in Begleitung eines lizenzierten Reiseführers bewegen, Kinder unter 16 Jahren sind
nicht erwünscht. Alternativ zur Wanderung wird der Transport nach und
von Kalaupapa auch auf Maultieren
angeboten. Der Ritt entlang der 500
Meter hohen Klippen ist atemberaubend. 26 Serpentinen bergab – und
dann erreicht man nach eineinhalb
eindrucksvollen Stunden hoch zu
Esel bei herrlichen Aussichten die
ehemalige Leprakolonie auf Meereshöhe.

nert ein Denkmal im Westen der Halbinsel an sein Lebenswerk. Als Father Damien 2009 von Papst Benedikt XVI. heiliggesprochen wurde, reisten viele Hawaiianer nach Rom.

Selbstlose Ordensfrau

Einige Monate vor Damiens Tod hatte sich ihm eine Frau mit großer Unerschrockenheit und Tatkraft angeschlossen. Mother Marianne Cope, als Anna Barbara Koob 1838 im hessischen Heppenheim geboren, war Nonne und leitete Krankenhäuser und Pflegeheime auf Hawaii. Gemeinsam mit zwei Ordensschwestern willigte sie auf Bitten des zu diesem Zeitpunkt schon schwerkranken Father Damiens ein, sich um die Kinder der Lepra-Gemeinde zu kümmern. Fast 30 Jahre wirkte die tatkräftige Franziskanerin für die Kranken, bis sie 1918 mit 80 Jahren eines natürlichen Todes starb.

Im Oktober 2012 wurde Mother Marianne Cope heiliggesprochen. Heute erinnert eine Bronzestatue im Kevalo Basin Park von Honolulu an die selbstlose Ordensfrau.

Oben: Scheut hier das Maultier, wird es gefährlich
Unten: Statue Father Damiens – Erinnerung an das Lebenswerk eines Heiligen

Infos und Adressen

INFORMATION

Kalaupapa National Historical Park. Der Nationalpark ist der Erinnerung an die Menschen gewidmet, die als Verbannte auf der Halbinsel unter furchtbaren Lebensbedingungen litten. Kalaupapa, HI 96742, Tel. 808 567 6802, www.nps.gov/kala

TOUREN

Father Damien Tour. Mit einem Privatflugzeug zum Flughafen Kalaupapa und von dort weiter mit einem Führer auf den Spuren von Father Damien und Mother Marianne. Honolulu, HI 96837, Tel. 808 349 3006, www.fatherdamientours.com

Kalaupapa Mule-Tour. Mit dem Maultier die Klippe entlang – fünf Kilometer auf dem Kalaupapa Trail. Kalaupapa Rare Adventure LLC, Kalae Hwy., Kualapuu, HI 96757, Tel. 808 567 6088, www.muleride.com

Tom Barefoot's Tours. Flug zur Kalaupapa Halbinsel; dort beginnt eine Führung durch die ehemalige Leprastation. 1043 Makawao Ave. 105, Makawao, HI 96768, Tel. 800 779 6305, www.tombarefoot.com

Hier sind die geduldigen Maultiere zu Hause und warten auf die nächste Tour.

47 Der Westen Molokais
Mit verschlafenem Charme

Dank des fruchtbaren vulkanischen Bodens besteht die Haupteinnahmequelle Molokais bis heute aus den Erträgen der Landwirtschaft. Vom Massentourismus ist das Eiland verschont geblieben, an der Westküste gibt es ein paar kleine Hotels und Pensionen. Dabei gab es einmal ganz andere Vorhaben. Und später eine beleidigte Immobilienfirma, die die Insel verließ, als ihre Mega-Pläne auf Widerstand stießen.

Mitte des 19. Jahrhunderts erlebte Molokai so etwas wie einen Boom. König Kamehameha V. gründete damals die Molokai Ranch, auf der Viehzucht betrieben wurde und die bald 40 Prozent der Inselfläche einnahm. Ein riesiger Arbeitsplatz für *paniolos*, die hawaiianischen Cowboys. Nach dem Tod des Königs im Dezember 1872 wurde die Ranch verkauft, bald entwickelte sich die Ananas-Zucht zur Hauptindustrie. Dies war auch die Zeit, als der Fruchtkonzern Del Monte hier einstieg. Ab 1970 witterten die Rancher dann im Tourismus höhere Renditechancen und verkauften große Areale im Westen bei Laau Point für den Bau von Resorts in Strandnähe. Aus den Plänen, große Ferienanlagen mit mehr als 200 Luxusapartments aus dem Boden zu stampfen, wurde allerdings nichts. Zu heftig war die Ablehnung der Bevölkerung, woraufhin der verhinderte Investor jegliche Aktivität schlagartig beendete und den Kaluakoi Golf Course, die Maunaloa Tankstelle, zwei Kinos sowie die beliebte Molokai Lodge und das Kaupoa Beach Village schloss. Und 2008 schließlich die Insel verließ. Was einerseits mehr als 100 Arbeitsplätze kostete, der Region andererseits einen verschlafenen Charme erhielt.

Verschlafener Charme statt gigantischer Ferien-Resorts – die Menschen auf Molokai haben sich genau dafür eingesetzt.

Drachen im Wind

Heute bilden ein paar Hotels und Ferienhäuser das Rückgrat der hiesigen »Tourismusindustrie«. In wenigen Fahrminuten erreicht man die Gegend von Maunaloa, wo der hawaiianischen Folklore nach der Hula entstand. 1930 wurde das Städtchen für die Arbeiter der Ananasplantagen gegründet, heute zählt es nur wenige Hundert Einwohner. Hauptattraktion der Gemeinde ist die Wind Kite Factory, die handgefertigte Lenkdrachen herstellt. Ausprobieren kann man seinen Flieger am weißen Strand von Papohaku. Viele Besucher picknicken hier oder nehmen ein Sonnenbad. Nicht nur für Menschen ist Papohaku ein beliebter Aufenthaltsort: Die Hawaii-Mönchsrobbe genießt hier die Ruhe, derweil Zwerg-Grindwale und der Ostpazifische Delfin vor der Küste kreuzen.

Kinderstube der Wale

Etwas weiter südlich ist der Kepuhi Beach der wohl schönste Strand auf Molokai. Surfer haben hier ihren Spaß. Schwimmer und Taucher sollten wegen gefährlicher Strömungen nur während der Sommermonate ins Wasser gehen. Oder auf den weiter südlich gelegenen, geschützten Halena Beach ausweichen, auch ein idealer Aussichtspunkt auf Buckelwale. Dort kann man das sogenannte Breaching beobachten, wenn die riesigen Meeressäuger ihre Körper eindrucksvoll auf die Wasseroberfläche platschen lassen. Forscher vermuten, dass dadurch Parasiten von der Haut gelöst werden. Das Springen könnte aber auch zum Balzverhalten gehören – oder den Walen einfach nur Spaß machen. In den Wintermonaten ist Paarungszeit, ein Jahr später kommt hier der Nachwuchs zur Welt. Bei der Geburt wiegen die »Kleinen« zwei Tonnen und brauchen 80 Liter Muttermilch am Tag, damit sie täglich 50 Kilogramm zunehmen.

Infos und Adressen

ÜBERNACHTEN

Ke Nani Kai. Zwischen Palmen und tropischen Blumen ducken sich 120 individuell eingerichtete Apartments. 50 Kepuhi Place, Kaluakoi Resort, Maunaloa, HI 96770, Tel. 858 679 2016, www.kenanikai.com

Paniolo Hale. Kleine Apartmentanlage mit elf Einheiten, nur wenige Kilometer vom Kepuhi Beach und Papohaku Beach entfernt. Maunaloa, HI 96770, Tel. 808 552 2731, www.paniolohale.org

EINKAUFEN

Big Wind Kite Factory & Plantation Gallery. Daphne und Jonathan Socher fertigen in ihrer kleinen Kite-Firma Drachen und Windsäcke aus Nylon, Dracon, Carbon, Fiberglas und Papier in allen gewünschten Formen und Farben und lassen sich dabei über die Schultern schauen. In der benachbarten Plantation Gallery bieten Künstler und Handwerker der Insel ihre (Kunst-)Werke zum Verkauf an. 120 Mauna Loa Hwy., Maunaloa, HI 96770, Tel. 808 552 2364, www.bigwindkites.com

Bunte Motive schmücken die Drachen der kleinen Manufaktur.

HAWAIIS HULA
Sprache des Herzens

Seit einigen Jahren erlebt der traditionelle Hula eine Renaissance – auch bei jungen Einwohnern.

Ein Kulturgut, das die Geschichten und Traditionen Hawaiis für nachfolgende Generationen bewahrt. Die Wurzeln des Hula sind polynesisch, seine Entwicklung hawaiianisch. Der Tanz wurde zelebriert, verändert, verboten, verteidigt, verkitscht und verhunzt. Und besitzt, auch in verschiedenen Stil-Arten, noch immer eine große, ursprüngliche Vitalität, Faszination und Ausstrahlung.

Nach der hawaiianischen Legende hat Hula seinen Ursprung auf Molokai, genauer gesagt in Maunaloa. Der Tanz, damals *haa* genannt, gehörte zum religiösen Ritus der Ureinwohner. Es war Männern vorbehalten, mit festgelegten Bewegungen den Gesang der Priester zu untermalen und so das Gesungene darzustellen. Jede Geste, jeder Schritt besaß symbolische Bedeutung, die traditionell in einem *halau*, einer Schule, von einem *kumu hula*, einem Lehrer, weitergegeben wurde.

Aus dem rein religiösen Rahmen entwickelte sich Hula bald zu einer Kunstform mit vielseitigeren Facetten. Er bewahrte Überlieferungen – schließlich kannten die Ureinwohner Hawaiis keine Schriftsprache. Das gesamte kulturelle Erbe, alle Mythen, Sagen und Traditionen wurden nur mündlich an die Nachkommen weitervermittelt, durch Erzählungen, Lieder – und durch den Hula.

Sprache des Herzens

Als das Christentum die hawaiianische Kultur mehr und mehr dominierte, wurden alle Formen des Hula verboten. Die Missionare bekämpften die »obszönen« Bewegungen und »provokanten« Gesten

und schlossen die Hula-Schulen. Doch der Tanz überlebte in geduldiger Abgeschiedenheit. »Hula ist die Sprache des Herzens und deshalb der Herzschlag des hawaiianischen Volkes«, zollte König David Kalakaua (1836-1891) dem Tanz seiner Heimat Anerkennung. Ende des 19. Jahrhunderts wollte er den Hula wiederbeleben und seinem Volk ein Stück seiner Identität zurückgeben. Als er allerdings begann, Hula-Schulen zu gründen, die an die alte Tradition anknüpfen sollten, schien es fast zu spät. Kaum jemand interessierte sich noch für getanzte polynesische Sagen und Legenden.

Das Ende des Hula? Mitnichten. Wie Phoenix aus der Asche stieg er aus der Vergessenheit. Als *hula kahiko* (klassischer Hula) mit dramatischen Gesängen, kraftvollen Bewegungen, Perkussion und traditionellen Kostümen. Und als immer populärer werdender, eleganterer *hula auana* (moderner Hula), bei dem musikalische Richtungen und Instrumente anderer Länder mit dem überlieferten zusammentreffen. Und ließ (endlich) die Frauen mittanzen.

Eine Melange war entstanden, die dem Publikumsgeschmack mehr entsprach. In der die viersaitige Gitarre von der portugiesischen Insel Madeira als »Ukulele« bald den Ton angab. Und bei der

schlimmstenfalls nur noch Tänzerinnen mit Blumenkränzen, Grasröckchen und Kokosnussschalen-BH im Vordergrund standen, die lasziv ihre Hüften schwangen und dabei stereotyp ins Publikum lächelten. Vorsicht Fälschung: Grasröcke wurden auf Hawaii nie getragen, ebenso keine Kokosnuss-BHs, und eine echte Hula-Tänzerin lächelt ohne Worte vielsagend in die Ferne.

Besinnung auf Tradition

Tanz im Wandel: seit den 1970er-Jahren besinnen sich die Hawaiianer wieder auf ihre ursprünglichen Traditionen. Und so wird vielerorts möglichst authentisch getanzt- bei zahlreichen Luaus, bei Hula-Festivals und Wettkämpfen auf vielen Inseln.

TERMINE

Merrie Monarch Festival. Der weltweit größte Hula-Wettkampf in Hilo auf Hawaii Island im März und April wird zu Ehren von König Kalakaua veranstaltet. www.merriemonarch.com

Molokai Ka Hula Piko Festival. Wer den Hula an seinem Geburtsort erleben möchte, der kommt im Mai nach Molokai. www.kahulapiko.com

Beim **Prince Lot Hula Festival** im Juli (www.moanaluagardensfoundation.org) und beim Kauai Mokihana Festival im September (www.maliefoundation.org) auf Kauai wird ebenfalls Hula in moderner und traditioneller Form getanzt.

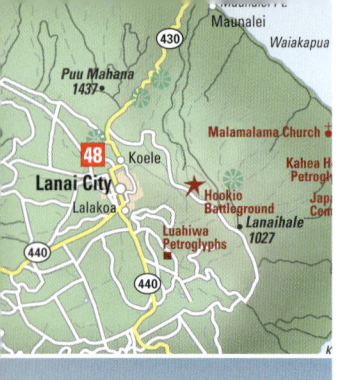

48 Lanai City, Mitte und der Nordwesten
Luxus und Schotterpisten

Lanai nennt sich selbst »die bezauberndste Insel Hawaiis«, besitzt das trockenste Klima des Archipels – und zwei Gesichter. Das erste ist das der Luxusresorts, in denen Reisende Weltklasse-Komfort und Championship-Golf erleben. Das zweite Gesicht entdeckt man, wenn man mit dem Geländewagen über Schotterstraßen Schätze wie Polihua Beach oder Keahiakawelo erreicht, den »Garten der Götter«.

Eine eigene Insel ist bei Promis durchaus beliebt. Johnny Depp besitzt eine auf den Bahamas und Leonardo DiCaprio ein Eiland vor Belize. Doch als der amerikanische Software-Milliardär Larry Ellison vor einigen Jahren ankündigte, das hawaiianische Lanai kaufen zu wollen – zumindest zu 98 Prozent – bekam die Insel-Begierde eine ganz neue Dimension. Ist Lanai nämlich keineswegs ein einsames, unbewohntes Robinson-Crusoe-Gestade, sondern ein von mehr als 3000 Menschen bewohnter Archipel von der Größe des Gardasees. Immerhin: der damalige Gouverneur von Hawaii, Neil Abercrombie, drückte angesichts des erhofften Dollarregens seine Freude aus und lobte die Naturverbundenheit des künftigen Besitzers. Viel verändert hat sich für die Anwohner durch die »freundliche Übernahme« bis heute nicht. Hier gibt es keine einzige Ampel und nur knapp 50 Kilometer befestigte Straßen. Sie verbinden die Hauptstadt Lanai City mit den Luxusresorts an der Südküste. Zu vielen Sehenswürdigkeiten führen noch immer Schotterpisten, die einen Geländewagen erfordern.

Mitte: Blick zur Nachbarinsel Molokai
Unten: Im Süden Lanais warten Luxushotels auf betuchte Gäste.

Mitte und Nordwesten

Die Strecke zum Polihua Beach ist eine dieser Holperstrecken. Reisende auf der Suche nach unberührter Natur sind hier richtig. Über drei Kilometer erstreckt sich der Sandstrand Polihua Beach vis-à-vis der Nachbarinsel Molokai. Hawaiis Grüne Meeresschildkröten suchen diese Küste häufig auf, auch Buckelwale tummeln sich hier in den Wintermonaten im Meer. Ideal zum Schwimmen ist der Ozean nur für sie – für Menschen ist die Strömung einfach zu stark. Stattdessen ist dieses abgelegene Gebiet ein wunderbarer Ort für Strandspaziergänge.

Besuch im Göttergarten

Auf dem Weg zum Polihua Beach im Nordwesten Lanais empfiehlt sich ein Abstecher zum »Göttergarten« Keahiakawelo, einem natürlichen Felsengarten. 45 Minuten Fahrzeit von Lanai City entfernt befindet sich diese geheimnisvolle, mit Findlingen und Monolithen übersäte Mondlandschaft. Der Legende zufolge ist diese windgepeitschte Ödnis das Ergebnis eines Wettstreits zwischen zwei Priestern aus Lanai und Molokai. Jeder der beiden *kahuna* hatte die Aufgabe, auf seiner Insel ein Feuer länger brennen zu lassen als der andere. Die Insel des Siegers, so die Aussicht, würde reich belohnt werden. Kawelo, der Gottesmann Lanais, verwendete die gesamte Vegetation in Keahiakawelo, um sein Feuer nicht ausgehen zu lassen – daher ist dieses Gebiet heute so karg. Die Felstürme, Gesteinsspitzen und -formationen, die über Jahrhunderte durch Erosion entstanden, üben bei Sonnenuntergang eine Magie auf Besucher aus.

Rund um den Park

Im späten 19. Jahrhundert war Lanai unter der Führung von James Dole der wichtigste Produzent und Exporteur von Ananas. Irgendwann

Geheimtipp

POOLS IM VULKANGESTEIN

Im Sommer ist die geschützte Bucht des Hulopoe Beach der wohl perfekte Ort auf der Insel, um zu schnorcheln und zu schwimmen. Nicht aber im Winter, dann ist es hier selbst für geübte Schwimmer zu rau. Im Hulopoe Beach Park, ein schöner Strandpark am Ende der Manele Road, kann man picknicken und grillen. Der Tri-Lanai Offroad Sprint Triathlon ist ein großes Spektakel und zieht jährlich im November jede Menge Schaulustige und Sportfans in den Park. Sehenswert sind die großen Gezeitenbecken an der Ostseite der Bucht. Diese in Vulkangestein gehöhlten Pools entstehen durch bei Flut hereinschwappendes Meerwasser, sind gut geschützt und bieten ein ruhiges Badevergnügen und Einsiedlerkrebsen, Seesternen, Napfschnecken und kleinen Fischen ein Zuhause. Während draußen auf dem Meer Spinnerdelfine ihre akrobatischen Sprünge zeigen.

Buntes Leben im geschützten Meerespool

jedoch wurde der Ananasanbau unrentabel und ins Ausland verlagert. Doch Erinnerungen an Dole blieben: Das Hotel Lanai etwa errichtete der Unternehmer in Lanai City für wichtige Geschäftspartner, die die Insel besuchten. Hier steigen Gäste bis heute gern ab.

Spürbar kühler

Denn in der Hauptstadt ist es aufgrund der Höhenlage von über 500 Metern spürbar kühler als in den Küstenregionen. Alle Läden, Restaurants und Unternehmen von Lanai City befinden sich rund um den Dole Park. Die Rasenfläche ist ein beliebter Treffpunkt der Einwohner. Die hoch aufragenden Kiefern, die den Park säumen, bieten angenehm kühle Schattenplätze.

GUT ZU WISSEN

LANAI IM LUXUS

Honeymoon, Erholung, Ruhe und Luxus: Lanai hat sich bewusst auf den Tourismus im Luxussegment spezialisiert. Den Besucher erwarten Resorts mit Spitzenservice, Traumstränden und außergewöhnlichen Golfplätzen. Für den Durchschnittstouristen ist die Hotelauswahl dagegen eher beschränkt, außerdem bietet die Insel insgesamt zu wenige Attraktionen, um einen Aufenthalt von mehr als zwei Tagen zu rechtfertigen. Darum ist es am vernünftigsten, von Maui aus einen Tagesausflug nach Lanai zu planen.

Oben: Monolithe und Findlinge in Keahiakawelo, einem natürlichen Felsengarten
Unten: Ein letzter Farbenrausch kurz vor der Dunkelheit

Infos und Adressen

Das Four Seasons Resort Lanai garantiert einen stilvollen Aufenthalt …

SEHENSWÜRDIGKEITEN

Kanepuu Preserve. Das 2,4 Quadratkilometer große Naturschutzgebiet ist ein Paradies für Wanderer und Botaniker. Hier gedeihen Pflanzenarten wie Sandelholz, Ebenholzbäume und Gardenien.

ESSEN UND TRINKEN

Lanai City Grill. Eine der ersten Adressen am Ort. Frische, innovative Küche. 828 Lanai Ave., Lanai City, HI 96763, Tel. 808 565 7211, www.hotellanei.com

The Dining Room. Mit seinem Vier-Gänge-Menü hat sich das Restaurant in die Herzen vieler Gourmets gekocht. Bevorzugt werden heimische Zutaten komponiert. One Keomoku Hwy., Lanai City, HI 96763, Tel. 808 565 4000, www.fourseasons.com

ÜBERNACHTEN

Four Seasons Resort Lanai, The Lodge at Koele. Hier ist Luxus Standard. Die edle Lodge aus erlesenen Hölzern thront inmitten eleganter Gärten.

1 Keomuku Hwy., Lanai City, HI 96763, Tel. 808 565 4000, www.fourseasons.com/koele

Hotel Lanai. James Dole ließ die stilvolle Herberge 1923 für seine Gäste bauen. Elf hübsche Zimmer und ein Restaurant zeugen noch heute vom Charme jener Zeit. 828 Lanai Ave., Lanai City, HI 96763, Tel. 808 565 7211, www.hotellanai.com

EINKAUFEN

Dis 'N Dat. Zauberhaftes Lädchen mit einem fast unüberschaubaren Angebot an Schmuck und Kunstgewerbe. 418 Eight Ave., Lanai City, HI 96763, Tel. 808 565 9170, www.disndatshop.com

AKTIVITÄTEN

Sporting Clays. In den nordwestlichen Hügeln der Insel können Schützen im Lanai Pines Sporting Clays ihre Treffsicherheit beim Tontaubenschießen trainieren. Spaß verspricht auch der Bogenschießplatz nebenan. Tel. 808 563 9385, www.claytargetsonline.com

… im herrlichen Ambiente kann man die Seele baumeln lassen.

49 Das östliche Lanai und der Süden
Kiefern im Nebel

Hawaiis kleinste bewohnte Insel verfügt über große Verführungskünste und versteht es, Besucher in ihren Bann zu ziehen. Etwa mit atemberaubenden Aussichten auf den kieferngesäumten Munro Trail. Oder am Puu Pehe, dem von Tragik umwehten »Sweetheart Rock«. Hier ist Lanai abseits der manikürten Luxus-Enklaven noch ganz bei sich und verspricht Gästen himmlische Ruhe und ursprüngliche Abenteuer.

Zum Mount Lanaihale, mit 1027 Metern der höchste Punkt der Insel, führt eine elf Kilometer lange Schotterstraße. Das ist nicht immer rückenfreundlich, aber lohnenswert. Der Weg führt durch dicht bewaldetes Gebiet und gewährt immer wieder eindrucksvolle Ausblicke über das Eiland und die Nachbarinseln. Die Straße kann allerdings nur bei trockenem Wetter und mit einem Allradfahrzeug befahren werden.

Ebenfalls zum Mount Lanaihale führt der Munro Trail, der nördlich von Lanai City beginnt und zunächst an den Stallungen der Luxusherberge The Lodge at Koele vorbeiführt. Der 20 Kilometer lange Geländeweg wurde nach dem neuseeländischen Naturforscher und Botaniker George Campbell Munro (1866–1963) benannt, der 1890 nach Lanai kam und sich für die Einrichtung von Schutzgebieten auf der Insel einsetzte. Zwischen den hohen Cook-Kiefern, die Munro hier erstmals anpflanzte, bietet der Weg beeindruckende Panoramen. Der gelegentlich rutschige Aufstieg führt durch einen Regenwald, in dem der rot blühende

Mitte: Das rostende Wrack eines gestrandeten Öltankers …
Unten: … verleiht der Shipwreck Bay eine unwirkliche Atmosphäre.

Blick auf die üppig-grüne Maunalei-Schlucht

Ohia Lehua neben Eukalyptus und Kiefern wächst. Nach vier Kilometern
erreicht man einen Aussichtspunkt mit
atemberaubender Sicht auf die Maunalei-
Schlucht und die umliegenden Inseln Maui, Molokai, Kahoolawe, Hawaii Island und Oahu. Der Weg
führt weiter zum Gipfel des Lanaihale und kann
zu Fuß oder mit dem Rad bewältigt werden.

Gespenstisches Wrack

Wer will, kann sich nach dem beschwerlichen
Aufstieg anschließend am Kaiolohia Beach, dem
»Shipwreck Beach« im Nordosten, erholen. Der
Strand trägt seinen Namen nicht ohne Grund: An
dieser windigen Küste sind im seichten, felsigen
Fahrwasser schon zahlreiche Schiffe zerschellt. Das
rostige Wrack eines auf dem Korallenriff gestrandeten Öltankers aus den 1940er-Jahren ragt noch
immer vor der Kaiolohia Bay aus der Brandung und
verleiht dem Strand eine fast surreale Atmosphäre.

Romeo und Julia auf Hawaii

An der Südküste Lanais befinden sich die malerische Hulopoe Bay sowie Manele Bay, Lanais wichtigster Bootshafen. Mitten aus dem Meer zwi-

Nicht verpassen

TAUCHEN IN DEN KATHEDRALEN

The Cathedrals liegt vor
der Südküste Lanais, ist eine
faszinierende Unterwasserland-
schaft und eines der besten Tauch-
reviere der Insel. Den Namen gaben
ihm die 18 Meter hohen, unter Wasser liegenden Kammern aus erkalte-
ter Lava und Korallen, in denen Hunderte verschiedener Fischarten und
andere Meeresbewohner wie Tinten-
fische, blaugestreifte Snapper und
Korallenfische heimisch sind. Erfahrene Taucher ebenso wie Anfänger
können hier unzählig viele Ecken und
Winkel erforschen. In dem durch
Lichteinfall glitzernden Wasser haben
schon zahlreiche Brautpaare den
Bund fürs Leben geschlossen. Geführte Tauchgänge bieten mehrere
Unternehmen, vor allem von der
Nachbarinsel Maui, an. Auf Lanai
gibt es nur einen Anbieter:

Trilogy Ocean Sports. 1 Manele
Harbor Drive, Lanai City, HI 96763,
Tel. 808 874 5649,
www.scubalanai.com

schen diesen beiden Buchten erhebt sich der berühmte Puu Pehe, auch »Sweetheart Rock« genannt. Um ihn rankt sich die Legende zweier Liebender, der Jungfrau Pehe aus Lahaina und des jungen Kriegers Makakehau aus Lanai. Hingerissen von ihrer Schönheit nahm er sie mit nach Lanai und versteckte sie in einer Meereshöhle am Fuß der Klippen Maneles. Eines Tages, während er Vorräte sammelte, bemerkte er, dass sich ein Sturm zusammenbraute. Er eilte zurück zur Höhle, wo er Pehe in der Brandung der Sturmwellen ertrunken fand. Schmerzerfüllt nahm Makakehau seine Geliebte in die Arme. Klagend rief er die Götter an, ihm beim Aufstieg auf die steile Felseninsel zu helfen, wo er Pehe schließlich begrub. Dann stürzte er sich selbst von dem 25 Meter hohen Felsen in die tosende Brandung.

Oben: Schauplatz einer tragischen Liebesgeschichte: die Südküste der Insel
Unten: In den Riffen sind besonders schöne Seeschnecken zu beobachten.

Infos und Adressen

Zauberhaftes Hideaway: das Four Seasons Resort Lanai in der Manele-Bucht

SEHENSWÜRDIGKEITEN

Japanese Cemetery. Als 1899 zum ersten Mal Zuckerrohr auf Lanai angebaut wurde, versprach dies einen guten Profit. Doch schon im selben Jahr rafften Krankheiten die Plantagenarbeiter, unter ihnen viele Japaner, dahin. Jedes Jahr gedenkt die japanische Gemeinde in einer feierlichen Zeremonie an einem Schrein auf dem Friedhof ihrer toten Vorfahren.

Keomuku. Ende des 19. Jahrhunderts lebten hier 2000 Menschen, und Keomuku war der größte Ort der Insel. Heute stehen in der »Geisterstadt« nur noch die 1903 erbaute Kirche, Ruinen der Zuckerfabrik und die Reste einer alten Lokomotive. Anfahrt mit Offroad-Fahrzeugen über den Keomuko Highway (Hwy. 440) bis zum östlichen Ende, dann rechts auf die Schotterpiste abbiegen und rund sieben Kilometer in südlicher Richtung weiterfahren.

ESSEN UND TRINKEN

Nobu Lanai. Mit Blick auf den Ozean wird hier im Four Seasons Resort Lanai at Manele Bay die klassische und die innovative japanische Küche genossen. Die Nobu-Restaurants gehören zu den erfolgreichsten Gourmetketten der Welt. 1 Manele Bay Rd., Lanai City, HI 96763, Tel. 808 565 2832, www.noburestaurants.com/lanai

ÜBERNACHTEN

Four Seasons Resort Lanai at Manele Bay. Der Begriff »paradiesisch« ist hier nicht übertrieben. Alles, was der verwöhnte Gast braucht, ist da: vom Pool über Fitnesscenter, Bibliothek, Golfplätzen und Spa. Mit direktem Zugang zum weißen Sandstrand der Hulopoe Bay. Und makellosem Service. 1 Manele Bay Rd., Lanai City, HI 96763, Tel. 808 565 2000, www.fourseasons.com/manelebay

Lust auf Sushi? Dann sind Sie im Restaurant Nobu Lanai goldrichtig.

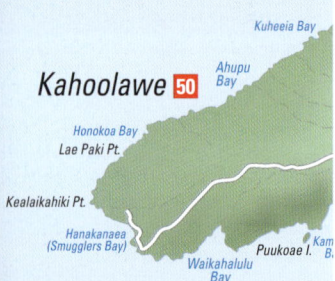

Kahoolawe **50**

Kuheeia Bay

Ahupu Bay

Honokoa Bay
Lae Paki Pt.

Kealaikahiki Pt.

Hanakanaea
(Smugglers Bay)
Waikahalulu Bay

Puukoae I.

Kam B.

50 Kahoolawe
Die verlassene Insel

Von den acht großen Vulkaninseln Hawaiis ist Kahoolawe die kleinste. Sie liegt sieben Meilen südwestlich von Maui und hat eine Fläche von 116 Quadratkilometern – und in einem Reiseführer eigentlich nichts zu suchen. Denn laut Gesetz dürfen nur Hawaiianer die Insel und ihre Gewässer für »kulturelle, spirituelle und existenzielle Absichten« besuchen. Für Touristen ist das Eiland dagegen tabu.

Mit den Menschen und Kahoolawe ist das so eine Sache. Zwar geht die Geschichte der Besiedlung bis 1400 n. Chr. zurück, als sich die ersten Einwohner mit gemeißelten Botschaften in Felsplatten verewigten. Ansonsten scheint die Insel auf menschliche Besiedlung eher allergisch zu reagieren. Kahoolawe war meist unbesiedelt, und wenn doch, dann überschritt die Anzahl der Bewohner wohl nie die 200. Grund ist der Mangel an Frischwasser, denn Kahoolawe liegt im Windschatten des Vulkans Haleakala auf Maui und ist sehr regenarm. Ursprünglich bewaldet und von Bächen durchzogen, sorgten Abholzung und Ackerbau für eine »erfolgreiche« Verödung.

Heimat des Totengottes

Als Hawaii von englischen Seefahrern entdeckt wurde, gab es auf Kahoolawe schon keine Ansiedlungen mehr. Dennoch hatte die Insel für die polynesischen Ureinwohner eine besondere Bedeutung: Als Heimat des Totengottes Kanaloa war sie den Hawaiianern heilig. Viele Kultstätten und Tempel wurden hier zu seinen Ehren auf den kargen Grund gebaut.

Fototapeten-Charme: Regenbogen über dem Pazifik

Kahoolawe

Im Jahr 1830 ließ King Kamehameha III. dann eine Strafkolonie auf Kahoolawe errichten. Doch auch diese wurde aufgrund des Wassermangels 1853 schon wieder geschlossen. Anschließend versuchten einige Viehzüchter ihr Glück: Als das Eiland ab 1858 an sie verpachtet wurde, brachte die intensive Nutzung erst recht Dürre und Überweidung. Immerhin wurde das geschundene Inselchen ab 1910 zum Schutzgebiet ernannt. Doch auch in den Folgejahren ging das Schicksal nicht wirklich sanft mit Kahoolawe um. Nach dem Angriff auf Pearl Harbor im Oktober 1941 übernahm die US-Army die Kontrolle über die Insel. Die Luftwaffe benutzte Kahoolawe zu Trainingszwecken von Bombenabwürfen, während die US-Marines vor Ort neue Waffen erprobten. Dieser Bestimmung war die Insel auch während des Korea-, Vietnam- und Kalten Krieges ausgesetzt – und wurde zur weltweit meistbombardierten Gegend. Ihr Beiname »The Target Isle – die Zielinsel« erklärt sich da von selbst.

Zurück zum Ursprung

1976 formierte sich die Gruppierung »Protect Kahoolawe Ohana« mit dem Ziel, die Insel wieder in ihren ursprünglichen Zustand zu versetzen. Doch erst 1990 ließ Präsident George W. Bush das soldatische Training beenden. 2004 gab das Militär Kahoolawe dann offiziell zurück in den Besitz des Bundesstaates Hawaii. Der Gouverneur erklärte kurze Zeit später die Einrichtung der »Kahoolawe Island Reserve« zum Zweck, die Insel in ihren alten Zustand zu versetzen. Die US-Navy wurde dazu verdonnert, die Räumung von Blindgängern und sonstigem Militärmüll zu finanzieren. Trotz der bisherigen Kosten von 400 Millionen Dollar: Das endgültige Ziel der Wiederherstellung von Kahoolawe wurde noch nicht erreicht.

Oben: Eine Blüte im Haar gehört zum perfekten Outfit.
Mitte: Blick aus der Vogelperspektive auf Kahoolawe
Unten: Frisches Grün gedeiht auf der geschundenen Insel

REISEINFOS

HAWAII VON A-Z

Anreise

Von Europa aus gibt es keine Direktflüge zum rund 13 000 Kilometer entfernten Hawaii-Archipel. Ab den Drehkreuzen Los Angeles, San Francisco, Seattle, Las Vegas oder Vancouver benötigt der Reisende fünf bis sechs Stunden bis Honolulu. Bei guten Umsteigemöglichkeiten benötigt man für die westliche Anreise insgesamt 19 Stunden, nicht viel länger dauert die östliche Flugroute über Tokio. Wichtigster Flughafen ist der Honolulu International Airport (HNL) auf Oahu, gefolgt vom Hilo International Airport auf Big Island und den kleineren Flughäfen auf Maui (Maui Kahului Airport, Kapalua Airport, Lanai Lanai Airport), Molokai (Molokai Molokai Airport) und Kauai (Kauai Lihue Airport).

Einreise

Für einen Aufenthalt von bis zu 90 Tagen in den Vereinigten Staaten benötigen Deutsche, Österreicher und Schweizer kein Visum mehr. Reisende sind verpflichtet, bis spätestens 72 Stunden vor Reiseantritt eine ESIA-Genehmigung einzuholen (https://esta.cbp.dhs.gov). Dafür sind Kreditkarte und Internetzugang notwendig. Benötigt wird auch ein gültiger Reisepass. Diese Einreisebedingung gilt auch für Jugendliche und Kinder.

Blick aus der Vogelperspektive auf Honolulu, die hawaiianische Hauptstadt

Hula und Blumenkränze: So werden Besucher auf Hawaii willkommen geheißen.

Essen und Trinken

Auf Hawaii sind fast alle Fast-Food-Ketten und Steakhäuser vertreten, die man auch auf dem US-amerikanischen Festland findet. Lukullisch interessanter sind jedoch die immer angesagtere »Pacific-Rim-Cuisine« und die »Hawaiian Fusion Cuisine«. Während die erste frische heimische Zutaten mit den Kochkünsten und Gewürzen der Länder rund um den Pazifik verbindet, fügt die zweite noch die Finesse der europäischen Küche hinzu. Landestypisch und traditionell ist das hawaiianische Festessen, das im Mittelpunkt eines *luau* steht, einer Verbindung aus Hula-Tanz und Festschmaus. Dafür wird ein Schwein in Bananen- und *Ti*-Blätter (Blätter der Keulenlilie) eingewickelt, im *imu*, dem Erdofen, rund neun Stunden gebacken und als *kalua pig* mit zahlreichen Beilagen wie *poi* (Brei aus Taro-Knollen) und Süßkartoffeln serviert.

Fähren

Auf allen Inseln gibt es nur zwischen Maui und Lanai eine regelmäßige Fährverbindung (Expeditions). Sie verkehrt mehrmals täglich zwischen den Orten Lahaina und Manele und sollte im Voraus telefonisch (Tel. 808 661 3756) gebucht werden.

Einige der mehr als 100 Golfplätze zählen zu den landschaftlich schönsten der Welt.

Feste/Feiertage

Auf Hawaii und in den gesamten USA fallen die Feiertage häufig auf einen Montag, sodass sich dann ein verlängertes Wochenende ergibt.

1. Januar: Neujahr
3. Montag im Januar: Martin Luther King Day
3. Montag im Februar: President's Day
26. März: Prince Kuhio Day
Letzter Montag im Mai: Memorial Day
11. Juni: King Kamehameha Day
4. Juli: Independence Day
3. Freitag im August: Admission Day
1. Montag im September: Labor Day
2. Montag im Oktober: Columbus Day
1. Dienstag im November: Election Day
11. November: Veterans Day
3. Donnerstag im November: Thanksgiving Day
25. Dezember: Christmas

FKK

Auf Hawaii gibt es keine offiziellen FKK-Strände; nacktes Baden und Sonnenbaden sind nicht erlaubt. Es gibt jedoch abgelegene Strände, die gern von FKK-Anhängern besucht werden. Am bekanntesten sind der Oneuli Beach, der Little Makena Beach und der Red Sand Beach, alle auf der Insel Maui.

Geld/Währung

Europäische Währungen sind vor Ort nur relativ schwer und ungünstig umzutauschen. Kreditkarten (MasterCard,

VISA) werden überall und auch bei kleinen Beträgen akzeptiert. Zudem ist das telefonische Reservieren von Hotelzimmern, Veranstaltungstickets und Mietwagen vor Ort ohne Kreditkarte kaum möglich.

An Bankautomaten kann Bargeld mit Kreditkarte und Geheimzahl abgehoben werden, dabei fallen Gebühren von bis zu vier Prozent an.

Reiseschecks können nicht mehr empfohlen werden; American Express und Travelex/Thomas Cook haben deren Verkauf eingestellt. In Geschäften und Restaurants ist es weder üblich, die passende Summe in Scheinen und Münzen auf den Tresen zu legen, noch mit großen Scheinen zu bezahlen.

Farbenprächtige Akteure bei einem Luau

Gesundheit

Die medizinische Versorgung auf Hawaii ist auf allen Inseln gut, allerdings teuer. In Krankenhäusern werden Kreditkarten akzeptiert, Zahnärzte und Ärzte behandeln jedoch nur gegen Bargeldzahlung. Daher ist unbedingt eine Reiseversicherung von mindestens einer Million US-Dollar Deckungssumme zu empfehlen.

Golfen

Auf sechs hawaiianischen Inseln gibt es insgesamt mehr als 100 Golfplätze in zum Teil atemberaubender Landschaft, einige von ihnen zählen zu den schönsten der Welt. Neben öffentlichen Plätzen, die nur eine geringe Gebühr erheben, gibt es auch teurere, die zu den Ferien-Resorts gehören und auch Nicht-Gästen zur Verfügung stehen. Die zum Teil sehr exklusiven Privatplätze sind grundsätzlich nur Clubmitgliedern zugänglich, machen aber Ausnahmen.

Hochzeit und Honeymoon

Die Inseln Hawaiis gehören weltweit zu den beliebtesten Hochzeits- und Flitterwochenzielen. Diese Nachfrage bedienen zahlreiche professionelle Hochzeitsplaner, Fotografen und Caterer. Hotels und Resorts helfen bei der Organisation oder leiten die Anfrage an Experten weiter. Das Hawaii Visitors and Convention Bureau bietet ausführliche Hochzeits- und Flitterwochen-Websites. Unverzichtbar für eine Eheschließung sind ein gültiger Pass und der Besitz einer *marriage licence*, die vom Marriage License

Office im State Department of Health, 1250 Punchbowl Street, Honolulu, ausgestellt wird, jedoch auch in einem der Büros auf den anderen Inseln oder online (emrs.ehawaii.gov) beantragt werden kann. Sie kostet 60 Dollar und gilt 30 Tage. Seit Dezember 2013 können auf Hawaii auch gleichgeschlechtliche Ehen rechtsgültig geschlossen werden.

Inselhopping

Auf dem Hawaii-Archipel ist das Flugzeug das wichtigste Transportmittel. Vom Drehkreuz Honolulu aus bieten Aloha Airlines, GO! Airline, Island Air und Hawaiian Airlines fast im Stundentakt Flüge zu allen Inseln an. Die Preise sind abhängig von Tageszeit, Wochentag und Saison.

Insekten

Während es in den Städten oder am Strand nicht allzu viele Moskitos gibt, sind Stechmücken in den Regenwäldern, vor allem an Tagen mit hoher Luftfeuchtigkeit, in Scharen unterwegs. Immer wieder kam es in der Vergangenheit zu Denguefieber-Erkrankungen, ausgelöst durch Moskitostiche. Daher empfehlen Experten Insektensprays, die DEET enthalten. Um deren Einsatz möglichst gering zu halten, sollten bei Outdoorbekleidung lange Ärmel und Hosenbeine bevorzugt werden.

Hawaii ist ein beliebtes Ziel für Heiratswillige – auf den Inseln ist man darauf vorbereitet.

Internet

Hawaii ist sehr gut vernetzt, alle größeren Hotels bieten ihren Gästen WLAN-Netze und Internet an. Webzugang per WiFi gibt es auch in den Coffeeshops der Inseln.

Klima/Reisezeit

Das tropisch-warme Klima auf dem Hawaii-Archipel ist sehr beständig. Es gibt keine großen Temperaturschwankungen, die Werte liegen ganzjährig bei durchschnittlich 22 bis 29 Grad Celsius – mit Ausnahme der Viertausender auf Big Island, auf die im Winter Schnee fallen kann, und des Haleakala-Vulkans auf Maui, auf dem es gelegentlich auch im Sommer friert.

Passatwinde sorgen dafür, dass die Sommerhitze auch an diesem Breitengrad erträglich bleibt. Am wärmsten ist es im August und September, am kühlsten im Februar. Auch der Pazifik bleibt beständig bei diesen Temperaturgraden. Sehr unterschiedlich fallen hingegen die Niederschlagsmengen aus. An den nordöstlichen Inselseiten, auf die Passatwinde treffen, wird teilweise Regen von mehr als 10 000

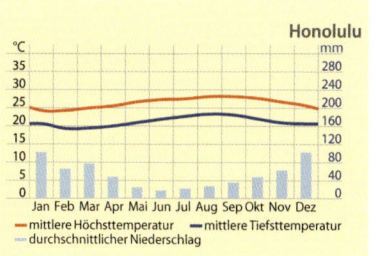

Honolulu

°C · mm
35 · 280
30 · 240
25 · 200
20 · 160
15 · 120
10 · 80
5 · 40
0 · 0

Jan Feb Mar Apr Mai Jun Jul Aug Sep Okt Nov Dez

— mittlere Höchsttemperatur — mittlere Tiefsttemperatur
— durchschnittlicher Niederschlag

Millimetern pro Jahr gemessen. Damit gehören sie zu den feuchtesten Gebieten der Erde. Eher trocken sind die Südwestküsten auf der windabgewandten Seite.

Mietfahrzeuge/Verkehr

Wer ein Auto mieten will, muss mindestens 21, bei einigen Firmen sogar 25 Jahre alt sein und einen gültigen Führerschein sowie Kreditkarte besitzen. Eine Kaskoversicherung ist unbedingt empfehlenswert. Bei Pannen hilft die American Automobile Association (AAA, Tel. 808 593 2221) auch Mitgliedern ausländischer Clubs – Mitgliedsausweis mitnehmen! Hawaiis Straßennetz ist gut ausgebaut. Die Verkehrsregeln sind denen in Europa vergleichbar. Ausnahmen: An Ampeln wird auch bei Rot nach rechts abgebogen. Schulbusse mit blinkender Warnanlage dürfen in keiner Richtung passiert werden. Auf Hawaii herrscht Anschnallpflicht, Kinder unter drei Jahren benötigen einen Kindersitz. Fast alle Autovermieter erlauben nicht das Befahren unbefestigter Pisten. Wichtig: Bei Regen werden manche Straßen rutschig und schwer befahrbar. Der öffentliche Nahverkehr ist eher mäßig gut ausgebaut. Ausnahme ist Oahu, hier kommt man mit Taxen und vor allem Bussen des Unternehmens TheBus (Tel. 808 848 4500) gut weiter. Allerdings darf nur jeder Mitfahrer so viel Gepäck mitnehmen, wie unter einem Sitz verstaubar ist. Auch auf den anderen Inseln gibt es Busse, die auf einigen Linien, manche auch nur an einigen Wochentagen, fahren: Maui (Maui Bus Service, Tel. 808 270 4838), Kauai

Nightmarkets, wie hier in Waikiki, erfreuen sich bei Besuchern großer Beliebtheit.

(Kauai Bus, Tel. 808 241 6410), Big Island (HeleOn Bus, Tel. 808 961 8744 und Alii Shuttle, Tel. 808 938 1112).

Notruf

911 – Krankenwagen, Feuerwehr und Polizei werden unter dieser Nummer alarmiert. Bei akuten Verletzungen – oder falls kein Arzt in der Nähe ist – kann das nächstgelegene Krankenhaus aufgesucht werden.

Öffnungszeiten

In den USA gibt es keine geregelten Ladenschlusszeiten. Supermärkte haben meist täglich bis 22 Uhr geöffnet, einige auch rund um die Uhr. Die großen Shopping Malls in Honolulu sind von 10–21 Uhr, sonntags von 12–17 Uhr geöffnet; kleinere Läden meist wochentags von 9–17 Uhr. Die meisten Museen und Sehenswürdigkeiten können täglich besucht werden, montags sind viele allerdings geschlossen.

Post

Die Postämter des United States Postal Service (USPS) haben in der Regel montags bis freitags von 8–17 Uhr und samstags bis 14 Uhr geöffnet. Briefmarken erhält man im Postamt, an Automaten und in Souvenirgeschäften.

Shopping

Das Preisniveau auf Hawaii ist höher als auf dem amerikanischen Festland; wie dort sind alle Preise Nettopreise, auf die noch die Sales-Tax aufgeschlagen wird. In Honolulu und Waikiki sind die großen Nobelmarken mit ihren Boutiquen vertreten. Frisches Obst und Gemüse offerieren die zahlreichen *Farmer Markets*, meist am Stadtrand gelegen, direkt vom Erzeuger.

Sicherheit

Gewaltverbrechen werden auf Hawaii weitaus seltener verübt als auf dem Festland der USA. Hier liegt der Schwerpunkt mehr auf Auto- und Hauseinbrüchen sowie Auto- und Taschendiebstählen. Daher sollten Reisende möglichst wenig Bargeld bei sich tragen und keine Wertsachen im Mietwagen liegen lassen. Oft ist Drogenkonsum einer der Hauptgründe für diese Delikte.

Eine Ananas und Hawaii - das passt zusammen

Souvenirs

Darauf sollte man achten: Nicht alles, was typisch hawaiianisch aussieht, ist es auch. Oft steht auf dem Etikett »Made in Thailand« oder »Made in China«. Wer ein originales Stück Hawaii mit nach Hause nehmen möchte, hat bei Kunsthandwerk die Auswahl zwischen Kapa-Stoffen, Schnitzereien aus Koa-Holz, Muschelketten oder geflochtenen Hüten aus Pandanus oder Kokos. Wenn es etwas teurer sein darf: Die Muschel-Lei-Ketten von der Insel Niihau gibt es bis zu einem Preis von mehreren Tausend Dollar. Günstiger ist das weltberühmte Hawaii-Hemd, das meist aus den Nähereien von Hilo Hattie, dem größten einheimischen Hersteller, stammt, und aus Baumwollstoff gefertigt wird. Besonders beliebt als Souvenir sind Kona-Kaffee, Macadamianüsse und Taro-Chips. Vorsicht bei der Ausreise: Bei einem Zwischenstopp auf dem US-Festland darf Obst und Gemüse nicht mitgeführt werden. Einzige Ausnahme: Ananas. Auch sind nicht alle Setzlinge und Samen vom USDA (U.S. Department of Agriculture) genehmigt. Dann empfiehlt sich der oft auch vom Händler angebotene Versandweg (*shipping*).

Sport

Hawaii ist ein Paradies für Sportler. Surfer aus aller Welt finden hier, vor allem auf Oahu, »the places to be« – schließlich waren es polynesische Sportler, die das *he'e nalu*, das Wellenreiten, entwickelten und perfektionierten. Ob Surfen, Bodysurfen, Windsurfen – es gibt sanfte Wel-

Windsurfer lieben die Brisen des Archipels.

len für Anfänger und halsbrecherische für Könner. Und unzählige Surfschulen, die auf die Bretter helfen. Auch Segler, Kajakfahrer und Kanuten sind in den Gewässern vor den Inseln in ihrem Element. Bootsverleiher bieten die jeweiligen Sportgeräte an. Typisch hawaiianisch: Paddeln in traditionellen Ausleger-Kanus. Die Unterwasserwelt Hawaiis erkunden Schwimmer, Schnorchler und Taucher. Auch sie können das Equipment bei zahlreichen Anbietern mieten. Wichtig: Vor dem Tauch- oder Schnorchelgang unbedingt über Strömungen oder Brandungsstärke informieren. Wer lieber an Land bleibt, auf den warten als Wanderer unterschiedlich schwierige, aber lohnenswerte Wanderwege in herrlicher Umgebung. Während Fahrradfahren auf schmalen und unbefestigten Straßen

mancherorts zu gefährlich ist, gibt es für Mountainbiker einige lohnenswerte Strecken.

Stromspannung

In den USA beträgt die Stromspannung 110 Volt, in der EU sind es 220/230 Volt. Mitgenommene Elektrogeräte müssen auch mit diesem Wert funktionieren. Notwendig ist in jedem Fall ein Adapter.

Telefon

Die Vorwahl von Deutschland, Österreich und der Schweiz in die USA ist 001. Die Vorwahl von Hawaii nach Deutschland ist 0 11 49, nach Österreich 0 11 43 und in die Schweiz 0 11 41.

Telefonnummern für alle Fälle

Bei Kreditkartenverlust:
VISA: 1-800-847-2911
Eurocard/MasterCard: 1-800-627-8372
American Express: 1-800-869-3016

Konsulate
Deutsches Generalkonsulat
in San Francisco, CA 94109: 415 775 1061
Deutsches Honorarkonsulat
in Honolulu: 808 377 4606
Österreichisches Honorarkonsulat
in Honolulu: 808 393 3357
Schweizerisches Generalkonsulat
in San Francisco, CA 94104: 415 788 2272
Schweizer Konsulat
in Honolulu: 808 233 8982

Touristeninformation

Die Zentrale des Hawaii Visitors and Convention Bureau (2270 Kalakaua Ave., Honolulu, HI 96815, Tel. 808 923 1811, www.gohawaii.com) befindet sich auf Oahu. Filialen gibt es in den Hauptorten der anderen Inseln. An allen Flughäfen findet der Reisende die wöchentlich erscheinenden Info-Hefte *Spotlight* und *This Week* mit Informationen für die größeren Inseln des Archipels.

Trinkgeld

Tip oder *gratuity* heißt das Trinkgeld, das man bei einer Rechnung einkalkulieren sollte. Je nach Zufriedenheit gibt man 15 bis 20 Prozent der Rechnungssumme als *tip*, bei Kofferträgern einen Dollar pro Gepäckstück. Taxifahrer erhalten 10 bis 15 Prozent zuzüglich zu den Fahrtkosten. Zimmermädchen erwarten 1 bis 2 Dollar pro Übernachtung.

Zeitzonen

Hawaii liegt in der Zone der Hawaii-Aleutian Standard Time (HAST), der Zeitunterschied zur Mitteleuropäischen Zeit (MEZ) beträgt im Sommer 12 Stunden; ist es also in Berlin 17 Uhr nachmittags, zeigt die Uhr in Honolulu 5 Uhr morgens. Da in Hawaii die Uhren nicht umgestellt werden, sind es während der europäischen Winterzeit −11 Stunden Unterschied.

Zoll

In die USA dürfen 200 Zigaretten, 1 Liter alkoholische Getränke sowie Geschenke im Wert von bis zu 100 Dollar eingeführt werden. Für Bargeldbeträge ab 10 000 Dollar muss ein zusätzliches Zollformular ausgefüllt werden.
Bei der Rückreise gilt in Deutschland und Österreich pro erwachsene Person die Wertfreigrenze von 430 Euro; in der Schweiz beträgt diese 300 SFr (Stand 2016).

Bitte beachten: Es ist nicht erlaubt, Obst, Gemüse, Pflanzen, Erde oder Samen nach Hawaii einzuführen. Damit soll das empfindliche Ökosystem der Inselgruppe vor fremden Schädlingen oder Pflanzenarten geschützt werden, die die heimische Flora und Fauna existenziell bedrohen könnten.

Hawaii bietet im Laufe des Jahres viele Festivals, sportliche Wettkämpfe und kulturelle Veranstaltungen. Ein Erbe der polynesischen Vergangenheit: Die Hawaiianer feiern als gastfreundliche und optimistisch gestimmte Menschen gern. Doch auch andere ethnische Gruppen haben ihre Bräuche mit auf die Insel gebracht und bereichern mit ihren Traditionen den jährlichen Kalender. Aloha auf Hawaii!

Duke Kahanamokus Statue am »Lei Day«

JANUAR

Das »Narcissus Festival« zum Chinesischen Neujahr fällt alljährlich in den Zeitraum zwischen Ende Januar und Anfang Februar. Im Zuge des »Maui Whale Festivals«, das den ganzen Winter andauert, finden zahlreiche Veranstaltungen zum Thema Buckelwal statt. Ende Januar feiert das »Molokai Makahiki Festival« das Ende der Ernte und die Geschichte und Kultur von Molokai.

FEBRUAR

Beim »Haleiwa Sea Spree« wird auf Oahu ein buntes Fest zu Ehren der legendären und beliebten Königin Liliuokalani gefeiert. Ende des Monats richten sich alle Blicke nach Kauai, wenn die jährlich stattfindende »Waimea Town Celebration Week« auf dem Programm steht. Neben jeder Menge Spaß und Unterhaltung (Musik, Tanz, Filmvorführungen) werden bei Kauis größtem und ältestem Fest Sportevents wie Kanuregatta, hawaiianisches Rodeo oder Schwimmwettbewerbe geboten.

MÄRZ

Beim »Cherry Blossom Festival« in Waikikis japanischer Gemeinde stehen traditionelle Musik und Tanz ebenso im Vordergrund wie beim »Prince Kuhio Festival« in Poipu auf Kauai. Beim »Honolulu Festival« Anfang des Monats zeigen viele ethnische Gruppen Tänze und Aufführungen. Dazu gibt es eine große Parade auf der Kalakaua Avenue in Waikiki.

APRIL

Dem letzten männlichen König Kalakaua zu Ehren, der den Hula-Tanz förderte, findet in Hilo auf Big Island das »Merrie Monarch Festival« statt. Eine ganze Woche lang begeistern Hula-Wettbewerbe, Vorführungen und die Parade.

MAI

Der 1. Mai ist auf allen hawaiianischen Inseln »Lei Day«, dann tragen alle Einheimischen und Besucher den traditionellen Blumenkranz. Zum ersten Vollmond im Mai werden anlässlich des »Buddah Day« auf allen Inseln die Tempel geschmückt. Traditionelles hawaiianisches Essen und Hula-Tänze erlebt man beim »Molokai Ka Hula Piko«, bei dem Mitte des Monats der Entstehung des Hula gedacht wird.

JUNI

Am 11. Juni wird in ganz Hawaii der »Kamehameha Day« gefeiert. Begangen wird der Feiertag mit farbenprächtigen Paraden und traditionellen Zeremonien. Ebenfalls auf dem Programm stehen die »Maui Race Series«, ein Windsurfwettbewerb im Kanaha Beach Park auf Maui, der den ganzen Juni und Juli andauert, sowie das »Maui Film Festival«.

JULI

In Honolulu steigt das »Prince Lot Hula Festival«, in Waikiki das »Ukulele Festival«, an Oahus Nordküste das »Haleiwa Arts Festival« und in Kapalua auf Maui das »Wine and Food Festival«. Auf Kauai findet während der »Koloa Plantation Days« die historische Parade inklusive Jahrmarkt statt. Buddhisten ehren beim »Bon Odori Festival« mit Bontänzen und schwimmenden Laternen ihre Toten. Fast alle Orte Hawaiis veranstalten zum amerikanischen Independence Day am 4. Juli Partys und Paraden. Herausragend an diesem Tag: das »Makawao Rodeo« auf Maui und das große »Parker Ranch Rodeo« auf Big Island.

AUGUST

Die Hauptstadt Honolulu ist Mitte des Monats Schauplatz des »Made in Hawaii Festival«, das ganz im Zeichen der einheimischen Erzeugnisse steht. Kailua-Kona auf Big Island veranstaltet alljährlich das bekannteste Angelturnier von Hawaii.

SEPTEMBER

Beim »Hawaiian Ocean Festival« treten am Anfang des Monats die besten Rettungsmannschaften (*life guards*) der USA acht Tage lang in Waikiki gegeneinander an. Von Mitte September bis Mitte Oktober finden die »Aloha Festival« statt. Jeweils eine Woche wird auf den Inseln abwechselnd mit Kanu-Rennen, Straßenpartys und Hula-Wettbewerben gefeiert. Auf Oahu kommen Genießer im Zuge des »Hawaii Food & Wine Festival« auf ihre Kosten.

OKTOBER

Auf Big Island findet im Oktober das größte Sportevent Hawaiis statt: der »Ironman«. Mitte des Monats steigt dann das traditionelle Kanurennen von Molokai nach Oahu, wo ebenfalls Mitte des Monats das »Hawaii International Film Festival« auf dem Programm steht.

NOVEMBER

Ein klassischer Jahrmarkt mit Buden und Parade wird Anfang November in Kailua-Kona im Zuge des »Kona Coffee Festival« veranstaltet. An den Stränden der Nordküste von Oahu treffen sich die Profisurfer ab Mitte des Monats zum »Triple Crown of Surfing«. Alt-hawaiianische Lieder und Tänze stehen Mitte November beim »King Kalakaua Keiki Kula Festival« in Kailua-Kona auf Big Island auf dem Programm.

DEZEMBER

Neben dem »Honolulu Marathon« steht der Dezember vor allem im Zeichen von Weihnachten, das auf Hawaii mit großer Inbrunst begangen wird. In den Wochen vor dem Fest finden auf allen Inseln Konzerte und Umzüge statt. Schon Anfang des Monats reisen Cineasten zum »International Film Festival« nach Honolulu. Am »Bodhi Day« werden alle buddhistischen Tempel des Archipels geschmückt und dort anschließend festliche Gottesdienste gefeiert.

Wie ein Gemälde – Hula Tänzerin in Kailua-Kona

HAWAII
für Kinder und Familien

Die faszinierende Unterwasserwelt lässt sich im Waikiki Aquarium von Groß und Klein bestaunen.

Hawaii hat beides: die entspannte Fürsorge eines US-amerikanischen Gastgebers und die herzliche Kinderliebe der polynesischen Einwohner. Das Ergebnis ist eine kinder- und familienfreundliche Atmosphäre, in der die »Keiki« und ihre Eltern unvergessliche Urlaubstage verbringen können. Und die nur einen Nachteil für Reisende hat: Von Europa aus gesehen, ist sie sehr weit weg.

○ Kinder bis 6 Jahre

Was Eltern nach der Ankunft auf dem Insel-Archipel beachten sollten: Auch die Kleinen müssen den Jetlag verkraften. Und manche Exkursion wartet später mit enormen Höhenunterschieden und Wetterumschwüngen auf. Deshalb sollte man das Programm mit Kindern – je nach Alter – nicht allzu dicht packen. Ansonsten gilt im Bundesstaat Hawaii dasselbe Motto wie auf dem US-Festland: Der Gast ist König – auch der kleinste. In den meisten Hotels übernachtet der Nachwuchs ohne zusätzliche Kosten im Zimmer der Eltern oder in Familienzimmern. Und viele Häuser bieten spezielle *Keiki*-Programme zu typisch hawaiianischen Themen wie Ukulele-Spielen oder Hula-Tanzen.

Hawaiis wundervolle Strände begeistern große und kleine Besucher. Doch nicht überall geht es gefahrlos ins Wasser; Strömungen können auch geübte und erst recht kleine Wasserratten in Seenot bringen. Achten Sie auf die Hinweisschilder »Beach-Access« oder »Shoreline-Access«. Hier gibt es zudem Duschen und Toiletten am Strand – ebenso in den Beach-Parks, die auch Bänke und Grills bereithalten. Wichtig bei allen Outdoor-Aktivitäten ist ein ausreichender Sonnenschutz, in feuchteren Gebieten ist auch ein guter Insektenschutz für den Nachwuchs zu empfehlen.

○ Kinder bis 10 und 14 Jahre

Wasser-, Tier-, Freizeit- und Abenteuerparks sind natürlich darauf ausgerichtet, ein attraktives Programm anzubieten, das allen Alterskategorien gerecht wird, Spaß bringt und kurzweilig ist.
Ein unvergessliches Erlebnis für die ganze Familie ist das Whale Watching. Zwei Drittel aller Buckelwale des Nordpazifik bringen ab Dezember ihre Kälber in den hawaiianischen Gewässern zur Welt, die hier bis Mai ihre Kinderstube haben. Den größten Säugetieren der Welt kann man bei Walbeobachtungstouren zahlreicher Anbieter von den meisten Inseln des Archipels näher kommen.

Flipper & Co. begeistern im Sea Life Park Hawaii auf Oahu.

Tipps für Kinder und Familien

Big Island
O Kahaluu Beach Park
Im seichten Wasser können Kinder gefahrlos schnorcheln und mit Schildkröten schwimmen. 786740 Alii Drive, Kailua-Kona, HI 96740, www.best-big-island-hawaii.com/kahaluu-beach-park.html

Kauai
O Kamalani Playground
Großer Abenteuerspielplatz mit Klettergerüsten, einem Meerespool, bunten Kachelmosaiken und benachbarten Rad-

Spielplätze mit viel Sand und Klettergerüsten erfreuen die kleinen Besucher.

wegen. Friends of Kamalani and Lydgate Park, 3094 Elua St., Lihue, HI 96766, Tel. 808 245 5959, www.kamalani.org

Lanai
OO Lanai Cat Sanctuary
Hier maunzt es aus jeder Ecke: In diesem Paradies für heimatlose Katzen werden die Tiere versorgt und vermittelt. Und freuen sich über Streicheleinheiten. Tgl. 11–15 Uhr, Kaumalapau Hwy., Lanai City, HI 96763, Tel. 808 215 9066, www.lanaianimalrescue.org

Maui
O Maui Ocean Center
Haie, Rochen, Seesterne und Schildkröten: Hier dürfen Kinder nicht nur gucken, sondern auch vieles anfassen. Tgl. 9–17 Uhr, 192 Maalaea Rd., Wailuku, HI 96793, Tel. 808 270 7000, www.mauioceancenter.com

OO Pipiwai Trail
Mit rutschfesten Schuhen geht es auf eine einstündige Wanderung durch Regen- und Bambuswälder zum größten Wasserfall Mauis. Mile Marker 41, Hana Hwy., Haleakala National Park, HI 96713, Tel. 808 572 4400, www.nps.gov

Oahu
OO Dole Pineapple Plantage
Hier dreht sich alles um die Ananas – und um das »weltgrößte« Labyrinth mit 14 000 einheimischen Pflanzen und einem fünf Kilometer langen Wegenetz. Mit dem »Pineapple Express« zuckelt man gemütlich durch die Felder (Fahrtdauer: 20 Minuten), und im Ananas-Labyrinth,

das aus unzähligen Pflanzen gebaut wurde, macht Verirren richtig Spaß. Tgl. 9–17 Uhr, 64-1550 Kamehameha Hwy., Wahiawa, HI 96786, Tel. 808 621 8408, www.dole-plantation.com

◉◉ Honolulu Zoo
Mehr als 1200 Tiere leben in den Bereichen »Tropenwälder«, »Pazifikinseln« und »Afrikanische Savanne«. Und im Keiki Zoo (Streichelgehege) gehen Kinder auf Tuchfühlung mit Schildkröten und Lamas. Tgl. 9–16.30 Uhr, 151 Kapahulu Ave., Honolulu, HI 96815, Tel. 808 971 7171, www.honoluluzoo.org

◉◉ Kualoa Ranch
Diese Privatranch erstreckt sich über ein Gebiet von 16 Hektar, das auf dem Pferderücken, aber auch mit einer Bus-Tour erschlossen werden kann. Die »Movie Site and Ranch Tour« führt zu diversen Filmschauplätzen. In dieser traumhaften üppig-grünen Hügellandschaft wurden internationale Blockbuster gedreht wie »Godzilla«, »Jurassic Park« und »Jurassic World«. Fehlt nur noch ein T-Rex, der um die Ecke biegt! Tgl. 7–17 Uhr, 49-560 Kamehameha Hwy., Kaneoho, HI 96744, Tel. 808 237 73 21, www.kualoa.com

◉ Wet'n' Wild
Die kleinsten Besucher vergnügen sich im »Water World Playground«, auf Jugendliche und Erwachsene warten mehr als 25 Rutschen, Tunnel und Katapulte in einem tropischen Park. Wechselnde Öffnungszeiten, 400 Farrington Hwy., Kapolei, HI 96707, Tel. 808 674 9283, www.wetnwildhawaii.com

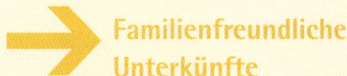

Familienfreundliche Unterkünfte

Hawaii ist auf den Besuch kleiner Gäste vorbereitet. Bei der Auswahl einer Unterkunft spielen Geldbeutel, Erwartungen und Vorlieben eine Rolle, denn das Angebot reicht vom Sternehotel bis zum Zelt unter Sternen.

Camping
Ein Zelt mitten in der Natur – ein Abenteuer für Groß und Klein! In den State Parks (www.dlnr.hawaii.gov) und County Parks (Auskunft erteilen die Verwaltungen der fünf Countys auf ihrer jeweiligen Homepage) gibt es schöne Zeltplätze, erforderlich ist ein *Permit*, das online erworben werden kann. Für die Campingplätze in den Nationalparks (www.nps.gov) ist keine Erlaubnis nötig. Hier gilt das Prinzip »first come, first serve« – auch für die wenigen Hütten, die gemietet werden können.

Condominiums
Auf nahezu allen Inseln gibt es zahlreiche strandnahe Anlagen, in denen sich Familien wie zu Hause fühlen können. Diese verfügen meist über zwei Schlafzimmer, Waschmaschine und Trockner sowie Pool und Spielplätze.

Hotels
Viele Hotels der oberen Preisklasse bieten attraktive Angebote für Kinder, wie fantasievolle Pool-Landschaften, Familiensuiten, vielfältige Betreuungs- und Sportangebote und kindgerechte Extra-Speisekarten.

Kleiner Sprachführer

Es gibt nur wenige Sprachen auf der Welt, die mit noch weniger Lauten auskommen als die hawaiianische, die 'Olelo Hawai'i: Fünf Vokale (a, e, i, o, u) und acht Konsonanten (h, k, l, m, n, p, w) stehen zur Verfügung, dazu kommt ein Knacklaut 'okina, der zwei aufeinanderfolgende Vokale mit einer kleinen Sprachpause voneinander trennt – wie etwa im Wort Hawai'i. In der Schriftsprache wird er in vielen Texten durch einen Apostroph gekennzeichnet, andere Texte (wie auch dieser Reiseführer) verzichten zugunsten einer besseren Lesbarkeit auf die Verwendung dieses Zeichens.

Ursprünglich wurde Hawaiianisch, das zur Familie der polynesischen Sprachen gehört, nur mündlich überliefert. Wörter, so glaubten die Ureinwohner, seien mehr als Begriffe und besäßen eine spirituelle Kraft. Mit den neuenglischen Missionaren begann Anfang des 19. Jahrhunderts die Verschriftlichung der Landessprache, die kurze Zeit später allerdings mehr und mehr aus dem öffentlichen Leben verdrängt wurde. Mitte des 20. Jahrhunderts dann die Wende: Das Interesse an einer der ältesten noch existierenden Sprachen der Welt wuchs. 1978 wurde Hawaiianisch neben dem Englischen zur Amtssprache erklärt. Heute gibt es wieder Kindergärten und Schulen, in denen Hawaiianisch gesprochen und geschrieben wird, Interessierte besuchen Sprachkurse, und an der University of Hawaii ist es möglich, seinen Master in Hawaiianisch abzulegen. Insgesamt sprechern nur 0,1 Prozent aller Bewohner des Archipels die Sprache der Ureinwohner. Hawaiianisch ist eine melodisch klingende Sprache. Für US-Amerikaner ist sie allerdings schwer auszusprechen. Für Außenstehende nahezu unverständlich ist »Pidgin«, eine Mischung aus Hawaiianisch, Englisch und allen anderen Einwanderersprachen, die früher eine Verständigung zwischen den multikulturellen Plantagenarbeitern möglich machte und heute noch von einigen älteren Hawaiianern gesprochen wird.

Kleines Wörterbuch

ae ja
aole nein
aina Land
ala Weg
alii König, Häuptling
adlighale Haus
halakahiki Ananas
haole Fremder, Weißer (wörtlich: ohne Gottes Atem)
hee nalu Wellenreiten
heiau hawaiianischer Tempel
hopenapule Wochenende
hula traditioneller Tanz
imu Erdofen der traditionellen Küche
ipo Liebling
kai Meer, Meerwasser, Salzwasser
kalua im Erdofen gebacken (z.B. kalua pig)
kane Mann
kapu Tabu, Verbot
keiki Kind
koa Akazienart, größte einheimische Baumart
kohola Buckelwal
kona der Windrichtung abgewandte Küstenseite

koolau der Windrichtung zugewandte Küstenseite
kulolo Pudding aus Taro und Kokosmilch
kumu Lehrer
lanai Balkon, Terrasse
lei Blumenkette
lilikoi Passionsfrucht
lomilomi traditionelle Massage
lomilomi salmon gehackter Lachs mit Zwiebeln und Tomaten
luau hawaiianisches Festessen
makai Richtungsangabe: zum Meer hin
mauka Richtungsangabe: zu den Bergen hin
mana spirituelle Kraft
mano Hai
mauna Berg
moana Meer
muumuu buntes Wickelgewand der Frauen
nene seltene hawaiianische Gans
ono lecker
pahoehoe dickflüssige Lava
pali Klippe, Abgrund
paniolo hawaiianischer Cowboy
pau fertig, beendet
pili Grasart
poi Brei aus Taro-Wurzeln
pololi hungrig
ukulele hawaiianische viersaitige Gitarre (»hüpfender Floh«)
wahine Frau
wai Süßwasser
wailele Wasserfall
wiki schnell

Redewendungen

Aloha au ia oe. Ich liebe dich.
Aole pilikia. Gern geschehen, kein Problem
Aloha kakahiaka. Guten Morgen
Aloha ahiahi. Guten Abend
Eai kaua. Guten Appetit
E komo mai. Willkommen.
Pehea oe? Wie geht's?
Pomaikai! Viel Glück!
Mahalo nui loa. Vielen Dank
Makai. Mir geht es gut.
Olelo Hawaii oe? Sprechen Sie Hawaiianisch?

Zahlen

kahi	1
lua	2
kolu	3
ha	4
lima	5
ono	6
hiku	7
walu	8
iwa	9
umi	10
iwaka-lu	20
kana-lima	50
hanele	100
kaukani	1000

Einigen hawaiianischen Wörtern ist es gelungen, Einzug in die moderne Sprachwelt zu halten. Wikipedia zum Beispiel ist eine Kombination aus dem hawaiianischen *wiki* = schnell und dem englischen *encyclopaedia* (Nachschlagewerk). Und *Aloha*, der wohlklingende Begriff für Begrüßung, Verabschiedung und Liebe, der für das viel gerühmte Lebensgefühl und »the spirit of Aloha« steht, den Geist, der wohltuend über die Inseln mitten im Pazifik weht.

Register

Impressum

Verantwortlich: Ulrich Jahn, Alina Gillen
Redaktion: Rosemarie Elsner
Korrektorat: Anke Höhne
Layout: Roman Bold & Black
Umschlag: Zero Werbeagentur
Repro: Repro Ludwig Prepress
Kartografie: Huber Kartographie
Herstellung: Bettina Schippel
Printed in Slovenia by Florjancic

Sind Sie mit diesem Titel zufrieden? Dann würden wir uns über Ihre Weiterempfehlung freuen.

Erzählen Sie es im Freundeskreis, berichten Sie Ihrem Buchhändler, oder bewerten Sie bei Onlinekauf.

Und wenn Sie Kritik, Korrekturen, Aktualisierungen haben, freuen wir uns über Ihre Nachricht an Bruckmann Verlag, Postfach 40 02 09, D-80702 München oder per E-Mail an lektorat@verlagshaus.de

Unser komplettes Programm finden Sie unter

 www.bruckmann.de

Alle Angaben dieses Werkes wurden von den Autoren sorgfältig recherchiert und auf den neuesten Stand gebracht sowie vom Verlag geprüft. Für die Richtigkeit der Angaben kann jedoch keine Haftung übernommen werden.

Bildnachweis: Alle Bilder im Innenteil und auf der Umschlagrückseite stammen von Christian Heeb mit Ausnahme von:
Shutterstock.com: S. 7 u. (David Litman), S. 10, S. 80 o. (Mana Photo), S. 11 (bezikus), S. 12/13, S. 13 u. (Sorin Colac), S. 14, 15 (Alexey Kamenskiy), S. 16 o. (Deborah Kolb), S. 17 (Galyna Andrushko), S. 28 (Jeff Whyte), S. 31 (Christian Kohler), S. 32 (IZO), S. 35 (cleanfotos), S. 42 o. (PomInOz), S. 44 o. (bernd.neeser), S. 46 (Jixin YU), S. 62 o. (frantisekhojdysz), S. 64 (Stubblefield Photography), S. 68 o. (Tomas del amo), S. 68 u. (lauras-lens), S. 76 (Andrei Stanescu), S. 77(Kaveex), S. 78 o. (Paul Laubach), S. 78 u. (Steve Heap), S. 80 u. (Mavrick), S. 81 (Peter J. Kovacs), S. 82 u. (curtis), S. 83 u. (Henry William Fu), S. 93 o. (Dai Mar Tamarack), S. 97 (Christophe Testi), S.99 (Photo Image), S. 102 (Studio Elepaio), S. 106 (David Chowdhury), S. 108 o. (Maridav), S. 108 u. (Steven Maltby), S. 112 (Tropical studio), S. 117 (Theodore Trimmer), S. 113 (Kjersti Joergensen), S. 114 (Dai Mar Tamarack), S. 115 o. (Willyam Bradberry), S. 115 u. (Michael Coffman), S. 119 (Tim Roberts Photography), S. 127 (Infinitepossibilities), S. 133 (Stephanie Coffman), S. 135 (Justen Quan), S. 136 u. (Pierre Leclerc), S. 138 o. (schoukse), S. 150 o. (LaurenV),), S. 153 (jeff speigner), S. 154 o. (Vanessa Belfiore), S. 156 (cleanfotos), S. 157 u. (Konrad Mostert), S. 158 (Chris Howey), S. 164 (Bonita R. Cheshier), S. 160 (Praweena style), S. 166 u. (Renee Vititoe), S. 167 (blvdone), S. 168 u. (Pavel Burchenko), S. 170 o. (Anna Abramskaya), S. 174 u. (Mariusz S. Jurgielewicz), S. 178 (Galyna Andrushko), S. 183 (tomika13), S. 198 (Pierre Leclerc), S. 201(Lizard), S. 216 (Pavel Tvrdy), S. 224 u. (Nina B), S. 243 (Eugene Kalenkovich), S. 247 (norinori303), S. 254 u. (EQRoy), S. 255 (Darren J. Bradley), S. 256 o. (Lynn Y), S. 256 u. (Leigh Anne Meeks), S. 258 o. (Joe West), S. 258 u. (Joe West), S. 259 (Joe West), S. 260 o. (Olga Bogatyrenko), S. 260 u. (Darren J. Bradley), S. 263 m. (Marisa Estivill), S. 263 u. (RHG), S. 264/265 (MNStudio), S. 266 (RoxyAnne), S. 268 (You Touch Pix of EuToch), S. 269 (You Touch Pix of EuToch), S. 270 (makenamedia), S. 272 (Jeff Whyte), S. 280 (Lucy Liu), S. 278 (bumihills), S. 279 (Andrew Zarivny); Bildagentur LOOK München: S. 12 (Brown Cannon), S. 30 u (Aurora Photos); Wikimedia Commons: S. 37 (Wmpearl), S. 49 (Daniel Ramirez), S. 75 (Haplochromis), S. 79 o. (David Eickhoff fr), S. 79 u. (Joel Bradshaw), S. 107 (Mark Fickett), S. 157 o. (Calbear22); Bildagentur Mauritius: S. 39, S. 53, S. 56 (Alamy), S. 42 u. (Pacific Stock); Kevin Mc Neal/ccophotostock S. 84, 197; Sean Bagshaw S. 104 o.; David M. Cobb 146, 149; Greg Vaughn S. 192; Travis Sasaki/The Pig and the Lady S. 41; Halekulani Hotel/Helekulani S. 59; Travaasa Experiential Resorts/Travaasa Hana S. 139; Bamboo Restaurant and Gallery S. 169 o.; Aloha-Haus/Lisa Biritz S. 189; Four Seasons Resort Lanai, The Lodge at Koele S. 257; Nobu Lanai/Four Seasons Resort Lanai S. 261

Umschlagvorderseite:
Porträt: Mädchen mit Blumenschmuck (huber-images.de/Picture Finder)
Hauptmotiv: Blick über die Na Pali Küste, Insel Kauai, Hawaii (huber-images.de/Kremer Susanne)
Umschlagrückseite:
Links: Wasserfälle im Wailuku River State Park
Rechts: Die Molokino Insel auf Hawaii
Klappe vorne: Surfbretter in Maui

Die Deutsche Nationalbibliothek verzeichnet diese Publikation in der Deutschen Nationalbibliografie; detaillierte bibliografische Daten sind im Internet über http://dnb.d-nb.de abrufbar.

© 2016 Bruckmann Verlag GmbH

ISBN 978-3-7343-0418-7